法律与外交

LAW AND DIPLOMACY

2018年（总第3期）

外交学院法律外交研究中心◎主办

世界知识出版社

图书在版编目(CIP)数据

法律与外交. 2018年：总第3期/外交学院法律外交研究中心主办. —北京：世界知识出版社，2018.8
ISBN 978-7-5012-5803-1

Ⅰ.①法… Ⅱ.①外… Ⅲ.①国际法—研究②外交—研究—中国 Ⅳ.①D99②D82

中国版本图书馆CIP数据核字（2018）第178305号

责任编辑	王晓娟
文字编辑	蔡楚娇
责任出版	赵 玥
责任校对	马莉娜

书　　名	**法律与外交. 2018年：总第3期** Falv Yu Waijiao. 2018 Nian: Zong Di 3 Qi
主　　办	外交学院法律外交研究中心
主　　编	许军珂
出版发行	世界知识出版社
地址邮编	北京市东城区干面胡同51号（100010）
网　　址	www.ishizhi.cn
邮　　箱	2652857746@qq.com
电　　话	010-65265923（发行）　010-85119023（邮购）
经　　销	新华书店
印　　刷	北京九州迅驰传媒文化有限公司
开本印张	787×1092毫米　1/16　18¾印张
字　　数	250千字
版次印次	2018年10月第一版　2018年10月第一次印刷
标准书号	ISBN 978-7-5012-5803-1
定　　价	56.00元

版权所有　侵权必究

编辑委员会

卢　松　白桂梅　曲　博　刘大群　刘晓红　江国青
许军珂　李红勃　李　鸣　杨国华　肖永平　吴　慧
何志鹏　余敏友　谷昭民　张爱宁　张清敏　邵沙平
贺万忠　徐崇利　凌　岩　高　飞　黄　进　薛捍勤

主编

许军珂

副主编

王　佳　李红勃

编辑成员

焦　阳　宋　岩　杨　赟　严文君　张春燕

编辑助理

李冰清　李子钰　柳　飞　刘燕彬　邵依凡　袁　宁

目录

特 稿

妥善运筹国际法，服务中国特色大国外交..................郭晓梅　1
领事保护与法律外交..................................陈雄风　6
应高度重视司法在国际法中的作用......................刘敬东　12
从外交法律顾问看国际法与外交的关系..................商　震　16

专 论

美国法院涉华旧债券案评析............................孙　昂　37
论环境保护对国际投资条约中公平公正待遇适用的影响
....冯　光　74
领事保护实施主体及客体内容之演进与思考..............许育红　104
对布雷顿森林体系的再审视............................臧　立　119
欧盟国际投资法庭体系的兴起及中国的应对之策
　　——以中欧BIT谈判为中心........................张　建　136
简易引渡与特定性原则关系探析........................赵勤娟　158

热点聚焦

联合国维和行动中不法行为的归责原则
　　——基于对"有效控制"原则的分析..........郭旭阳　179
构建"一带一路"规则导向型争端解决机制模式研究....孙　舒　200

综　述

2017年中国法律外交实践综述
..........................宋　岩　焦　阳　李子钰　刘燕彬　221

史海采风

纪念我们的父亲..........................梅小侃　梅小璈　271
追忆梅汝璈：在东京审判中成就不朽的国际刑法理论....袁　宁　279

CONTENT

SPECIAL FEATURE

Properly Handling International Law to Serve Major Country
    Diplomacy with Chinese Characteristics .... Xiaomei Guo 1
Consular Protection and Legal Diplomacy .... Xiongfeng Chen 6
Attaching Great Importance to the Role of Justice in International
    Law .... Jingdong Liu 12
The Relationship Between International Law and Diplomacy From
    the Perspective of Diplomatic Consel .... Zhen Shang 16

ARTICLES

Comments on and Analysis of the Old Bonds Case Involving China
    in American Courts .... Ang Sun 37
On the Impact of Environmental Protection on Fair and Equitable
    Treatment in International Investment Treaties .... Guang Feng 74
Evolution and Thinking of the Subject and Object of Consular
    Protection .... Yuhong Xu 104
Re-examination of Bretton Woods System .... Li Zang 119

The Rise of EU International Investment Court System and
　　China's Response—Centered on the China-EU BIT
　　Negotiations .... Jian Zhang　136
The Exploration of the Relationship Between Summary Extradition
　　and the Principle of Specificity .... Qinjuan Zhao　158

HOT FOCUS

The Responsibility Principle of Wrongful Acts in UN Peacekeeping
　　Operations—Based on the Analysis of the Principle of "Effective
　　Control" .... Xuyang Guo　179
Research on the Construction of the "One Belt, One Road" Rule-
　　Oriented Dispute Settlement Mechanism Model .... Shu Sun　200

EVENTS OVERVIEW

Overview of China's Legal and Diplomatic Practice in 2017
　　................................. Yan Song, Yang Jiao, Ziyu Li & Yanbin Liu　221

HISTORY COLLECTION

In Memory of Our Father .... Xiaokan Mei & Xiao'ao Mei　271
Remembrance of Mei Ru'ao: Achievement of Immortal
　　International Criminal Law Theory in the Tokyo Trial
　　... Ning Yuan　279

妥善运筹国际法，服务中国特色大国外交

郭晓梅[*]

法律外交是大国外交的重要方面。当前，中国与世界的互动关系正在发生深刻变化，中国日益走近国际舞台中央，对国际格局的影响力、塑造力显著增强，法律外交在我国外交中的地位更为突出。2018年5月中旬，"一带一路"国际合作高峰论坛成功举办，生动展现了我国的大国地位和影响力，标志着中国特色大国外交迈向新阶段。如何用好国际法，服务中国特色大国外交，成为当前法律外交的重要、紧迫课题。

一、当前国际法领域的总体形势

当前，国际秩序正经历复杂而深刻的调整，以英国脱欧、美国大选等事件为代表，世界主要发达国家内部"逆全球化"和民粹思潮上升，主导全球治理的意愿和能力下降，新兴大国成为引导和推动全球治理体系变革的重要力量。反映在国际法方面，体现为以下

---

[*] 郭晓梅，中华人民共和国外交部条约法律司副司长。

三个主要特点：一是现行的国际法框架体现了强大的包容性，仍保持总体稳定；二是国际法在外交博弈中的作用更为突出，围绕规则制定、规则解释主导权的"拉锯战"仍在各领域深入发展；三是国际规则制定持续走深、走实。海洋、外空、网络、极地等新疆域规则制定加速推进，气候变化、打击跨国犯罪及国际人道法等领域就履约或执行机制开启谈判。

新形势下，如何构建和维护对我国有利的制度性安排，妥善应对国际规则博弈，是法律外交需要面对的重要问题。

二、推进和开展法律外交的实践

外交条法工作处于法律外交实践的前沿，以全力服务国家重大外交决策，积极参与国际规则制定和全球治理，推动中国国际法理论和实践创新为己任。

（一）为国家重大外交决策提供法律支撑

这是外交条法工作的基本功能，主要体现在就外交实践、国际热点等所涉法律问题进行研究和分析，并提出法律意见供决策参考。外交条法工作积极协助构建"一带一路"合作的条约协议网络，全力做好"一带一路"法治保障。目前，我国与40多个国家及相关国际组织签署了共建"一带一路"合作协议，与沿线国家签署双边投资协定、民航协定、避免双重征税协定各有近60项，双边银行监管协议近30项，司法协助、引渡和打击三股势力条约近70项，条约协议网络初见雏形。但仍有很多工作需要开展，例如双边条约覆盖的国家和领域还不全，一些条约内容不适应"一带一路"发展的新形势，如何用好多边条约资源服务"一带一路"建设，如何妥善处理"一带一路"建设中可能出现的各种争议等，还需要加强研究。

（二）全方位参与全球治理规则制定，发出中国声音，提出中国方案

我们积极参与海洋、极地、外空、网络、气候变化等各领域治理和规则制定，发挥了不可替代的重要作用。2017年5月，第40届南极条约协商会议成功在北京召开，这是中国成为南极条约协商国以来第一次举办协商会议，是法律外交方面的一次重要的主场外交。虽然这是一次南极条约框架下的例行会议，但我们充分利用这一契机，精心设计，力求达到最佳效果。会议期间，我们打破常规，举办了"我们的南极：保护与利用"特别会议，时任外交部副部长张业遂出席并作主旨发言。中方在上述发言中提出的关于南极治理的基本理念和政策主张，在随后的协商会议中被多方援引，发挥了较好的宣传和引领作用。

在网络全球治理方面，我们近年来着眼引导网络空间全球治理大局，成功推动联合国网络犯罪专家组形成《网络犯罪问题综合研究报告（草案）》，提出制定综合性全球法律文书等应对方案，并有力反击了西方国家对专家组进程的无理阻挠，维护和推进了联合国网络犯罪问题磋商进程。下一步，我们将继续推动这一进程。为此，需要提出具体方案，包括提出公约概念文件、核心原则和条款以及文本草案等。

在气候变化方面，我们成功推动国际社会达成《巴黎协定》，并推动协定快速生效，使气候外交成为中国参与全球治理的一个亮点。前不久，美国宣布退出《巴黎协定》，对全球气候治理带来一定冲击，但《巴黎协定》将继续有效，国际合作应对气候变化的势头依然强劲。我们将继续做好《巴黎协定》后续谈判，制定相关细化规则，推动《巴黎协定》有效运行。

（三）推进国际法理论和实践创新

随着我国综合国力和国际地位的日益提升，中国越来越多地承担国际规则的引领者和塑造者的角色。国际社会高度关注中国的国际法治观,我们参与国际规则的博弈也需要以中国的国际法治观为引领。为此,我们重点推动做好三方面工作。

一是配合我国大国外交理论和实践的发展需要,打造和完善中国特色国际法治观,从理论和实务的角度深入研究人类命运共同体等重大外交思想,推动国际法理论创新。我们还加强了中国国际法治观的宣示。2016年,中俄发表促进国际法的联合声明,在国际法领域也引起极大关注。

二是推动明确国际法在中国法律体系中的地位。这一问题涉及我国统筹考虑和综合运用国际国内两种资源、国际国内两套规则的意识和能力,有必要深入研究,稳步推进。为此,希望学术界就相关问题加强研究,共同献计献策。

三是做好机制体制创新。我们利用外交部牵头的中央国家机关涉外法律工作交流协商机制的平台,推动就国际法履约监督机制、国家豁免立法及应对美国"长臂管辖"等涉外法律工作有关具体问题进行研究和协商。外交部还设立国际法咨询委员会,就外交法律热点、难点问题听取委员会专家意见。

(四)妥善应对涉我"法律战"

菲律宾对我国提起的南海仲裁案是近年来较为重大的法律挑战。我们配合国内主管部门开展法理斗争,发表了关于仲裁庭管辖权问题的立场声明,支持中国国际法学会发表文章,批驳仲裁庭管辖权。仲裁庭最终裁决出台后,中国国际法学会第一时间与香港国际仲裁中心在香港举办高规格国际法研讨会,引导国际社会认清仲裁本质。这些工作取得了显著成效。当前中菲关系成功转圜,2017年5月18日,中国与东盟国家达成了《南海行为准则》框架,这些外交努力将有助于进一步完善本地区的规则体系,有利于我们更好地运筹周边关系、进一步化解仲裁裁决对我国的不利影响。但相关法理工作不能就此停步,对于裁决涉及的历史性权利、大陆国家远海群岛等问题还应继续做扎实深入的研究。

此外，我们还推动相关涉外立法。2017年3月，《中华人民共和国缔结条约程序法实施条例（征求意见稿）》在国务院法制办协调下完成向公众公开征求意见的程序，收到百余条意见，十分专业，其中蕴含着国际法专家学者的努力。我们高度重视，已会同国务院法制办逐条分析，最大限度完善现有条文。另外，对国家豁免立法的研究工作也在稳步推进中，希望学术界继续关注和支持。

大国崛起需要用好国际法。这既是为了树立国家法治形象，减少外界疑虑，化解发展阻力，也是为了更好地参与塑造国际法，为国家发展提供有利外部环境。作为法律外交实践者，我们既要从战略层面提出用好国际法服务大国外交的思路、建议，也要从微观层面就国际法的前沿问题提出中国方案，将国家领导人提出的全球治理、国际法治理念转化为国际法领域的具体立场、主张。希望与学术机构加强合作，全面提升运筹国际法能力，服务中国特色大国外交。

领事保护与法律外交

陈雄风[*]

法律外交作为近年来我国学术界因应时代要求和国际国内形势发展提出的一个概念,已经与政治外交、经济外交、军事外交、文化外交等一起,成为当代中国外交理论的重要组成部分。在当前世界多极化、国际法治化、法律全球化的时代背景下,法律外交也已经上升为一项国家战略,成为中国软实力和巧实力的具体体现。如何将法律观念和法治理念更好地贯穿于中国的外交实践中,以合法的程序和行为处理外交事务,转变外交方式方法,开辟外交工作新局,已经成为当代外交部门和外交人员的一项重要工作内容。

当前,说到法律外交,学术界和民众可能更多地想到全球治理、大国角力、南海维权等更具有宏观叙事特点的事务,较少关注到领事保护。而领事保护作为当代中国外交工作的重要组成部分,不仅在维护国家和人民利益、助力国家发展方面扮演着重要角色,也因其政策性与法律性都很强的特点,从而与法律外交有着密不可分的内在联系。就领事保护中的有关法律问题加强学术研究,不仅十分有利于拓宽相关学科的研究领域,有利于进一步完善中国特色大国外交理论,也会有利于指导一线驻外使领馆的具体实践,不断提升我海外公民和机构安全及合法权益保护的能力与水平。

---

[*] 陈雄风,中华人民共和国外交部领事司副司长。

一、什么是领事保护

1963年订立、1967年生效、目前已有179个缔约国的《维也纳领事关系公约》，是外交领事关系法最重要的国际法渊源。在国际法上，"领事保护"一词，主要来源于对《维也纳领事关系公约》第五条关于在接受国内保护派遣国国民利益的有关领事职务进行的概括。

按外交部组织编写的《中国领事工作》一书中的界定，"领事保护"是指中国政府和中国驻外外交、领事机构维护海外中国公民和机构安全及正当权益的工作。领事保护的实施主体是中国政府及其派驻国外的使领馆。中国目前有260多个驻外使领馆，它们都是实施领事保护的主体。领事保护的方式主要是通过外交途径向驻在国当局提出交涉、表达关切或转达当事人诉求，敦促其依法、公正、及时、妥善处理。领事保护的法律依据，主要包括公认的国际法原则以及中国和驻在国的有关法律法规。领事保护的内容是中国公民、法人在海外的合法权益，主要包括：人身安全、财产安全、必要的人道主义待遇，以及与我国驻当地使领馆保持正常联系的权利等。公民要求获得超出所在国国民待遇或因从事非法活动造成的法律后果等，不属于应予保护的合法权益范围。

工作中常与"领事保护"一起使用的概念，还有"领事协助"。二者各有侧重。通常来说，"领事保护"一般针对海外中国公民安全和合法权益受到严重威胁或侵害的情况，如驻在国发生政局动荡、自然灾害、重大事故等。"领事协助"一般针对中国公民因客观原因或者自身原因陷入困境的情况，如因疏忽大意丢失财物造成的暂时经济困难。但从总体上看，"领事保护"与"领事协助"两者在工作内容和性质上高度近似，同属于传统意义上的扶危济困、救助公民范畴，因此在实践中，我们将这两项职能合并为一项工作任务，统称为"领事保护与协助"。我们日常使用的"领事保护"一词，可以认为是"领事保护与协助"的简称。在外交部领事司，设有领事保护中心负责相关工作。

二、当前领事保护工作面临的形势和挑战

近年来，随着中国国力和国际影响力的不断上升，以及"一带一路"倡议、国际产能合作的稳步推进，越来越多的中国公民走出国门。2016年，我国内地居民出境人次已达1.37亿，连续六年年增超过1000万人次。境外注册中资企业超过三万家。可以说，一个颇具规模的"海外中国"正在加速形成。

与此同时，世界格局持续发生复杂深刻演变，部分国家和地区动荡不安，全球经济复苏乏力，恐怖主义和海盗威胁日益严峻，重大自然灾害、意外事故和公共卫生事件频繁发生。境外涉及中国公民和企业的安全事件持续呈现全球多点同时爆发的态势，频率高、类型多、分布广、处置难的特点十分突出，领事保护与协助的工作任务日趋繁重。

以2016年为例，外交部和驻外使领馆处置的领事保护与协助案件超过10万起。我们成功解救了遭索马里海盗劫持近五年之久的两岸同胞，从局势动荡的南苏丹安全撤离了1000多名中国同胞，从遭遇地震、火灾、暴风雪灾害的新西兰、以色列、日本等地转移中国同胞上千人。此外，我们还妥善处置了大量涉及我公民和机构的日常领事保护与协助案件，有效维护了他们的安全与合法权益。很多事件被广泛报道，受到社会各界普遍关注。2017年以来发生的马来西亚沙巴州游船失事、我人员在东南亚国家入境被索要"小费"等案件，外交部和有关驻外使领馆也都全力做好处置。正如王毅部长在今年（2018年）"两会"期间回答中外记者提问时所说："哪里有困难和危险，哪里就会出现中国外交官的身影，哪里就会有五星红旗在飘扬。领保工作面临的任务越来越繁重，但是不管遇到什么样的困难和挑战，我们都一定要把领保工作越做越实、越做越好，让党中央放心，让老百姓安心。"

在切实做好日常大量案件处置工作的同时，我们也深刻体会到，要进一步提升海外中国公民和机构权益保护的能力与水平，必须加强对领事保护与协助工作相关法律问题的研讨，切实改变当前有关工作无法可依的局面。

这是因为领事保护与协助工作涉及外交、法律、行政等多个领域的专业知识，不仅要立足于驻在国与中国的现实国情，还要遵循国际法和国际惯例，政策性和法律性都很强。外交部领事保护中心开展工作的两个基本原则，是"以人为本"和"依法行政"。实事求是地说，这些年来我们在"以人为本"方面做了大量实实在在的工作，受到党中央和社会民众的广泛认可。但在"依法行政"方面仍处于摸索阶段，最主要的就是体现在，迄今为止我们还没有一部专门规范领事保护与协助工作的法律法规。面对已超过1.3亿人次的出境人数，出台一部专门立法，明确驻外使领馆的相关职责范围，对驻外使领馆和公众各自的责任和义务做一个符合实际的划分，不仅非常必要，也很可行。

从国外法律实践看，发达国家历来重视以立法形式规范领事职务行为，强调依法履行领事保护与协助职责。出国人数较多且法律体系特征与我较为接近的国家大多通过专门立法，对领事职务有关事项进行规范和调整，如《德国领事官员、领事职务和权限法》《芬兰领事服务法》《乌克兰领事条例》《匈牙利领事保护法》等。美英等国法律制度虽与我国差异较大，也以不同形式对领事职务行为予以规范。

从我自身实践看，首先，我国于1979年加入《维也纳领事关系公约》，迄今与46个国家签订了双边领事条约和协定。这些条约的相关原则和内容，为我就领事保护进行专门国内立法提供了重要参照。其次，我国《宪法》《驻外外交人员法》《国家安全法》《旅游法》等法律中有关海外公民安全及权益保障的条款，为我立法提供了依据。我部近十余年来对外发布并不定期更新的《中国领事保护和协助指南》，对驻外使领馆领事保护与协助的职责范围也做了较为详细的说明。此外，随着近年来我重大人员撤离行动及日常领事保护与协助案件的有效开展，社会民众对领事保护与协助工作的了解度不断增加。这些都为我们就领事保护与协助工作出台专门立法奠定了法律以及实践的基础。

三、对就相关问题加强学术研究的几点看法

根据中央关于加强外事立法的有关指示精神，提升境外中国公民和机构权益保护的能力与水平，填补有关领域的立法空白，我部自2006年即开始着手进行领事保护立法工作，开展了大量基础调研，不断深化对有关问题的认识。

在立法调研过程中，我们深刻体会到领事保护立法的两个特点。第一个特点是"跨界"，立法涉及的法律问题跨越国际公法、国际私法、民法、行政法等多个学科。第二个特点是"小众"，目前国内学术界对领事保护中的法律问题研究相对较少。实际上，很多问题的理论性很强。目前学术界研究不多，也正说明这些问题更有研究价值。在这些问题当中，有不少属于国际法领域，比较典型的有：

一是领事保护的概念。前面提到过国内对领事保护、领事协助有关概念的理解和使用。从我们调研情况看，国际上对有关概念的使用并无通行做法，学术界也没有一致结论。国际法院在审理关于《维也纳领事关系公约》第36条有关案件以及联合国国际法委员会在审读《外交保护条款草案》时使用过有关概念，但并未深入。对有关概念的内涵与外延进行比较研究，很有价值。

二是属人管辖权与属地管辖权的关系。管辖权是国家基于主权派生出的基本权利。领事保护与协助的主体是分布于世界各国的驻外使领馆，对象是在驻在国的中国公民、法人和非法人组织。我国内法律是否及如何适用，我公民、法人和非法人组织在驻在国有哪些权益以及应当以何种方式予以维护，都涉及我国对本国公民的属人管辖权与驻在国的属地管辖权之间的关系，值得探讨。

三是《维也纳领事关系公约》及有关双边领事条约的地位。我驻外使领馆在接受国履行领事保护与协助职务的国际法依据，就是《维也纳领事关系公约》及我与有关国家缔结的双边领事条约。目前我国《宪法》及《立法法》对条约在国内法的地位并无原则性规定，有关公约、条约在我国国内法的地位如何，其关于领事职务的规定是否直接构成驻外使领馆的义务等问题，都可予关注。

四是对国际法院涉及《维也纳领事关系公约》有关案件的解读。21世纪初，国际法院先后审理了与《维也纳领事关系公约》第36条有关的三个案件，法院对领事告知、领事通报和领事探视间关系的分析，对有关条款是否赋予个人权利的认定，在国际法发展史上都具有重要意义，虽时隔数年，仍不失研究价值。

此外，我驻外使领馆在不同情形下从事领事保护与协助工作时，如何界定具体职责，公民应自行承担何种义务，都涉及很多国际法问题，值得深入研究。

应高度重视司法在国际法中的作用

刘敬东[*]

一、司法与国际法关系越来越密切

笔者认为，从司法角度，实践中已不存在国际公法、国际私法和国际经济法之间的区分，应当综合运用国际法各领域的理论解决实践问题。比如，2015年朝鲜海事局在上海海事法院起诉我国两家货运公司造成污染的案件，按照相关公约的规定，我国并无管辖权；朝鲜海事局在中国起诉还有豁免权问题。最高法院领导高屋建瓴，非常重视司法在国际上的作用，最终决定受理此案并成功解决。这就是一个比较典型的国际公法、私法等相结合的国内司法案例。

再如，国际经济法中BIT条款在商事领域的应用问题，《纽约公约》在国内司法中的应用问题等，都是国际法各领域的综合性问题。现行国际投资争端解决以国际投资争端解决中心（International Centre for Settlement of Investment Disputes，简称"ICSID"）为主，但近些年来，国际上出现了"尤克思诉俄罗斯联邦案"这类非ICSID投资仲裁案例，双方代理人分别为法国著名国际法教授盖拉德和有"《纽约公约》之父"之称的范登博格教授。对于此案，荷兰的海牙法院行使了司法管辖权。我们非常关心此案的进展，因为它涉及中国法院能否以《纽约公约》为依据来执行投资仲裁裁决的问题，

---

[*] 刘敬东，中国社会科学院国际法所国际经济法室主任，曾任最高人民法院民四庭副庭长。

在ICSID解决机制之外的投资争端裁决有何可在中国执行的法律依据？如何与《纽约公约》相衔接？国家豁免问题如何处理？等等，都是国际法学界亟待研究的理论和实践问题，这也是"一带一路"之下可能面临的现实问题。

由于中国国际地位的大幅提升，中国司法案例实践显得尤为重要，越来越受到国际社会的广泛关注。据笔者所知，联合国海洋法法庭每年都请我国最高人民法院提供10个典型案例，以供参考。我们的其他案件包括刑事案例、涉外商事案例，特别是涉及国际公约解释方面的案例以及互联网相关裁判案例都受国际法律界的高度重视。

从支持国家司法进步、发挥我国司法国际影响力、提升中国的国际法话语权角度来看，需要我们综合运用国际公法、国际私法和国际经济法的理论解决现实问题。

二、法院高度重视司法在提升中国国际话语权方面的作用

以外国法院判决的承认执行为例，2017年的中国—东盟大法官会议宣言在互惠方面取得历史性突破，规定了推定互惠原则，即如果没有不承认执行的先例的，就视为存在互惠关系。这一规定比2015年最高人民法院颁布的《最高人民法院为"一带一路"建设提供司法服务和保障的若干意见》中对互惠的规定更进一步，充分彰显了中国司法的开放与包容。

此外，中国的法院也高度关注重大国际法实践，研究美国联邦最高法院以及欧盟法院、欧洲国家的相关案例，这对于我国法院今后处理国际法问题，乃至对国际法相关规则发出中国司法的声音具有很重要的借鉴意义。

从国际法的实践发展来看，一方面，国内司法作用是无可比拟的。如2014年上海法院判决的"中威执行案"，判决日本公司赔偿

二战期间租赁中国船只的案件，法院执行法官依法扣押日本货船，赔偿款三天到位。这就体现了司法的独特权威和力量，胜过千军万马。再如，为充分维护我国的海洋权益，最高人民法院先后出台了两个重要司法解释，涉及南海岛礁的刑事司法管辖权，在对外海洋权益斗争中发挥了良好的作用，效果十分明显。这使得我们对于国内司法在国际法律斗争中的巨大作用有了更深刻的认识。

另一方面，国际组织和司法机构对内国裁决是充分尊重的。曾在WTO上诉机构担任法官的张月姣老师曾说，WTO是不碰国内司法机构裁决的。这既是尊重内国法，也是法官间彼此尊重。所以，在国际法规则的理解和适用方面，我们更要理直气壮地发挥中国国内裁判的作用。

司法裁决对于一个法律体制而言非常之关键，如果没有裁判，各方就可以自说自话。裁判的作用是要定纷止争，当然，各方可以对裁决有意见，但也无法动摇其效力，所以我们一定要重视司法在国际关系中的作用。

三、"一带一路"争端解决及相关问题

一方面要有宏观视角，如对"一带一路"条约体系构建、机制建立的创新；另一方面还要研究具体的法律问题，如国家豁免等问题。我国已有企业在国外开展投资争端仲裁，但胜诉后如何执行？我国如何执行外国政府财产？《纽约公约》的运用就很关键。另外，"一带一路"争端解决机制的建构是否排除ICSID？还是另起炉灶？或在亚投行下设一个新的机制，亦或学习欧盟设立投资法院？再如，环境、知识产权、劳工等议题，是否要体现在"一带一路"相关协定之中？如何和跨太平洋伙伴关系协定（Trans-Pacific Partnership Agreement，简称"TPP"）等这种高水准协定相互借鉴？和我国签订的BIT如何衔接？这些问题亟待我们研究解决。

中国现已成为世界性大国，在提升中国的国际话语权方面，中

国司法同样面临艰巨的使命和任务，在这方面，中国司法已经迈出历史性一步。未来如何进一步提高中国的司法话语权、更广泛地发挥司法在国际法领域中的独特作用？如何尽快把我国的成功司法案例推向国际法领域，促进国际法相关规则的完善与进步？这些都是摆在中国国际法学界和实务界同仁面前的重大问题，希望我们共同努力。

从外交法律顾问看国际法与外交的关系

商 震[*]

近年来,国际法学界越来越重视实践研究,积极探讨学者在国际法实践中的作用,探讨法律外交的发展。[①] 这反映出国际法始终跟随国家实践而变化的特点,是适应中国特色大国外交发展的客观需求,也是改变国际法实践研究被欧美主导的时代要求。在国际法实践中,外交法律顾问[②]是外交政策和国际法规则的协调者,是国际法制定、解释和实施以及国际争端解决的直接参与者,在国家外交和全球治理领域发挥了重要作用。比较研究各国外交法律顾问工作,能够更好审视国际法在外交和全球治理中的作用,对外交实践和法律外交研究具有重要意义。

---

[*] 商震,中国驻欧盟使团参赞、法律顾问。本文仅代表作者个人观点。

[①] 《为推进国际法治贡献中国力量——在中国国际法学会2017年学术年会上的讲话》,李适时,中国国际法学会网站,http://www.csil.cn/News/Detail.aspx?AId=226,2018年8月1日登录。

[②] 在联合国举行的外交部法律顾问非正式会议中,法律顾问被定义为各国外交部负责国际法事务,特别是联合国大会第六委员会工作的主要官员。这一定义范围明确排除了政府间国际组织和非政府组织内部设立的国际法法律顾问。为了表述方便,本文引用这一定义,并将外交法律顾问所领导的机构统称为外交法律顾问办公室,个别惯用名称除外。

一、外交法律顾问的发展和研究

（一）外交法律顾问概述

国际法源自欧洲，欧美国家设立外交法律顾问由来已久。17世纪至18世纪的路易十四时代，法国外交部就设立了专门的法律顾问职位，几乎同外交专业化的最早进程同步。英国外交与联邦事务部法律顾问办公室建于19世纪后半叶，美国国务院法律顾问办公室建于1931年，但前身可追溯至19世纪中期。此后，伴随着两次世界大战爆发，欧美国家更加重视外交事务中的国际法问题，例如加拿大外交法律顾问设立于1913年，西班牙外交法律顾问设立于1932年4月，其领导下的法律顾问办公室成立于1938年2月。①

对发展中国家而言，从二战结束到20世纪70年代前后，国际法在外交领域的重要作用方才蔚然显现。这同亚非拉地区国家文化传统、国际法源自欧洲的发展历史、二战后国际关系的新发展等都有密切关系。特别是随着非殖民化运动蓬勃兴起，前殖民地国家基于主权平等原则，开始全面参与国际事务，加速推动了国际法的普遍性。② 这一期间，印度于1958年设立外交法律顾问办公室，是较早设立该制度的发展中国家。③ 对新中国而言，在1949年以后至重返联合国前的20余年间，在国际法体系中处于"被迫边缘化和自我边

---

① 参见法国、英国、美国、加拿大、西班牙等国分别向欧洲委员会国际公法委员会提供的信息，欧洲委员会网站，https://www.coe.int/en/web/cahdi/organisation-and-functions-of-the-office-of-legal-counsel，2018年8月1日登录。

② Sundhya Pahuja, "The Postcoloniality of International Law", *Harvard International Law Journal*, Vol.46, 2005, p.459, 462.

③ Michael Schard, Colin McLaughlin, "Foreign Legal Adviser's Roundtable", *Proceedings of the Annual Meeting*, American Society of International Law, Vol.99, 2005, p.161, 167.

缘化的进程",①体现了发展中国家逐步参与国际法发展的历史特征。

对外交法律顾问工作来说，20世纪70年代是重要发展阶段。从美国看，1971年美国国际法学会举办"提升国际法在政府决策中地位"的圆桌会议，并指出法律顾问的影响应体现在政府各部门，体现在决策各阶段，体现在外交工作不同层级，②这充分体现了外交法律顾问在政府决策中的重要性。

从发展中国家看，1973年亚非法协年度会议提出，在现代国家政府中，如果无法就国际法问题提出权威法律意见，将导致政府难以有效运转。考虑到当时发展中国家和二战后新独立国家在国际法领域面临资源稀缺的困境，亚非法协专门要求成员国提供信息，并牵头就外交法律顾问工作编纂情况概述，③这集中体现了这一阶段亚非国家对外交法律顾问的重视，以及对国际法和对外交往互动关系的初步认知。

20世纪90年代，国际组织成为重要国际法主体，出现了国际组织设立法律顾问的新发展，法律顾问工作也成为国际组织的重点议题。这体现了冷战结束后，国际法在国际关系中地位显著上升，④也反映了国际法主体不断增加但国际法执行者仍主要是主权国家的发展现状。这一阶段被联合国设定为"国际法十年"，正好同全球治理的兴起同步，是国际法治和国内法治同步运转的内在要求。由于外交法律顾问处在这种同步运转联结点，其工作重要性也就不言而喻。

---

① 何志鹏、孙璐：《中国与国际法治的完善：历史分析与未来评估》，《法治研究》，2015年第3期，第115页。

② Roger D. Fisher etc., "Strategies for World Order", *American Journal of International Law*, Vol.65, 1971, pp.285-286.

③ 亚非法协会第14届会议报告，第210页，亚非法协会网站，http://www.aalco.int/scripts/view-posting.asp?recordid=494，2018年8月1日登录。

④ 从美国国务院法律顾问办公室的发展历史看，由于冷战期间国际法事务的增加，该办公室规模快速扩大，作用也得到提升。参见 Harold Hongju Koh, "The State Department Legal Adviser's Office: Eight Decades in Peace and War", *Georgetown Law Journal*, Vol.100, p.1747, 1751.

总体看，外交法律顾问职能的发展源自国家对外交往的实践需求，同国际关系从武力到外交、从外交到法治的进程大体一致。时至今日，各国外交法律顾问制度更加成熟，日常工作更加趋同，更多受到社会各界关注，对外交法律顾问行使职能提出更多新要求。

（二）外交法律顾问研究资料

目前，外交法律顾问研究文献较为丰富，且国际组织借助成员国优势，广泛涵盖了发展中国家实践，但不可否认有关研究仍以西方学者为主，以欧美国家实践为主。

1. 外交法律顾问著述

在英美国家，外交法律顾问撰文概述法律外交实践已经成为惯例。这类著述主题明确，主要是普及和推广对国际法与国家实践的认知。1907年《美国国际法学刊》创刊号上，伊莱休·鲁特（Elihu Root）就提出要达致国际法的普遍认知，呼吁增强普通民众对国际法的了解，以便对美国政府外交行动进行民主监督。1962年，理查德·B.比尔德（Richard B. Bilder）撰文介绍美国国务院法律顾问办公室，提出法律顾问职能鲜为人知，并分专题讨论了外交法律顾问同美国国务院、国际法从业者、司法机构以及国际法发展间的关系，[①] 实质推动美国国际法实践的研究。

除了聚焦自身工作外，现在外交法律顾问更倾向于从实务角度探讨国际法原则和外交实践的互动，探讨法律顾问在外交决策中的作用，阐述政府在重大国际法问题上的立场等。例如，1991年阿瑟·D.瓦茨（Arthur D. Watts）从英国实践中讨论国际法与国际关系的互动，[②] 2012年著名亚裔国际法学家高洪柱谈美国政府对网络空间

[①] Richard B. Bilder, "The Office of the Legal Adviser: The State Department Lawyer and Foreign Affairs", *American Journal of International Law*, 1962, Vol.56, pp.633-684.

[②] Arthur D. Watts, "International Law and International Relations: United Kingdom Practice", *European Journal of International Law*, 1991, Vol.2, p.157.

国际法的立场等。① 这些新发展同国际法和国际关系跨学科研究的发展趋势相同，体现了理论和实践的一致性。

2. 外交法律顾问办公室工作概要

外交法律顾问办公室工作概要是记录国际法实践的重要材料，这完全契合外交实践注重传统和先例的内在需求，对国际法和外交工作都有参考意义。美国在此方面属于先行者。1877年，美国国务院助理国务卿约翰·兰伯特·卡德沃尔莱德编纂了《美国国际法摘要》，涵盖总检察长法律意见和联邦法院主要判决。1886年，在法律顾问办公室工作的弗朗西斯·霍顿开展了更为全面的编纂，增加了美国总统和国务卿发布的法律立场文件等。② 自1989年开始，美国国务院每年编纂出版《美国国际法实践摘要》，因其内容全面丰富而确立了重要地位。这不仅体现美国政府对国际法的重视，也同普通法系重视案例分析的法律文化密不可分。

除此之外，英国外交与联邦事务部法律顾问办公室每年发表工作报告，但可能顾及外交工作敏感性，内容较为简略。③ 马来西亚和新加坡等作为英联邦国家，国际法事务均是总检察长办公室负责，每年均在总检察长办公室年度工作报告中予以概要介绍。④

中国在此方面也形成了一定惯例。外交部每年出版的《中国外交》白皮书中，有专门一章是"中国外交中的条约法律工作"，会

---

① Harold Hongju Koh, *Harvard International Law Journal*, http://www.harvardilj.org/wp-content/uploads/2012/12/Koh-Speech-to-Publish1.pdf, 2018-8-1.

② Harold Hongju Koh, "The Legal Adviser's Duty to Explain", *The Yale Journal of International Law*, Vol.41, No.189, 2016, p.193.

③ "FCO Legal Directorate annual report 2015 to 2016", GOV. UK, https://www.gov.uk/government/publications/fco-legal-directorate-annual-report-2015-to-2016, 2018-8-1.

④ 参见新加坡总检察长办公室网站，https://www.agc.gov.sg/our-roles/international-law-advisor/overview-of-functions2，马来西亚总检察长办公室网站，http://www.agc.gov.my/agcportal/uploads/files/Publications/Annual%20Reports/AGC%20Bi%20Annual%20Report%202010-2011%20Final.pdf，2018年8月1日登录。

概述一年来在条约法、联合国法、国际司法合作、海洋法、环境法、人权法等领域的法律外交工作。2011年出版的《中国国际法实践与案例》和2018年出版的《中国国际法实践案例选编》系外交部条法司集体编写,是对国际法实践系统的总结和理论建树的尝试。① 另外,《中国国际法年刊》一直收录中国代表在国际法领域的重要国际组织和国际会议上的工作和发言。

3. 国际组织研究资料

国际组织关注外交法律顾问工作,主要目的是推动外交法律顾问间合作,确保成员国遵守国际法原则,主要方式是寻找共同利益,达成共同标准,建立最佳实践。

如上所述,亚非法协较早地开始讨论外交法律顾问的工作,在1969年第10次年会中就将有关工作列为重要议题,并在1973年和1978年会议报告中以较大篇幅论述外交法律顾问的角色。这些讨论对促成联合国法律顾问非正式会议发挥了重要影响。该会议始于1990年,系加拿大、印度、墨西哥、波兰和瑞典五国共同倡议,每年在联大六委会议期间举行。会议最初目的是改进六委审议国际法委员会报告的工作方法,但自1990年到1992年连续三年间,会议讨论的主题都是法律顾问的角色。② 这直接促成1999年联合国法律事务办公室汇编出版《外交法律顾问论文集》,全面论及外交法律顾问在外交政策制定、国际法发展、国际法的国内实施、国际组织法的适用和发展、国内司法诉讼、国际司法诉讼等领域的作用。③ 此后,

---

① 《〈中国国际法实践与实例〉新书首发式在京举行》,中华人民共和国外交部网站,http://www.fmprc.gov.cn/chn/gxh/tyb//wjbxw/t852818.htm,2018年8月1日登录。

② Hans Corell,"Cooperation among Legal Advisers on Public International Law", Dissertation & Theses-Grandworks, pp.98-100.

③ "Collection of Essays by Legal Advisers of States, Legal Advisers of International Organizations and Practitioners in the Field of International Law, United Nations", http://www.un.org/law/books/CollectionOfEssaysByLegalAdvisers.pdf, 2018-8-1.

联合国法律顾问办公室还一直就外交法律顾问职能开展文献汇编等工作。①

在欧洲方面,欧洲委员会国际公法委员会(CAHDI)高度关注成员国外交法律顾问工作,曾于2005年建立数据库,汇编各国外交法律顾问办公室职能和人员组成等信息,并在2014年启动新数据库,将内容拓展至法律顾问在政府内职责、同国际法学界和实务界联系、相关文献研究等,成为开展比较研究的重要基础。②

4. 国际法学者著述

国际法学者研究外交法律顾问工作,主要集中在美国、英国、法国、加拿大等国,研究角度也主要基于外交法律顾问实践来探讨国际法的运用和发展。例如,2000年弗兰克·伯曼(Frank Berman)主编的《外交政策制定中国际法的作用》,③ 2012年斯蒂芬·伯兹(Stephen Bouwhuis)编著的《国际法顾问在政府中的角色》等。④ 特别值得注意的是,安东尼奥·卡塞斯(Antonio Cassese)1992年采用访谈法,亲自采访英、美、法等10余国外交法律顾问,专门研究其在确保外交政策符合国际法方面的作用。卡塞斯认为,政府立场文件虽能够清楚表明一国对国际法规则的考量,但要从更广维度和更具现实性角度评估国际法作用,就应该深入了解外交法律顾问日

---

① "The Role of the Legal Adviser", website of United Nations Office of Legal Affairs, http://legal.un.org/ola/role_legal_advisor.aspx, 2018-8-1.

② Website of Council of Europe, https://www.coe.int/en/web/cahdi/organisation-and-functions-of-the-office-of-legal-counsel, 2018-8-1.

③ Sir Frank Berman, "The Role of the International Lawyer in the Making of Foreign Policy", in C.Wicremasinghe (ed.), The International lawyer as Practitioner (BIICL 2000).

④ "The Role of an International Legal Adviser to the Government", website of Cambridge University Press, https://www.cambridge.org/core/journals/international-and-comparative-law-quarterly/article/the-role-of-an-international-legal-adviser-to-government/29B2A3AC2455776ACF461F47D1BD582D#, 2018-8-1.

常工作，看到立场文件中难以反映的实践情况。①

除国际法学者外，各国国际法学会也积极讨论外交法律顾问工作。美国国际法学会就外交法律顾问的作用、外交决策中的国际法问题等举行多次圆桌会议，并在近期组织系列专题研讨会，探讨"国际法和特朗普政府"。②2012年10月，澳大利亚和新西兰国际法学会同亚洲国际法学会合作，启动"国际法与崛起的亚洲"项目，提出要研究亚太地区21个国家和地区组织的国际法事务现状。③2015年2月，英国外交与联邦事务部主办"法律顾问在国际法中的作用"研讨会，讨论国际法法律顾问在国际政治和外交中的作用与影响。这些发展凸显外交实践中国际法地位的提升，表明各国学者积极从实践中探寻国际法的发展。

二、外交法律顾问的职能

现代国际法对人类社会的影响极其广泛，导致外交法律顾问负责的事务非常繁杂。各国外交法律顾问的身份定位、主要任务、工作目标都有差异，有的只担当顾问角色，有的担任外交事务行政职务，难以按照统一标准分类。不过，"屦之相似，天下之足同也"，外交法律顾问面临的问题和任务相类似，所以基本职能也大体相同。

（一）基本职能

对于外交法律顾问的职能，各国专家曾尝试从不同角度加以归纳。阿瑟·D.瓦茨将英国外交法律顾问工作分为五大类：一是日常法律工作，包括特权与豁免、政府海外财产等；二是条约工作，涉

---

① Antonio Cassese, "The Role of Legal Adviser in Ensuring That Foreign Policy Conforms to International Legal Standards", *Michigan Journal of International Law*, Vol.14, Iss.1, 1992, http://repository.law.umich.edu/mjil/vol14/iss1/4, 2018-8-1.
② 参见美国国际法学会网站，https://www.asil.org/trump，2018年8月1日登录。
③ Damienvander Toon, ESIL conference paper series Vol.3, No.1, p.4.

及条约的解释适用和条约审核；三是参加国际会议和谈判；四是相关国内立法事务；五是司法诉讼案件，特别是国际司法机构案件。[①]

与之类似，曾任联合国法律顾问的汉斯·科雷尔（Hans Cornell）将外交法律顾问职责细分为17类，除上述五类外，还纳入了国际法的编纂和发展、人权事务、国际人道法、领事法、投资保护、边界事务、司法协助等，基本涵盖了外交法律顾问相关的各类业务。[②]

除事实描述外，美国国务院前任法律顾问高洪柱列出四种角色：顾问者，良知者，捍卫者，阐释者。意思是外交法律顾问不仅要向政府提供国际法建议，提供个人智慧和道德建议，还要捍卫美国利益和宪法制度，在美国政府内并向国际社会阐述和代言国际法的重要作用。[③]

这些分类大体勾勒出外交法律顾问的繁杂职能，但各有侧重，且所列职能彼此联系，难以实现非此即彼。根据CAHDI数据库信息，如果将这些职能适当归纳，似可分为出具法律意见、参与国际谈判、负责国际诉讼三大方面。这也是各国外交法律顾问和国际组织法律顾问的基本共识。这三类职能中，核心职能是出具法律意见，是确保各国政府在国际法框架下采取外交行动的重要基础。

当然，出具法律意见受制于法律顾问主动提意见的范围，以及被请求提供法律建议的数量，并不一定是业务量最大的工作。例如，美国国务院法律顾问办公室最主要业务是国际诉讼和投资争端，包括美国政府和公民起诉外国政府以及外国公民和政府起诉美国政府的所有案件。

[①] Arthur D. Watts, "International Law and International Relations: United Kingdom Practice", *European Journal of International Law*, 1991, Vol.121, No.1, pp.159-160.

[②] Hans Cornell, "Cooperation Among Legal Advisers on Public International Law", Annex, Dissertations & Theses-Grandworks.

[③] Harold Hongju Koh, Aaron Zelinsky, "Practicing International Law in the Obama Administration", *Yale Journal of International Law*, Vol.35, No.4, 2009, pp.8-12.

此外，各国法律顾问均注重对内身份和对外身份的转换。也就是说，在作出外交决策前，法律顾问对内是法律意见提供者，可能提出同最终决策完全不同的法律意见。但作出外交决策后，其就自然转换为政府外交政策的捍卫者和辩护人。①

（二）法定职能

在部分西方国家，外交法律职能由专门国内法加以规定。例如，法国外交部法律司职能由2012年12月28日外交部行政组织法（No.2012-1511）第九条进行规定，包括就国际法和欧盟法向外交机构和政府其他部委提供法律意见、代表法国参加国际诉讼和司法案件、负责条约谈判和海洋法事务等。该法第六条和第14条还规定了法律司的处室设置及其基本职能。

瑞士外交法律顾问职责由2000年3月29日《联邦外交部组织法》第九条加以规定，指明瑞士外交部国际法司两大目标是确保政府正确解释和适用国际法，推动国际法的遵守和发展。具体职责包括提供法律意见、参与国际谈判、负责条约缔结和保存、负责人权法、国际人道法和欧盟法事务等。

此外，澳大利亚外交法律顾问职能系源自2017年法律服务指令，规定条约谈判等国际法事务由总检察长办公室和外交贸易部负责，并规定了较为复杂的内部协调程序。② 美国1931年2月"摩西—林克西姆"法案正式建立法律顾问办公室，明确其任命程序和工资级别。③

---

① Antonio Cassese, "The Role of Legal Adviser in Ensuring That Foreign Policy Conforms to International Legal Standards", *Michigan Journal of International Law*, Vol.14, Iss.1, 1992, pp.142-143.

② "Legal Services Directions 2017", website of Australian Government, https://www.legislation.gov.au/Details/F2017L00369, 2018-8-1.

③ Ellery C. Stowell, "The Moses-Linthicum Act on Foreign Service", *The American Journal of International Law*, Vol.25, No.3, 1931, p.516, 519.

三、外交法律顾问的机构设置

（一）机构设置

法律顾问在外交决策中的作用受诸多因素影响，机构设置是一个关键因素。因为机构设置反映外交决策的整体架构，反映国际法在外交事务中的定位。这不仅涉及外交法律顾问个人级别，也包括其办公室的机构级别。大体而言，普通法系国家比大陆法系国家更重视外交法律顾问的地位，而英联邦国家制度受英国影响，大都较为类似。

在安理会常任理事国中，美国由国务院助理国务卿级别官员，且需要总统提名并得到国会同意，作为外交法律事务的首席顾问。英法两国都是外交部法律事务司司长担任此职务，英国法律顾问向外交部常务次官报告工作，任命前通常需要外交大臣征询英国首相意见，法国法律顾问工作由外交部秘书长负责领导。俄罗斯是外交部条法司司长担任此职务，也是外交部讨论重大政策问题的理事会的成员，日常向副部长报告工作，紧急情况下可直接向外长报告。

在二十国集团国家和新兴大国中，大多数外交法律顾问是外交部总司长或司长级别。例如德国是外交部负责法律事务的司长，由职业外交官担任并遵循常驻轮任原则，一般不会自外交人员之外遴选。加拿大是外交贸易发展部助理副部长，不属于政治任命人员，其办公室是外交贸易发展部15个司局之一，组成人员多数遵循驻外轮换制度。墨西哥法律顾问直接向外长报告工作，其办公室行政级别高于外交部其他司局，低于副外长办公室。以色列法律顾问政治上向外交部总司长报告，业务上向总检察长报告。

近年来，主要国家外交法律顾问职能有逐步加强趋势。瑞士法律顾问和国际法司司长曾经是不同人员担任，但前几年得以合并，以强化法律顾问职能，而且法律顾问是大使级别，直接向外长报告工作。意大利根据2010年第95号总统令，对外交部组织架构进行改革。考虑到现有法律事务不断增加,将原有法律顾问办公室更名为"法律事务、外交争端和国际条约办公室",职能和活动得到更大拓展。

(二)人员组成

在各国法律顾问办公室中,除行政技术和信息管理人员外,基本由两类人员构成。一是作为政府公务员的法律专业人士,不进入职业外交官队伍。二是律师型外交官,即具有法律背景的外交官。这两类人员组成比例不尽相同,不一定都遵循常驻轮任制度,各国根据需要还会在驻外使领馆派驻法律顾问。

例如,英美两国外交法律顾问办公室主要由政府律师组成,一般不会转换身份成为职业外交官,但有可能作为法律顾问在驻外使领馆工作。英国外交法律顾问办公室约70人,包括政府律师、海洋政策专家、条约程序和信息技术、行政管理人员等。其中50人在伦敦工作,10人在纽约、布鲁塞尔、斯特拉斯堡等地使领馆工作。美国国务院法律顾问办公室现有265人,其中196人是政府律师,其他人员负责条约事务、信息技术、行政预算等,另有10余人在纽约、日内外和海牙的使领馆工作。

从各国情况看,英美这种人员构成属于少数派,其他国家更多由具有法律背景的外交官构成。例如德国外交法律顾问办公室共40人,都是职业外交官。瑞士共60人,其中45人是政府律师,整个人员1/5是外交官。挪威共35人,约15人是职业外交官。也有部分国家法律顾问办公室主要负责人是外交人员,如墨西哥法律顾问办公室有68人,办公室高级管理人员2/3是职业外交官。至于在驻外使领馆派驻法律顾问,则是较为常见的实践。例如德国在纽约和海牙有法律顾问,以色列在纽约、海牙、日内瓦有法律顾问,墨西哥在意大利和哥斯达黎加使馆有法律官员等。

（三）外交法律顾问在政府中的地位

西方国家一直关心外交法律顾问同政府其他部门的关系。1963年，美国国际法学会组织12个国家外交法律顾问和联合国机构共同举办研讨会，专门讨论外交法律顾问在政府中地位、外交法律顾问工作所涉及法律和政策的关系等。这主要是明确政府内国际法事务管理体制，明确外交法律顾问在政府内是否具有国际法事务权威地位，以便准确了解一国政府的国际法立场。

当前，随着外交更加专业化和全民化，一国外交工作涉及的政府部门和非政府参与者越来越多，也确实会令各界产生疑问，究竟外交法律顾问在政府内是否对所有国际法问题有权威地位？其是否有权协调各类国际法事务？通常而言，各国外交法律顾问会就其他部门提出的国际法问题提供意见，且具有重要影响。例如，当美国司法部在执法行动中决定冻结外国财产时，美国国务院可能会提出涉及国家财产豁免问题，进而需要两部门进行合作。但这类法律意见是否影响其他部门最终政策决定，仍需做个案和定量分析，而且实践中可能不乏协调不力的情况。例如，有澳大利亚学者指称印度实践"难以令人满意"，因为政府内部不同领域国际法事务由不同部门负责，且不同部门间缺乏有效协调。

在此问题上，英联邦国家制度较为特殊，一般跟随英国实践，规定总检察长是政府首席法律顾问，对国际法在内各类法律问题提供权威意见。当然，英国外交法律顾问就相关国际法问题的立场，会对总检察长有重要影响，但程序上需要总检察长进行背书。

此外，由于国际法事务不仅限于行政部门，立法和司法机构中也会广泛涉及，外交法律顾问同立法和司法机构的关系也是值得关注的话题。至少在外国国家豁免问题上，究竟是司法机构主导，还是以外交法律顾问的意见为基础，是国际法实践中经常遇到的问题。

四、外交法律顾问职能的行使

(一) 外交法律顾问的个人能力

在各国实践中,外交法律顾问参与外交决策存在不同情形,包括自始提供法律意见,或者在采取外交行动后,需要法律正当性辩护时才应要求介入,或者就未能参与外交决策整个过程。在三种情形中,最让法律顾问为难的,是在外交行动遇到麻烦时才被要求提供法律辩护。

要解决这个难题,难免又牵涉外交法律顾问应积极主动行使建议职能,还是被动应询才提供意见的问题。这一直是个困难、敏感和微妙的问题。联合国法律顾问非正式会议成立伊始,就曾围绕该问题展开讨论。[①] 从西方国家实践看,大都基于务实原则,以灵活性安排或个案处理为主。这是由于在外交事务决策过程中,各国外交部一般是优先按行政职能划分,由负责国别、地区和具体业务的司局制定政策,而决策参考要素不仅有法律考量,更有政治和政策考量。这导致在实际工作中,如果法律顾问过多保持沉默,会让国际法对外交的规范作用难以显现;如果法律顾问过于主动,无疑也影响外交政策的灵活性和及时性,因而需要丰富经验和应变能力来加以平衡,才能勇于建议并善于执行。

此外,外交法律顾问个人能力也是一个重要因素。各国普遍认为,外交法律顾问不仅要具备国际法专业能力,还必须具有外交战略眼光,熟悉各领域外交政策,能在不同的政策优先目标间做出选择和判断,能在政策和法律选项间达成平衡。在此基础上,外交法律顾问还必须能够将复杂的国际法规则表述为简单清晰的政策建议。从绝大多数外交法律顾问的著述看,都具有立场明确、内容清楚、

---

① Hans Corell, "Cooperation among Legal Advisers on Public International Law", Dissertations & Theses-Grandworks, p.101.

文字平实等语言特点，充分反映外交法律顾问的工作要求。

（二）维护外交法律顾问职能的政策工具

1991年美国国际法学会和国际法学会美国分会的联合报告指出，外交政策具有高度政治敏感性，政策制定者通常对国际法的相关性持怀疑态度，会让法律顾问在坚持国际法原则上面临很大压力，因而必须有相应政策工具来化解和抵消这种压力。①

针对这种政策工具的可能性，在2015年英国举办的"法律顾问在国际法中的作用"研讨会上，各方强调"飞行规则"。即为了保证"外交决策"这架飞机平稳落地，法律顾问必须自起飞开始参与整个航程。根据"飞行规则"，各国外交法律顾问需要同外交决策层密切合作，确保在讨论重大外交事务时，法律顾问均能在场。这并不意味着法律顾问一定要当场发言表态，但会有助于外交决策充分考虑国际法上的权利义务。

这一"飞行规则"强调同外交决策层的互动，需根据各国国情而定。就日常工作机制而言，英美等国要求外交工作层制定政策应征求法律意见，并说明采纳或摒弃法律结论的原因。在英国外交与联邦事务部内，如果一项政策建议报告未明确指出征询了法律顾问意见，会被高层领导退回重新征询意见。这种机制以法律意见得到高度尊重和充分采纳为前提，容易实施且效果良好。例如，英国外交实践中很少会做出同法律意见不同的政策结论。② 再如，印度前任法律顾问拉奥指出，有时国际法规则清楚明确，但印度政府仍希望采取不同的外交政策，印度外交人员就会主动同相关国家协商，达

---

① "The Role of Legal Adviser of the Department of State: A Report of the Joint Committee Established by the American Society of International Law and the American Branch of the International Law Association", *American Journal of International Law*, Vol.86, 1991, p.358, 361.

② Michael P. Scharf and Colin McLaughlin, "Proceedings of the Annual Meeting", *American Society of International Law*, Vol.99, pp.161-169.

成双方接受认可的安排。拉奥认为这是值得肯定的做法。①

当然，即使建立了完备机制，重大外交行动不征询法律顾问意见的情形也时有发生。英国前任法律顾问弗兰克·伯曼指出，在1956年第二次中东战争中，英法两国联手为夺取苏伊士运河控制权，共同联合以色列入侵埃及，事先并未征询法律顾问意见。国际法学者卡塞斯提及，1965年美国派兵干涉多米尼克革命运动、1979年伊朗人质危机中卡特总统派兵营救行动、1985年法国决定炸沉"彩虹勇士号"等事件中，有关国家政府都没有征询外交法律顾问意见。

（三）法律建议与政策建议的区分

外交法律顾问应何时提出法律建议，何时提出政策建议？这是一个重要问题，但要区分何为法律、何为政策从来不是一件易事。在具体工作上，外交法律顾问可能需要对自己负责的法律事务和政策事务大体有所区分。例如，在涉及外交战略的重大政治问题中，法律顾问应主要争取将国际法规则和实践作为重要考量因素。但在外空、网络、极地等国际法新疆域，在各国尚未形成明确政府立场时，外交法律顾问必须一方面确定法律立场，另一方面提出和阐述本国外交政策。

当然，正如美国国务院法律顾问理查德·比德尔1962年所指出，外交实践中法律和政策难以区分并保持不变，可能很多时候是一个外交问题的不同侧面。法律顾问提出法律意见时，恰恰需要首先全面掌握各方面信息。而且因为法律顾问办公室的工作基于理性和公信力，强调稳定性和一致性，所以对美国国务院外交政策制定有特殊影响力。美国诸多学者从实用主义出发，认同这种看法，强调政治和法律两个概念不应该被绝对化，应作为解决国际事务的两个密切相关的手段。也有欧洲国际法学者强调，国际法必须通过国

---

① Michael P. Scharf and Colin McLaughlin, "Proceedings of the Annual Meeting", *American Society of International Law*, Vol.99, pp.161-169.

家同意原则才能产生效力,所谓"脱离国际政治的国际法规则"根本是个伪命题。

(四)国际法发展带来的挑战

外交法律顾问行使职能面临诸多困难,很多时候还是因为国际法并不是一套静止规则,而是随着国际社会发展和国际关系变化而不断调整。在1990年美国国际法学会会议上,日本的小和田恒法官指出,日本明治维新时期开始对外开放,将国际法作为一套"静止和既定"规则予以接受,但实际上如果国际法不随着国际社会发展而变化,会导致不公平后果。小和田认为,社会变化必然导致法律调整,国际法也不例外。这是二战后日本积极参与国际法制定和实施的根本原因。

有欧洲国际法学者也指出,在国际法发展过程中,国家一直基于国家利益展开政治博弈,而随着国际法专业化和碎片化不断加深,不同部门法之间的博弈更加显现。这种博弈同国家间博弈一样,折射出不同价值观和指导理念的分歧,对国际法发展带来更多挑战。可以看到,这些挑战都会反映在外交法律顾问的日常工作中,需要在具体问题上不断寻找应对解决方案。而解决方法正如海牙国际法院前院长史久镛法官所言,"国际法有一种强大的力量,那就是灵活性"。我们应该"更加确信国际法的力量,随着它所治理的国家共同体的充分合意而变化的能力"。

五、结　语

在现代国际社会中,各国越来越重视外交法律顾问的职能及其在外交决策中的作用,实际是重视国际法对一国外交政策之影响,深层次反映国际法理念同现实国际秩序之互动,以及国家利益与国际社会共同利益之关系。这要求外交法律顾问必须平衡把握外交政策和国际法规则,使国际法超越权力政治,成为维系国际秩序稳定的基石。

  目前，在西方国际法学者研究成果中，涉及中国外交实践的较少。对中国国际法学者来说，外交法律顾问工作也是个比较新的课题，很大程度上受制于资料的稀缺性。但让人欣喜的是，中国国际法学会李适时会长反复强调国际法实证研究的重要性，提出国际法研究"要求学者掌握较为全面的基础知识，具有跨学科的研究视野"。许军珂教授主编的《法律与外交》，成为国内第一份专注于法律外交问题研究的学术文集，为推动法律外交理论研究，服务中国法律外交实践发挥重要作用。这表明中国国际法学者正在不断将理论和实践研究相结合，主动站在国家和外交实践层面来推进国际法研究，必将推动国际法研究更加契合外交事务的需求。

专论

美国法院涉华旧债券案评析

孙 昂*

摘要：在20世纪80年代的"湖广铁路债券案"和2005年的"莫里斯案"中，中国政府通过外交和法理"组合拳"，包括在坚持不接受美国法院管辖的前提下，聘请律师在美国法院出庭抗辩，赢得两案的完胜，维护了中国的合法权益，坚持和发展了主权豁免领域的国际法原则和规则。两案涉及的主要法律问题和法理斗争策略问题包括：中国在美国法院的主权豁免、中国是否应在美国法院出庭抗辩、美国政府在何种情势下会介入外国在美国法院被诉的司法程序、围绕主权豁免案件的送达、证据开示等。"湖广铁路债券案"和"莫里斯案"胜诉后，美国法院涉华主权豁免案件仍时有发生。总结旧债券案经验，探讨应对主权豁免案件的法理和策略，是今后妥善处理这类案件的基础。

关键词：湖广铁路债券案 主权豁免 抗辩管辖 外交送达 证据开示

中美建交后，有美国公民数度持旧中国政府发行的债券在美国法院起诉中华人民共和国，其中影响最大的是"湖广铁路债券案"和"莫里斯案"。两案涉及的主要法律问题，包括主权豁免、外交送

---

* 孙昂，中国驻印度尼西亚棉兰总领事，曾在中国外交部条约法律司、中国驻美国大使馆、联合国难民署和联合国安全理事会任职。本文只反映作者的观点，不代表其现任职或曾任职的任何机构的观点。

达、证据开示、抗辩管辖和美国政府介入司法程序等,迄今仍是应对美国法院涉华主权豁免案件的重点和难点。本文首先回顾"湖广铁路债券案"和"莫里斯案"基本情况,然后在此基础上评析其中的主要法律问题。

一、"湖广铁路债券案"

1979年1月1日,中美相互承认并建立外交关系。同年11月13日,杰克逊等九名美国公民向美国亚拉巴马州北区联邦地区法院起诉中华人民共和国①,要求偿付清政府1911年发行的湖广铁路债券。

"湖广铁路债券案"②是第一起在美国法院针对中华人民共和国提起的旧债券案,也是第一起在美国法院针对中华人民共和国提起的主权豁免案件。

"湖广铁路债券案"原告诉称,该债券的销售、发行和授权发行系"商业活动",根据美国《外国主权豁免法》,中国对本案不享有主权豁免。

起诉当日,法院签发传票,要求中国自收到传票和所附的起诉书之日起20日内提交答辩书。③ 1980年5月20日,美国国务院领事司致函该法院,表示已于5月16日照会中国驻美国大使馆,并将本

---

① Jackson v. People's Republic of China,美国法院第550 F.Supp. 869, 872 (N.D. Ala. 1982)号案件。对于美国法院系统统一编号的案件,不再在注解中说明法院的具体名称。

② "湖广铁路债券案"的原始案卷保存在美国亚拉巴马州北区联邦地区法院。除另注明出处者外,本文引用的案卷材料来自美国贝克和麦肯齐律师事务所收藏的该案案卷副本。

③ 美国《联邦民事程序规则》第12条规定,除非美国立法规定了不同的期间,被告应在接到传票和起诉书之日起20日内送达答辩状。法院副书记官在传票中对送达答辩状期间的表述与原告律师在诉讼通知书中的表述不同。考虑到美国《联邦法典》28卷1608(4)节对外国(政府)作为被告的期间问题做了特殊规定,法院副书记官的表述似有误。

案传票、起诉书、诉讼通知等文件以及文件中文译本和《外国主权豁免法》的英文本，作为照会附件送达中国驻美国使馆。

美方照会称，根据美国有关法律，作为被告，中国自收到传票之日（即照会发出之日）起60日内须对起诉书做出答辩，否则就可能失去提交证据和抗辩的机会，并将面临缺席判决。美国国务院请中国使馆将照会所附传票和起诉书转交中国政府的适当部门或其法律顾问，以便其采取适当措施避免缺席判决。任何关于管辖权和其他事项的抗辩，包括主权豁免的主张，须向法院直接提出。为此，美方建议中国政府就此咨询美国律师。美方照会还表示，根据法律，国务院有义务转交有关诉讼文书，并且美国国务院或美国驻华使馆都不能评论案件的实质问题。

1980年6月19日，中国驻美国使馆复照美国国务院，退回法院传票、起诉书和诉讼通知，表示根据国际法，中国享有主权豁免，请美国国务院将照会内容通知美国法院。6月30日，美国国务院领事司致函法院，交还中方退回的所有文件原件，请法院酌处。

1980年9月19日，原告致函法院，称美国国务院5月16日照会副本表明已完成对中国的送达。1981年8月24日，原告向法院提出动议，称截至该日，中方未对本案做出回应，要求法院宣布中方缺席本案。9月25日，原告要求法院做出缺席判决。

1981年10月22日，法院决定，鉴于诉讼文书已送达中方，且中方未在法定限期内出庭或答辩，因此将在缺席情况下做出对中方不利的判决。同年12月10日，美国国务院已将法院决定作为照会附件送交中国驻美国使馆。中国驻美国使馆12月17日复照退回美国法院决定。

1982年9月1日，法院做出缺席判决，按发行时每1英镑面值偿付46.1722美元计算，判令中国向原告赔偿41313038美元及本案诉讼费用。

判决书所附法律备忘录称，清政府1911年在美国发售面值六百万英镑的湖广铁路债券，年息5厘，本金定于1951年6月15日归还。中华民国政府取代清政府后,1930年12月15日前一直按期支付利息,1937年和1938年两次各支付一半利息。1937年,中华民国政府提出将债券到期日从1951年6月15日推迟到1976年6月15日,被债券持有人拒绝。1947年8月13日,中华民国政府承诺支付中日战争期间停付的外债本息。1949年,中华人民共和国政府成立。美国法院认为,根据国际法,政府发生更迭,权利和义务不受影响。目前的中国政府是清政府的继承者,因此也是清政府的债务继承者。

1982年10月18日,美国国务院向中国驻美国使馆送交本案缺席判决书和法律备忘录等文件。10月25日中方复照退回上述文件。

1983年6月16日,原告向法院提出动议,要求法院启动执行程序,以便扣押和执行中国财产。

为了维护中国的正当权益,1983年8月12日,中国政府在不接受美国法院管辖的前提下,聘请美国律师[①]向美国法院提交动议,要求撤销缺席判决、撤销本案并反对原告提出的强制执行动议。中方的主要理由包括:(1)中国作为外国主权者,对法院的管辖权享有豁免;(2)法院对本案没有诉讼事由管辖权;(3)法院对中国没有属人管辖权;(4)试图送达给中国的诉讼文书不完备;(5)向中国的送达未完成;(6)起诉书未能陈述针对中国的诉讼请求;(7)诉讼请求的时效届满;(8)诉讼请求有疏忽;(9)诉讼请求所涉债券无效;(10)诉讼请求提出事项不能通过司法途径解决;(11)诉讼地点不当等。

1983年8月18日,美国政府就"湖广铁路债券案"向法院提交

---

① 中国政府聘请的美国律师团队包括哥伦比亚特区(即美国首都华盛顿市)贝克和麦肯齐律师事务所的西罗、麦克唐纳、皮尔,亚拉巴马州伯明翰市的布莱特德雷—阿伦特—罗斯和怀特律师事务所的莱特福特、戴维斯、小瓦尔德罗普。其中莱特福特在本案所涉法院有出庭资格,西罗(有马萨诸塞州最高法院和哥伦比亚特区上诉法院出庭资格)、麦克唐纳(有伊利诺伊州最高法院和哥伦比亚特区上诉法院出庭资格)、皮尔(有哥伦比亚特区上诉法院出庭资格)无本案受理法院的出庭资格,但为本案向法院申请一次性出庭资格并获准。

利益声明书①，表示从美国对外政策利益出发，美国政府支持中国提出的撤销缺席判决并进行管辖权抗辩的动议。利益声明书表示，1983年2月，中国领导人邓小平向到访北京的美国国务卿舒尔茨强调，中方认为美国法院的缺席判决影响了中美关系，中国外交部长吴学谦也向舒尔茨国务卿提出了抗议。同年6月，美国国务院法律顾问等美方高级法律官员应邀访华，向中方详细说明了美国关于主权豁免的法律制度，并推动中方到美国法院出庭，直接向法院陈述对本案的立场。美国政府利益声明书还附有舒尔茨国务卿的声明，表示支持利益声明书所述情况和立场。

1983年10月14日，原告向法院提交动议，要求驳回中方动议。11月18日，美国政府向法院提交补充利益声明书，再次表示支持中方提出的撤销缺席判决并进行管辖权抗辩的动议。11月21日，中方向法院提交答辩书，回应原告10月14日的动议，重申中方要求撤销缺席判决的各项理由，并再次要求法院撤销缺席判决并驳回起诉。

1984年1月17日，法院举行听证会。中方重申撤销缺席判决、驳回起诉的要求及其理由。中方律师在听证时还提及，中美1979年5月11日协议解决了两国之间的资产要求。对此，法官表示上述协议未涵盖本案债券。中方回应：该协议是否涵盖本案所涉债券应由中美两国政府决定。随后，美国司法部法律官员和原告律师分别向法院陈述了各自的立场。

同年2月27日，法院签发命令和法律备忘录，表示鉴于本案送达和诉讼事由管辖权均存在严重问题，并鉴于美方公共利益，撤销对中方的缺席判决。同时表示，将根据双方提交的证据，对本案送达和诉讼事由管辖权等事项另行做出裁决。

同年5月29日，原告通过法院要求中方回答44个问题，包括外

---

① 美国政府的相关诉讼文书以国务院法律顾问罗宾逊、副法律顾问弗维尔、助理法律顾问诺顿和司法部助理部长麦克格兰斯及司法部民事司的法律官员唐纳德森、安德森、赫尔兹和科尔曼的名义向法院提交。

交部长黄华的通信地址、中国外交部诉讼法律文件的归档程序、中国驻美国使馆向外交部转递文件的程序等。同日，原告要求中方开示证据，涉及19类文件和证据，包括中方掌握的关于湖广铁路债券为恶债、中国外交部关于接受送达的程序、中国驻美国使馆向外交部转递文件、美国国务院与中国驻美国使馆的联系方式等事项的所有文件。原告要求中方承认已接受本案有关文件的送达、了解这些文件的含义，且中国受益于湖广铁路债券。

同年6月25日，中方致函法院，表示原告要求的证据开示，既无必要、也无根据，其目的是滋扰中国政府。6月27日，美国司法部主管官员致函法院，重申美国政府要求法院在此案中尽量减少给美国对外政策造成的困难，尽量尊重外国政府，尽早解决此案法律问题。即使外国政府可能有义务开示证据，但鉴于中方已向法院合理陈述了立场，美国政府请求法院接受中方6月25日函中反对证据开示的要求。7月6日，原告提出动议，要求法院强制中方开示证据，包括强制中方回答问题。8月3日，中方向法院反对原告7月6日的动议，并要求法院签发保护令，禁止原告向中方取证。8月17日，原告再次要求法院强制中方开示证据。8月21日，法院签发命令，接受中方律师8月3日函中提出的要求，禁止原告向中国政府取证。

在双方激辩证据开示的过程中，1984年8月10日，美国政府向法院提交了利益声明书表示，美国政府认为，1976年制定的《外国主权豁免法》不适用于1952年"泰特信函"[①]以前发生的事件。

1984年9月14日，法院举行证据听证。原告提交了少量书面证据，并安排乔治敦大学副教授克莱恩出庭作证。克莱恩表示他曾在美国海军部、中央情报局、国务院以及美国驻台湾"大使馆"任职，负责与中国有关的情报收集与分析工作，期间曾任中央情报局副局长。他还表示，美国国务院支持中方立场，是因为受到了来自中方的压力。

---

① "泰特信函"内容详见下文。

1984年10月26日，法院对湖广铁路债券案作出判决，驳回原告起诉。在同日签发的法律备忘录中，法院表示，国会1976年制定的《外国主权豁免法》没有溯及既往的效力。在湖广铁路债券发行和到期之时，美国奉行的仍是绝对主权豁免原则。根据这一原则，中国享有主权豁免，法院对本案没有诉讼事由管辖权。

1984年11月14日，原告向联邦第十一巡回上诉法院提出上诉。

1985年6月7日，中国外交部照会美国驻华使馆，重申中国政府立场并要求美国国务院向上诉法院转达。照会所附法律备忘录表示："根据国际法，中国作为一个主权国家，不受任何外国法院的强制管辖。""湖广铁路债券是旧中国清政府……举借的'恶债'，中国政府对湖广铁路债券绝无任何偿还义务。"中方还通过律师向法院提交答辩书，重申中方各项要求及其法律依据，并应法院要求提交了支持中方立场的各项文件，包括《联合国宪章》和国际法院对"英挪渔业案"的判决书等。

同年6月28日，美国政府向上诉法院提交利益声明书，支持中方立场，支持一审判决。

1986年7月25日，上诉法院三人合议庭作出判决，维持"湖广铁路债券案"一审原判。8月14日，原告申请上诉法院组成全院法官合议庭重审本案。9月3日，上诉法院决定拒绝重审。

原告随即申请联邦最高法院调档复核上诉法院判决。1987年2月2日，中方向联邦最高法院提交声明，反对其调档复核上诉法院判决。3月5日，联邦最高法院书记官致函中方，表示其已于当日决定拒绝调档复核"湖广铁路债券案"。

至此，中方终审胜诉，"湖广铁路债券案"落幕[①]。

[①] 自1983年8月12日中国政府通过聘请美国律师介入"湖广铁路债券案"，到1987年3月5日终审胜诉，历时近四年。这四年，笔者在武汉大学法律系国际法专业学习（1983—1987年）。正是对该案所涉国际私法问题的关注，促使笔者在本科毕业后，考取武汉大学国际私法专业硕士研究生（1987年），并有机会在毕业后到外交部条约法律司国际私法处工作（1990年）。

二、"莫里斯案"

"湖广铁路债券案"的落幕,鉴于美国司法制度的特殊性,并不意味着围绕旧中国政府债券的法律纷争曲终人散。

美国法院继承了英国普通法的"遵循先例"(Stare Decisis)原则。根据这一原则,法院判决除了约束本案当事人,还约束此后审理的类似案件。具体而言,法院会遵循本院先前的判决,以保持本院先后判决的一致性;下级法院也会遵循上级法院先前的判决,以避免本院判决被上级法院改判。

在联邦最高法院看来,遵循先例原则的优点在于可以"促进法律原则平衡、可预见和协调一致地发展"。①

在遵循先例原则下,联邦最高法院的判例对美国全国联邦各级法院和州各级法院都有约束力,效力不亚于国会立法。联邦巡回上诉法院的判决在本巡回司法区内对各联邦地区法院都有约束力,效力相当于本巡回司法区的地方性法律法规。

平级法院的先例,甚至其他巡回司法区下级法院的先例,虽然没有约束力,但也有一定的参考价值。联邦第十一巡回上诉法院审理"湖广铁路债券案"时,美国司法部就先后提交了美国哥伦比亚特区联邦地区法院(不是联邦第十一巡回上诉法院的下级法院)此前不久就"墨西哥案"②和"玻利维亚案"③发表的法律意见,供第十一巡回上诉法院参考。

鉴于上述,联邦第十一巡回上诉法院对"湖广铁路债券案"的

---

① Helvering v. Hallock,美国法院第309 U.S. 106 (1940)号案件。
② Slade v. United States of Mexico,美国哥伦比亚特区联邦地区法院第84-1343号案件。对于使用美国某一法院单独编号的案件,将在注解中说明法院的具体名称。
③ Practical Concepts, Inc. v. The Republic of Bolivia,美国哥伦比亚特区联邦地区法院第82-3706号案件。

判决生效后，在这一巡回司法区，旧中国政府其他债券的持有人都不太可能再提出类似诉讼，因为没有胜诉的机会。在美国其他巡回司法区，提出类似诉讼的可能也会明显降低，因为其他巡回司法区法院审理案件时会参考第十一巡回上诉法院的上述判决。事实正是如此，"湖广铁路债券案"后的相当长时间内，旧中国政府债券淡出了美国司法的视野。

然而，在遵循先例原则下，联邦第十一巡回上诉法院对"湖广铁路债券案"的终审判决留下了一个悬念，即联邦最高法院因拒绝调档复核"湖广铁路债券案"而未对该案所涉法律问题表明立场。

调档复核（Certiorari）是联邦最高法院决定是否受理上诉案件的特殊制度。自19世纪中叶起，上诉至联邦最高法院的案件逐年快速增加，案件积压严重。1891年，美国国会制定新《司法法》①，为联邦最高法院控制案件受理数量设置了一项机制，规定当事人无权向联邦最高法院提出上诉（除了违宪等极个别类别的案件），只能申请最高法院调档复核。最高法院依自由裁量权决定是否调档复核（区别于上诉制度的"来者不拒"）。近年来，联邦最高法院每年收到约8000件调档复核申请，获得调档复核机会的通常不足100件。从司法程序上讲，拒绝调档复核仅表明最高法院不审理相关案件，致使下级法院的判决生效，成为终审判决，并不表明最高法院支持下级法院判决中的具体内容。未被最高法院审理的案件，所涉法律问题就有一定的不确定性。按美国法律界的说法，即案件所涉法律问题在美国司法体系尚无最终结论（Not Fully Litigated）。旧债券所涉法律问题的不确定性在"湖广铁路债券案"终审判决生效27年后发酵成现实。

2004年6月7日，美国联邦最高法院对《外国主权豁免法》的溯及力问题作出判决。判决系针对"奥地利案"②作出的。

---

① 美国第26 Stat. 826号法律。

② Republic of Austria v. Altmann，美国法院第541 U.S. 677 (2004)号案件。

1998年，一位奥地利记者在奥地利国家美术馆发现二战期间奥地利纳粹政府（当时奥地利已与德国合并）强征的部分艺术品，包括奥地利国宝级画家克林姆特的六幅绘画。这些绘画原陈列在奥尔特曼（在奥地利出生的美国公民）的叔父在维也纳的寓所。根据这一线索，奥尔特曼以继承人身份向奥地利法院起诉，要求奥地利国家美术馆归还这六幅绘画。奥地利法院要求奥尔特曼按这六幅绘画的价值预付35万美元的诉讼费。奥尔特曼无力预付巨额诉讼费用，遂撤回在奥地利法院的诉讼，改向美国法院起诉。奥地利政府及奥地利国家美术馆向美国法院提出动议，以主权豁免为理由，要求法院驳回诉讼。联邦地区法院拒绝了奥方动议。联邦巡回上诉法院维持地区法院原判。联邦最高法院同意调档复核该案，并明确表示将只审理该案所涉及的《外国主权豁免法》溯及力问题。

联邦最高法院判决认为，国务院1952年"泰特信函"曾适用于1952年以前的案件，① 而《外国主权豁免法》及其制定的相关情况均未表明该法不适用于其制定前的行为。相反，国会清楚地表明该法适用于制定前的行为。因此，《外国主权豁免法》有溯及既往的效力。如果顺着联邦最高法院的思路继续推进诉讼，结果显然是奥地利政府与奥地利国家美术馆主张的主权豁免得不到美国法院的承认。面对这一现实，奥方不得不与奥尔特曼达成庭外和解，归还这六幅绘画。②

联邦最高法院对"奥地利案"的判决推翻了第十一巡回上诉法院在"湖广铁路债券案"中关于1976年《外国主权豁免法》不溯及既往的判例，使得美国法院可以审理外国政府在美国《外国主权豁免法》制定前发行的债券所引起的诉讼（"湖广铁路债券案"本身因

---

① National City Bank of N.Y. v. Republic of China，美国法院第348 U.S. 356 (1955)号案件。

② 其中一幅名为"艾蒂尔的画像"的绘画随后以1.35亿美元的天价售出，见2006年6月20日《纽约时报》。后来有根据该案案情拍摄的影片《金衣女人》（Woman in Gold）问世，但影片剧情与实际案情不尽一致。

判决已经生效不能再审）。①

果然，在"奥地利案"结束后不久，美国公民莫里斯于2005年向纽约南区联邦地区法院起诉中国，要求中国政府向中华民国政府1913年发行的"重组债券"持有人偿付总额近900亿美元的本息。② 2006年4月，中国政府聘请美国律师出庭，向法院提交动议，基于下列理由要求驳回莫里斯的起诉：（1）中国享有主权豁免；（2）美国《国际资产要求解决法》③和中美两国1979年《关于解决资产问题的协定》已全面解决了美国公民对中国的资产要求；（3）本案诉讼时效早已届满。

联邦地区法院于2007年3月21日作出判决，认为：（1）根据《外国主权豁免法》，外国在美国境外从事的商业活动，只有对美国发生直接影响时，外国才不享有主权豁免。而本案所涉债券约定在英、德、法、俄、日五国支付本息，这些商业活动对美国没有直接影响。因此，中国在本案中享有主权豁免。（2）纽约州法律规定此类案件的诉讼时效为六年。债券的时效从本金和利息应予支付之日起算。本案所涉债券的本金和利息应于1960年支付，且美国已于1979年正式承认中华人民共和国。因此，本案时效最晚在80年代中期（即自1979年起算的六年）届满。

针对时效问题，原告律师曾向法院表示，直到2004年联邦最高法院对"奥地利案"作出判决之前，《外国主权豁免法》没有溯及既往的效力，因此，时效应从2004年起算。对此，联邦地区法院认为，联邦最高法院的判决没有"赋予"《外国主权豁免法》溯及既往的效力，只是"发现"了这一效力，换言之，2004年之前，《外国主

---

① 美国联邦最高法院2004年对"奥地利案"作出判决时，笔者正在中国驻美国大使馆担任法律参赞，有机会近距离密切跟踪该案进展情况，并在终审判决作出后，第一时间提请中国主管部门高度重视"奥地利案"可能对中国旧政府债券案带来的影响。

② Morris v. PRC，美国纽约州南区联邦地区法院第05-04470(RJH)号案件。

③ 美国《联邦法典》第22卷第1622节和第1643节。

权豁免法》同样具有溯及既往的效力。

法院驳回起诉后,原告放弃上诉,判决遂生效。

尽管"莫里斯案"的生效判决是一审法院作出的,但判决所依据的"时效"是美国司法体系中一项早已确立的制度(Fully Litigated),因此,任何人若持旧中国政府债券在美国法院提起诉讼,都难以越过"时效"这一法律障碍。从这个意义上讲,美国法院针对中国的旧债券诉讼至此彻底画上了句号。

三、旧债券案所涉法律问题评析

旧债券案涉及多个法律问题,其中较为突出、且对其他涉华主权豁免案件也有参考价值的包括主权豁免、美国政府介入案件、抗辩管辖、外交送达和取证等,以下笔者将逐项评析。

(一)外国在美国法院的主权豁免

外国(包括外国政府)在美国法院曾享有绝对主权豁免。外国主权豁免是指未经外国同意,美国法院不得审理起诉外国的案件("管辖豁免");即使审理了起诉外国的案件,并且作出了不利于外国的判决,也不得强制执行外国的国家财产("执行豁免")。

1811年的"交易号案"[①]是美国历史上第一起涉及外国主权豁免的案件。1810年,美国公民莫法敦等拥有的交易号船被法国海军扣留。此后,一艘法国军用船舶因天气恶劣驶入美国费城水域。莫法敦认为该船就是交易号,遂向美国法院起诉,索还该船。首席大法官马歇尔代表联邦最高法院撰写的判决认为:"主权者的完全平等和绝对独立"使主权者不能对其他主权者行使管辖权,据此驳回原告的起诉。

---

① The Schooner Exchange v. McFaddon,美国法院第 11 U.S. 116, 137 (1812) 号案件。

此后多年，美国法院基本依绝对豁免原则行事，但争议也始终存在。1838年，联邦最高法院大法官斯托雷在巡回法院审理"怀尔德尔案"①时表示，主权豁免不保护外国政府拥有的商船。但这一观点没有成为美国司法界的主流观点。1921年，联邦巡回上诉法院法官马克在审理"佩萨罗案"②时，根据斯托雷的上述观点和美国国务院的建议，拒绝承认一艘意大利国有商船的主权豁免。但联邦最高法院1926年审理该案时作出改判，认为"'交易号案'所述的国家主权豁免原则适用于政府拥有并为政府服务的所有船舶。在政府为发展本国人民的贸易或为其财政目的而拥有、管理并经营运输商品的船舶时，这些船舶与军舰一样，属于政府船舶"③。

苏联"十月革命"和第二次世界大战后，一些国家实行社会主义制度，国有企业从事国际商业活动的现象激增。一些西方资本主义国家的法院认为，商业活动中当事各方平等，若有纠纷，社会主义国家的国有商业公司可以起诉资本主义国家的私有商业公司，而资本主义国家的私有商业公司却因社会主义国家的国有商业公司享有主权豁免，不能起诉后者，有失公平。限制豁免论开始抬头，即只承认外国公务行为的豁免，不承认外国商业行为的主权豁免。美国自20世纪50年代开始接受限制豁免论。

1952年12月26日，美国国务院代理法律顾问泰特致函代理司法部长（"泰特信函"），提出修改关于主权豁免的美国法律，"按限制主权豁免论"，只承认外国政府公务行为享有主权豁免，不承认外国政府商业行为和私人行为有主权豁免。④

1975年10月31日，美国国务院和司法部共同向国会提出了一项立法建议，要求国会对主权豁免问题立法。在国务院和司法部提出

---

① United States v. Wilder，美国法院第28 F. Cas. 601 (C.C.D.Mass. 1838)号案件。
② Berizzi Bros, Co. v. The Pesaro，美国法院第13 F.2d 468 (2nd Cir. 1921)号案件。
③ Berizzi Bros, Co. v. The Pesaro，美国法院第271 U.S. 562 (1926)号案件。
④ Joseph W. Dellapenna, *Suing Foreign Governments and Their Corporations*, New York: Transnational Publishers, Inc., 2003, pp.28-29.

的法律草案基础上,国会于次年制定了《外国主权豁免法》①。

《外国主权豁免法》依然承认外国在美国法院享有主权豁免,但对此规定了若干例外。在涉华诉讼中,多次成为争议焦点的是"商业活动"例外和"非商业侵权"例外。

"商业活动"例外指外国(政府)的商业活动构成主权豁免原则的例外,美国法院不承认其主权豁免。

《外国主权豁免法》不仅将国有工商企业从事的"惯常的、持续的商业活动"②视为"商业活动",而且认为,政府机关从事的、与私有企业的商业活动形式上相似的活动,例如与外国私有企业签订合同以购买军事装备、建造或维修使馆馆舍等,无论活动的最终目的是否具有公共性质或政府性质,亦应视为"商业活动"。美国众议院立法报告③列举的这类"商业活动"包括外国政府有偿提供服务或出售产品、租赁物产、借款、从事公共关系或市场代理、投资美国公司证券等。如在"维多利亚运输公司案"④中,联邦巡回上诉法院判决认为,为武装部队采购粮食属于商业活动。

美国《宪法》第五和第十四修正案规定了"正当程序"原则。根据这一原则,美国法院只能审理与美国有一定联系的案件,特别是案件被告必须与美国有一定的联系⑤,《外国主权豁免法》将外国商业活动与美国的联系分为三种情况:

一是外国在美国境内从事商业活动,包括全部或部分在美国境内从事商业交易、向美国出口或自美国进口、在美国发生商业侵权、向美国机构借款、解雇在美国雇佣的美国公民或第三国公民等。

二是外国在美国境内从事的活动(不限于商业活动)与外国在

---

① 美国第94-583号公法。
② 美国国会报告:H.R.Rep. No. 94-1487。
③ 美国国会报告:H.R.Rep. No. 94-1487。
④ Victory Transport, Inc. v. Comisaria General de Abastecimientos y Transportes, 美国法院第336 F.2d 354, 359-60 (2d Cir. 1964)号案件。
⑤ 美国法学会:《对外关系法重述(第三次)》,1986年版,第402页。

美国境外从事的商业活动有关。这种情况究竟指什么？在理论上相当费解，在实践中几乎还没有遇到过这类案件。①

三是在美国境外发生、但直接影响美国的商业活动。美国法院对"直接影响"的解释十分宽泛。如在一起涉及中国银行的案件中，虽然被告没有义务向设在美国的账户付款，但在类似情况下通常会选择向设在美国的账户付款，联邦巡回上诉法院据此认为，没有付款就构成对美国的"直接影响"。②值得关注的是，在"莫里斯案"中，美国法院认为，所涉债券本息约定在英、德、法、俄、日五国支付，对美国没有直接影响，因此，中国享有主权豁免。

"非商业侵权"例外指外国政府或其官员、雇员在职务范围或受雇范围内实施侵权行为，并在美国境内造成人身伤亡或财产损毁，将构成主权豁免的例外，美国法院不承认其主权豁免。例如，在"奥尔松案"③中，奥尔松女士在出席新加坡驻美国大使馆招待会时受伤，遂向美国法院起诉新加坡，指控新加坡大使馆疏忽大意，招待会过于拥挤，且未封闭与会场相邻的楼梯口，致使有人在楼梯台阶上摔倒，压伤奥尔松女士。新加坡向法院主张主权豁免，要求法院驳回起诉。但法院认为，因招待会场地布置不当而使客人身处险境，如同私人聚会东道主，大使馆不享有主权豁免。针对中国，也曾发生过美国公民在中国总领馆外摔倒受伤而起诉中国的案件。④

根据国会众议院立法报告，只有当"人身伤亡或财产损毁"发生在美国境内，并且侵权行为也"发生在美国管辖领域内"，外国才不享有主权豁免。⑤针对一起发生在墨西哥海域但影响美国海岸的海

---

① Joseph W. Dellapenna, *Suing Foreign Governments and Their Corporations*, New York: Transnational Publishers, Inc., 2003, pp.227-228.

② Bank of China v. Voest-Alpine Trading USA Corp.，美国法院第 142 F.3d 887 (5th Cir. 1998)号案件。

③ Olson, et al. v. the Republic of Singapore, et al.，美国法院第 636 F. Supp. 885 (D.D.C. 1986)号案件。

④ Daub v. PRC，美国纽约州南区联邦地区法院第03-4402号案件。

⑤ 美国国会报告：H.R.Rep. No. 94-1487。

洋油污案件，美国法院判决认为，"《外国主权豁免法》的制定过程及以往案例清楚地表明，只有当侵权行为和损害结果都发生在我国时，美国法院才能依据本法的规定行使管辖权"，而本案侵权行为并非发生在美国境内，因此美国法院不享有管辖权。①

如果一项侵权行为涉及多个环节，美国法院在行使管辖权时不要求整个侵权行为的所有环节都发生在美国境内。例如，在"智利案"②中，美国法院认为，在外国策划而在美国实施的暗杀行为，可视为在美国境内发生的侵权行为，外国不享有主权豁免，美国法院可以行使管辖权。

与美国的限制豁免论不同，中国政府在上述旧债券案以及其他涉华主权豁免案件中一再强调绝对豁免，不承认国家和政府的主权豁免有例外。值得注意的是，虽然"湖广铁路债券案"和"莫里斯案"都以中方胜诉告终，但美国法院在两案中均未承认中国享有无"例外"的"绝对豁免"。

这一情势因《联合国国家及其财产管辖豁免公约》的通过而呈现复杂的局面。《公约》一方面确认"国家及其财产的管辖豁免为一项普遍接受的习惯国际法原则"（序言），并作为"一般原则"，强调"一国本身及其财产遵照本公约的规定在另一国法院享有管辖豁免"（第5条）；另一方面，《公约》规定"商业交易""不得援引国家豁免"。具体而言，"一国如与外国一自然人或法人进行一项商业交易，而根据国际私法适用的规则，有关该商业交易的争议应由另一国法院管辖，则该国不得在该商业交易引起的诉讼中援引管辖豁免"（第10条）。此外，针对"人身伤害和财产损害"，《公约》规定"除有关国家间另有协议外，一国在对主张由可归因于该国的作为或不

---

① Matter of Sedco, Inc.，美国法院第43 F. Supp. 561, 567（S. D. Tex. 1982）号案件。
② De Letelier v. Republic of Chile，美国法院第488 F. Supp., 665 (D.D.C. 1980)号案件。

作为引起的死亡或人身伤害、或有形财产的损害或灭失要求金钱赔偿的诉讼中，如果该作为或不作为全部或部分发生在法院地国领土内，而且作为或不作为的行为人在作为或不作为发生时处于法院地国领土内，则不得向另一国原应管辖的法院援引管辖豁免"（第12条）。可见，《公约》相关内容近于美国1976年《外国主权豁免法》，即在承认主权豁免原则的同时，规定了若干例外，包括曾在涉华诉讼中引起争议的"商业活动"例外和"非商业侵权"例外。

《公约》于2004年在联合国大会以协商一致[①]方式获得通过。中国于2005年9月14日签署《公约》。截至目前，中国尚未批准该《公约》。根据《维也纳条约法公约》，中国与公约的关系是"不得在条约生效前妨碍其目的及宗旨"（第18条）。《联合国国家及其财产管辖豁免公约》未在文本中具体宣示其"目的及宗旨"，在第二部分"一般原则"项下，《公约》申明"一国本身及其财产遵照本公约的规定在另一国法院享有管辖豁免"。因此，目前中国政府在旧债券及其他主权豁免案件中阐明的绝对豁免，与中国签署《联合国国家及其财产管辖豁免公约》一事，在法理上无明显冲突，但也存在着需要进一步明确之处。

如果今后中国批准《公约》，在法理上也可自洽。首先，《公约》正文已明确"本公约不溯及既往"，即"在不妨碍本公约所述关于国家及其财产依国际法而非依本公约享有管辖豁免的任何规则的适用的前提下，本公约不应适用于在本公约对有关国家生效前，在一国法院对另一国提起的诉讼所引起的任何国家及其财产的管辖豁免问题"（第4条）。中国政府在以往的旧债券案等主权诉讼中阐明的绝对豁免立场，因"公约不溯及既往"而不会受到中国批准《公约》的影响。其次，国家主权豁免原则的法律含义是，未经一国同意，

[①] 以"协商一致"的方式通过，指《公约》草案没有交付表决，但因获相当多的国家（通过担任共同提案国和发言等形式表示）支持，没有国家明确反对而获得通过。

外国法院不得对其行使管辖权或采取强制措施。批准《公约》，可以理解为在公约涵盖案件上，同意外国法院依《公约》行使管辖权和采取强制措施。这不影响中国对非缔约国继续坚持原有的绝对豁免立场。再次，《公约》的制定是"考虑到国家及其财产的管辖豁免方面国家实践的发展"（序言）。如同其他国家（包括美国）一样，中国在国家主权豁免领域的实践也是可以发展的，包括考虑接受《公约》项下的限制豁免制度，也包括在对等基础上，考虑对非缔约国采取限制豁免措施[①]。

（二）美国国务院在主权豁免案件中的作用

主权豁免案件既涉及法律，也涉及外交。在外交层面，美国国务院作为美国政府的外交机关[②]，是中国政府就主权豁免案件提出外交交涉时的对口部门。本部分内容主要分析美国国务院在主权豁免案件法律层面（诉讼程序方面）的作用。

在"湖广铁路债券案"中，美国国务院曾派员出庭并向法院提交诉讼文件，在其他个别涉华主权豁免诉讼中，美国国务院也曾派员出庭，而向法院提交诉讼文件的情况则更多一些。可见，美国国务院在主权豁免案件中，确有一定的法律层面（诉讼程序方面）的作用。

早年，美国国务院曾在主权豁免案件的诉讼程序中扮演更加重要的角色。在20世纪中叶之前，美国国务院实际上主导了主权豁免案件。对此，联邦最高法院曾明确表示，在主权豁免问题上，法院应遵从国务院的建议，因为国务院熟悉对外事务，并且，外交谈判比司法诉讼更容易解决主权豁免争议。例如，在1943年的"秘

---

① 这仅仅是笔者从法理角度对中国政府可考虑的选项所作的分析，不代表中国政府的立场。

② 美国国务院只负责外交，不负责内政，职能近于其他国家的外交部。

鲁案"① 中，美国国务院致函联邦法院表示，应"承认和允许（秘鲁）对豁免的主张"。法院接受了国务院的观点，表示"对友好外国的船舶实施司法扣押是对其尊严的严重挑战，并可能影响我们与它的友好关系，因此，法院应接受和遵从船舶享有豁免的行政决定"。在"墨西哥案"② 中，联邦最高法院表示，在主权豁免问题上，法院应遵从行政机关的决定。该案涉及一艘墨西哥政府所有、私人运营的船舶。美国国务院仅表示该船系墨西哥政府所有，未进一步就主权豁免问题表明立场。联邦最高法院推断，此举表明国务院无意承认墨西哥对该船的主权豁免，并认为，如果法院在行政部门不同意的情况下承认主权豁免，"对于保护我国的利益……是令人难以接受的"。据此，联邦最高法院决定不承认墨西哥政府在这一案件中享有主权豁免。

1952 年，美国对外国主权豁免的立场由"绝对豁免"转变为"限制豁免"。这一转变，既不是由国会制定法律，也不是由法院形成判例，而是体现在国务院代理法律顾问泰特致代理司法部长的信函（即"泰特信函"）。国务院代理法律顾问的一封信函改变了美国的一项重要法律制度，并为法院所遵循，从一个侧面显示国务院在主权豁免案件中的主导地位。

发出"泰特信函"后，美国国务院依然保留了就个案（通过司法部）向法院提出豁免建议的做法。如在"加拿大案"③ 中，原告因一起加拿大林木资源开发纠纷向美国法院起诉加拿大纽芬兰省政府、省属公司、省政府官员和其他加拿大公司。应加拿大驻美使馆的要求，美国国务院副法律顾问于 1976 年 2 月 20 日致函美国司法部长，表示国务院承认加拿大政府对其中部分诉讼请求享有豁免。美国司法部据此向法院提交了豁免建议书。

---

① Ex Parte Peru，美国法院第 318 U.S. 578 (1943) 号案件。
② Republic of Mexico v. Hoffman，美国法院第 324 U.S. 30, 36 (1945) 号案件。
③ Semonian v. Brosbie，美国马萨诸塞州联邦地区法院第 74-4893-T 号案件。

由国务院主导主权豁免案件的做法，使得外国政府在美国法院被诉时，往往会敦促美国国务院向法院提出豁免建议。对于按限制豁免论不应享有豁免的部分敏感案件，美国国务院在外交压力下，出于维护双边关系等政治考量，也可能建议法院给予豁免。

美国国务院的立场还可能发生间接的作用。对于国务院没有表达意见的那些案件，美国法院在审理时，也会主动参考国务院以往就类似案件提出的意见。[①]

上述现象的结果是：一方面，美国国务院在主权豁免案件中往往受到来自外国的巨大外交压力；另一方面，美国法院审理外国主权豁免案件时的判决结果有较大的不确定性。为了缓解美国国务院的外交压力，增强美国法院相关案件判决结果的可预见性，1975年10月31日，国务院和司法部共同向美国国会建议：以国会立法形式规定外国主权豁免问题。

国会制定《外国主权豁免法》后，美国国务院在外国主权豁免案件中的作用发生了变化。美国国务院法律顾问1976年11月2日致美国司法部长的信函解释了这一变化："第94-583号公共法律（指《外国主权豁免法》）1977年1月19日生效后，美国国务院不会再决定主权豁免事项。的确，在1977年1月19日之后，行政部门再就豁免问题提出建议，不符合该法的立法旨意。当然，第94-583号公共法律生效后，行政部门仍将在主权豁免案件中发挥一定的作用，如在涉及（美国）政府重大利益的案件中以法庭之友名义出庭。国务院通常会对新法律的司法解释感兴趣，因为，正如"泰特信函"一样，该法试图将关于主权豁免的国际法融入美国国内法律和实践之中。如果法院错误地解释新法律，美国（政府）很可能有兴趣向上

---

① Joseph W. Dellapenna, *Suing Foreign Governments and Their Corporations*, New York: Transnational Publishers, Inc., 2003, pp.29-31.

诉法院表达其对法律问题的立场。"①

可见，对于美国法院的外国主权豁免案件，在《外国主权豁免法》制定前，美国国务院起主导作用，法院起辅助作用；该法制定后，美国法院起主导作用，国务院起辅助作用。这种辅助作用主要通过法庭之友的方式来实现。

美国国务院以法庭之友名义介入诉讼，是基于美国法律的这一条款，"司法部长在联邦法院的未决诉讼中，派遣司法部官员维护美国利益"（见美国《联邦法典》第28卷第517节）。这一条款将派员介入诉讼、维护美国（政府）利益的职权授予了司法部，因此，国务院介入诉讼需要获得司法部的支持和配合。这也是为什么在"湖广铁路债券案"和其他类似案件中，美国政府出庭团队既有国务院官员，也有司法部官员，有时只有司法部官员。

在外国主权豁免案件中，美国政府②以法庭之友身份介入案件的工作流程是，首先由国务院法律顾问办公室以公函方式向司法部说明其对特定案件的立场，其次司法部在国务院公函的基础上，制作并向法院提交法庭之友诉讼文件。

美国法院审理案件的基础理应是法律和证据，但美国政府提交的法庭之友诉讼文件的内容不限于法律和证据，有的还包括美国政府对案件的外交政策和利益方面的考量。以"湖广铁路债券案"为例，美国政府于1983年8月18日向法院提交的利益声明书表示：从美国对外政策利益出发，美国政府支持中国提出的撤销缺席判决以及进行管辖权抗辩的动议。

---

① Letter to the Attorney General from Department of State Legal Advisor on Nov. 2, 1976. Materials on Jurisdictional Immunity of States and Their Property, United Nations, 1982, pp.127-28.

② "政府"（Government）一词在美国通常指全体国家机关的总和，包括行政、立法和司法三大分支。而在中文中，"政府"多指国家机关中的行政机关。为了使行文更加简明并符合中文的惯常用法，本文的"美国政府"通常指美国政府的行政机关，除非根据上下文可以明确判断为指美国全体国家机关的总和。

美国政府的法庭之友诉讼文书对美国法院的影响力取决于文书所针对的具体事项。在主权豁免领域，美国政府和法院均认为，美国政府关于"国家元首豁免"和"外交豁免"的法庭之友诉讼文书对法院有约束力[①]。例如，在"秘鲁案"[②]中，联邦最高法院表示，政府对于豁免问题的建议，"法院必须视为政府的政治分支做出的结论性确认"，"法院有义务"遵循。关于"国家及其财产豁免"，美国政府法庭之友诉讼文书对法院无法律约束力，只有参考价值。如在"古巴案"[③]中，美国政府曾提交法律之友诉讼文书，认为古巴政府于1960年没收登喜路公司雪茄厂的行为是商业行为，但联邦最高法院没有接受美国政府的观点，不认为古巴政府的行为是商业行为。在外国国家及其财产豁免诉讼中，美国政府法庭之友诉讼文书仅有参考价值。结果是，在这类案件中，既有法院全盘采纳美国政府意见的案例，也可见到法院拒绝政府意见，甚至对政府意见严加批评的情况。

如果美国政府法庭之友诉讼文件阐述了美国外交政策和利益，法院必须将此接受为政府对美国外交政策和利益不容置疑的权威性阐述，但政府阐述的外交政策和利益是否以及如何影响案件的审理结果，则由法院自由裁量。如在"莎雷案"[④]中，联邦地区法院针对国务院提交的法庭之友诉讼文书表示："在决定是否引用国家行为、政治问题和国家礼让原则时，法院必须首先确定行政部门的相关对外政策，然后再评估：审理向其提出的诉讼请求是否会不适当地干扰这一政策。在作此分析时，法院必须接受行政部门提供的对外政

[①] First American Corporation v. Sheikh Zayed bin Sultan Al-Nahyan，美国法院第 948 F. Supp 1107 (D.D.C. 1996) 号案件。

[②] Ex Parte Peru，美国法院第 318 U.S. 578(1943) 号案件。

[③] Alfred Dunhill of London, Inc. v. Republic of Cuba，美国法院第 425 U.S. 682, 696 (1976) 号案件。

[④] Sarei v. Rio Tinto PLC，美国法院第 2002 U.S. Dist. (C.D. Cal. July 9, 2002) 号案件。

策声明系对此事项的结论性意见；而不论阐明的政策是否明智或者是否基于错误信息或错误分析。"

美国国务院在外国主权豁免案件中只是法庭之友，而在美国诉讼程序中，法庭之友是可有可无的，结果是，在外国主权豁免案件中，国务院只是在一部分案件中出具法庭之友诉讼文件和（或）以法庭之友身份出庭，而在其他案件中拒绝如此行事。

在哪些情势下，美国国务院可能以法庭之友身份介入外国主权豁免诉讼？按美国国务院法律顾问上述1976年11月2日信函，主要是两种情况，一是"涉及（美国）政府重大利益"，二是"（美国）法院错误地解释新法律（指美国《外国主权豁免法》）"。

（三）外国政府是否就主权豁免案件在美国法院应诉

这一问题与美国国务院在主权豁免案件中的作用有关联。1976年《外国主权豁免法》制定前，美国国务院主导外国主权豁免案件，外国政府无需直接介入美国法院的司法程序，只需通过外交途径向美国国务院表明立场即可，而美国法院的诉讼程序，可以完全交给国务院去应对。《外国主权豁免法》生效后，且不说在许多案件中，美国国务院选择不介入；即使介入，国务院意见的影响力也大打折扣。由此提出了一个外国政府不得不面对的棘手问题：是否就主权豁免案件在美国法院应诉？

各国政府的第一反应往往是不应诉。因为一旦应诉，外国政府与原告（往往是美国公司或个人）将在美国法庭"对簿公堂"，当事双方诉讼地位"平等"。而美国法官却"高高在上"，事无大小由其裁判。这有悖于常规情况下各主权国家之间的平等地位。而主权国家之间的平等是国家主权豁免的根基。正如美国联邦最高法院首席大法官马歇尔所说，"主权者完全平等和绝对独立"，主权者不能对其他主权者行使管辖权。①

但不应诉并不会使案件自行销声匿迹，相反，有可能导致美国法院作出缺席判决，带来相应的不利后果。因此，对于是否应诉，需要作更加深入的分析和考量。

首先，能否依靠美国国务院的介入来应对主权豁免案件？

美国国务院有时出于其对外政策等政治考量，选择介入诉讼，在更多的情况下，会选择不介入外国政府被诉案件，希望外国政府自行应对。美国国务院1979年5月15日指示所有驻外使馆：如果外国政府坚持主权豁免，并据此照会美国使馆，美国使馆应向外国政府说明，无法保证美国法院会注意到外国政府的照会，主权豁免抗辩应由外国政府直接向美国法院提出。②2007年6月28日，美国国务院照会各国驻美国使团团长，重申"如果外国国家在美国法院被诉，外国国家应聘请私人律师，向法院陈述管辖权和其他抗辩，包括主张享有主权豁免"③。

从晚近情况看，美国国务院介入外国主权豁免案件有越来越少的趋势。这一点早在美国国务院法律顾问1976年11月2日信函中就已埋下伏笔。函称：除了"涉及（美国）政府重大利益"的案件，国务院只是在"法院错误地解释新法律（指《外国主权豁免法》）"时才会介入。随着1976年《外国主权豁免法》越来越不能被称为"新法律"，国务院介入相关案件的概率也不出所料地随之降低。目前，只有在美国法院主动邀请国务院介入的情况下，才可预期国务院提交法庭之友诉讼文书是大概率事件。

其次，能否不出庭，由美国法院自行决定外国是否享有主权豁免？

---

① The Schooner Exchange v. McFaddon, 美国法院第 11 U.S. 116, 137 (1812) 号案件。
② 美国国务院：《美国国际法实践文摘》，1979年卷，第894—897页。
③ 本照会可从美国国务院网站查阅。

美国众议院《外国主权豁免法》立法报告[1]表示,主权豁免是一项必须由外国主权者自行向法院提出的抗辩。换言之,主权豁免只是一项抗辩权,即使根据《外国主权豁免法》本应享有豁免,如果外国政府不向美国法院抗辩,也可能因此享受不到豁免。不过,美国联邦最高法院在1983年"尼日利亚中央银行案"[2]中有不同看法:虽然国会众议院报告认为主权豁免必须由外国自行向法院提出抗辩,但是,即使"外国国家没有出庭提出豁免抗辩,地区法院仍须根据该法(指《外国主权豁免法》)"决定是否存在豁免。

实际情况如何?美国联邦法院一年受理二百多万起一审案件,其中涉及外国主权豁免的往往不足万分之一[3],许多联邦法官特别是联邦地区法官接触外国主权豁免案件不多,对相关法律问题熟悉程度各异。有些案件没有严格按照联邦最高法院的上述意见审理。例如,在强制执行"伊朗文物案"中,原告向美国哥伦比亚特区联邦地区法院起诉伊朗,声称受到伊朗支持的恐怖活动伤害。[4] 胜诉后,原告向伊利诺伊州北区联邦地区法院提出动议,表示美国芝加哥大学和费尔德自然历史博物馆持有的若干古代波斯文物属伊朗政府所有,要求法院扣押或限制转移这些文物,以便用于强制执行。2005年12月15日,法院接受了原告的动议。2006年3月3日,美国司法部向法院提交利益声明书,表示伊朗没有将这些文物用于商业活动,这些文物享有主权豁免,不受强制执行。法院却在同年6月22日的判决中拒绝接受司法部的观点,表示根据国会众议院《外国主权豁

---

[1] 美国国会报告:H.R.Rep. No. 94-1487。

[2] Verlinden B.V. v. Central Bank of Nigeria, 美国法院第461 U.S. 480 (1983)号案件。

[3] 以2000年为例,美国联邦法院受理的一审案件总数为2390816件。各州法院另受理了总数高达91954001的一审案件。但外国主权豁免案件主要由联邦法院受理。见美国法院全国中心网站。

[4] Jenny Rubin v. The Islamic Republic of Iran, 美国哥伦比亚特区联邦地区法院第01-1655号案件。

免法》报告①，主权豁免是一项必须由外国主权者自行向法院提出的抗辩，如果外国政府不向法院主张主权豁免，即使美国政府向美国法院提出主权豁免的建议，法院也不会采纳。②

鉴于上述情况，外国政府被诉后选择不应诉，将案件完全交由美国法官自行处理③，审判结果有相当大的不确定性。

再次，外国政府能否不出庭，通过其他变通方式向美国法院主张主权豁免？

早年，外国政府经常请美国国务院向法院转交外交照会，通过这一方式向美国法院阐明立场。正如美国司法部1982年8月18日就"华盛顿公用电力供应网系统案"④向法院提交的诉讼文书中所总结的："在外国政府认为诉讼对其主权利益有潜在影响时……外国政府的观点和交涉应给予适当的尊重和重视……1978年以前的传统是，外国政府向国务院递交外交照会表达其关切，而国务院会将照会抄送联邦法院。"但美国法院已不再接受这一做法。在1977年一起由美国联邦最高法院审理的案件⑤中，由于判决结果可能影响美国外贸政策，欧盟和日本均向美国国务院递交外交照会，并要求国务院将外交照会转交联邦最高法院，以便法院知晓各该国家的立场。次年4月，国务院法律顾问向联邦最高法院书记官转交这些外交照会，书记官接受外交照会并分送各法官。但书记官同时向国务院表示，

---

① 美国国会报告：H.R.Rep. No. 94-1487。

② Jenny Rubin v. The Islamic Republic of Iran，美国伊利诺伊州北区联邦地区法院第03-cv-9370号案件。

③ 这里还需注意另一个情况，美国联邦法院法官审理案件不分类别，每名法官都可能审理各类案件。但并非每名法官都是"法律百科全书"。对于不熟悉的领域，法官在审理案件的过程中，在相当程度上要综合当事各方律师提供的信息来形成自己的意见（美国律师特别是承接大要案的律师往往术有专攻）。如果外国政府不应诉，美国法官得到的信息就往往单方面地来自美方原告的律师，对外国政府不利。

④ Washington Public Power Supply System v. Western Nuclear, Inc.，美国华盛顿州西区联邦地区法院第C81-1362M号案件。

⑤ Zenith Radio Corp. v. United States，美国法院第437 U.S. 443 (1978)号案件。

向联邦最高法院转交外交照会的做法未获法院规则授权，法院倾向于外国政府以法院规则认可的方式向法院表达其观点。据此，国务院于1978年8月17日照会各国驻美国使团团长，表示"国务院将不再就联邦最高法院和联邦上诉法院正在审理的案件转交外国政府递交的外交照会"，建议外国政府直接向法院递交法庭之友诉讼文书，以阐明其立场。①

外国政府能否直接向法院递交法庭之友诉讼文书？美国法律授权美国政府向法院提交法庭之友诉讼文书。即使法院不认同文书的观点，也无权拒绝接收文书。但是，除了美国政府，任何其他实体和个人，包括外国政府，能否向美国法院提交法庭之友诉讼文书，都由美国法院决定。为了鼓励外国政府向美国法院提交法庭之友诉讼文书，美国国务院在上述1978年8月17日照会中表示：如果美国政府是诉讼当事一方，将赞同外国政府向法院提交法庭之友诉讼文书；如果其他当事方反对外国政府向法院提交法庭之友诉讼文书②，几乎可以肯定最高法院会同意外国政府提交法庭之友诉讼文书。③ 在上述1982年"华盛顿公用电力供应网系统案"中，英国政府向美国法院提出动议，要求法院同意其提交法庭之友诉讼文书。1982年8月18日，美国司法部致函法院，建议法院同意英国政府提交法庭之友诉讼文书，并适当考虑英国政府在其中表达的观点。该函表示，"外国政府提交法庭之友诉讼文书是外国政府就可能影响其利益的案件向审理该案的美国法院表达观点的适当机制……涉及外国政府的法律利益时，如果切断该政府向司法机关表明观点的途径，可能引起严重的对外关系关切"。同年8月23日，法院表示同意英国政府就

---

① 美国国务院：《美国国际法实践文摘》，1978年卷，第560—562页。
② 对于美国政府以外的实体和个人，能否向法院提交法庭之友诉讼文书，由法院决定。法院在决定时，会考虑案件当事方的立场。
③ 美国国务院：《美国国际法实践文摘》，1978年卷，第560—562页。

该案提交法庭之友诉讼文书。①

除了上述方式,外国政府还可选择将外交照会直接抄送美国法院,或者期待观点相同的其他法庭之友,如学者、学术团体甚至工商企业,向美国法院提交法庭之友诉讼文书。向法院抄送照会的做法不违反法律,但在美国法律上无章可循,其结果取决于主审法官的态度。从笔者接触过的案例看,有的外交照会被法官收入案卷,并影响审判结果,有的则不知所终。由政府以外的法庭之友向美国法院提交法庭之友诉讼文书,在美国司法实践中也是常见的,不过,这些诉讼文书对案件的影响力具有较大的不确定性。

综上所述,面对在美国法院的诉讼,外国政府无论是选择不出庭,还是选择通过美国国务院或其他方式向法院表明立场,都存在着一定的不足,因此,对于部分案件特别是涉及重大利益的案件,外国政府需要认真考虑在美国法院出庭这一选项。在上述"湖广铁路债券案"和"莫里斯案"中,中国政府经慎重研究,做出了出庭抗辩管辖权的决定,取得了良好的效果。

外国政府在美国法院出庭抗辩管辖权,是否意味着接受美国法院的管辖?答案无疑是否定的。

在"湖广铁路债券案"中,中方律师向美国法院提交的法律备忘录强调:(1)中国保留在任何情况下享有绝对豁免的权利;(2)向法院提交的任何文件或提出的任何抗辩均不得视为中国放弃对法院管辖的反对或者接受法院管辖。因此,任何可能导致中国受制于法院管辖的文件或抗辩都是无效的和未经授权的。

在"湖广铁路债券案"和"莫里斯案"中,以及在中国政府出庭抗辩管辖的所有案件中,均未仅因出庭抗辩管辖这一事实,出现美国法院认定中方受其管辖的情况。抗辩管辖不意味着接受管辖,是国际法和各国国内法的普遍实践。正如《联合国国家及其财产管

---

① 美国国务院:《美国国际法实践文摘》,1981—1988年卷,第1册,第938—941页。

辖豁免公约》所规定的，如果仅为"援引豁免"的"目的介入诉讼或采取任何其他步骤"，"一国不应被视为同意另一国的法院行使管辖权"（第8条）。

值得注意的是，在"湖广铁路债券案"和"莫里斯案"中，中方律师在抗辩管辖的同时，也提出了多项其他抗辩（详见上文），并取得良好效果。一方面，美国法院未因中方提出其他抗辩，而认定中方接受美国法院管辖。另一方面，主权豁免以外的其他抗辩也发挥了重要的作用，甚至是关键的作用。在"湖广铁路债券案"中，美国法院以1976年《外国主权豁免法》不溯及既往为由判中方胜诉。在"莫里斯案"中，美国法院以时效届满等理由判中方胜诉。可见，本着"有理、有利、有节"的原则，应对主权豁免案件的一种有效诉讼策略是，在提出主权豁免抗辩的同时，提出对己方有利的所有其他抗辩，包括实体性抗辩。

采取这一诉讼策略时，必须注意时间框架。不能先提出其他抗辩，特别是实体性抗辩，然后才提出主权豁免抗辩。因为根据国际法和各国法律，实质性介入诉讼（包括提出实体抗辩）后，可能不允许再提出主权豁免抗辩。《联合国国家及其财产管辖豁免公约》的规定称，如果一国"介入该诉讼或采取与案件实体有关的任何其他步骤"，该国即不得在这项"诉讼中援引管辖豁免"，"但如该国使法院确信它在采取这一步骤之前不可能知道可据以主张豁免的事实，则它可以根据那些事实主张豁免，条件是它必须尽早这样做。"（第8条）

（四）主权豁免案件的送达问题

在美国民事诉讼程序中，原告向法院起诉后，只有将传票和起诉书副本送达被告，法院才能进行后续诉讼程序。送达的目的是将诉讼相关情况通知被告，使其知晓已被诉，并有机会准备答辩。根据美国法律，只要完成了送达各法定步骤，即使被告事实上并未收到传票和起诉书，法院也会认为送达已有效完成。

美国《外国主权豁免法》将送达分为两类,一是对"外国国家的代理机构和辅助机构"的送达,二是对"外国国家及其政治分支"的送达。

"外国国家的代理机构和辅助机构"是指大部分股份或其他形式的所有权由外国国家持有的公司、协会或其他法人。代理机构和辅助机构在法律人格上独立于国家本身。对于区别外国国家与其代理机构、辅助机构的法律意义,美国众议院《外国主权豁免法》立法报告表示:"如果美国法律不尊重不同代理机构或辅助机构的独立法律人格,它可能会鼓励外国司法机关不承认不同的美国公司之间或者公司与其分支机构之间法律上的区别。"[1]

《外国主权豁免法》项下对外国国家代理机构和辅助机构的送达,与对其他民事主体的送达无实质区别:(1)如果原告与外国国家代理机构或辅助机构之间已就送达诉讼文书做出特殊安排,应首先选择通过这种特殊安排送达诉讼文书;(2)如果未就送达做出特殊安排,可以直接向外国代理机构和辅助机构在美国境内的工作人员或代理人送交诉讼文书,或者根据有关送达的国际公约(主要指《海牙送达公约》)实施送达;(3)通过委托书、邮寄或者美国法院指定的方式实施送达。

"外国国家及其政治分支"指外国国家、中央政府各部门及地方政府。[2] 需要特别注意的是以下三类主体。一是军队,美国法院在"玻利维亚空军案"中认为:"军队原则上与国家联系得如此紧密,以至于在任何情况下均应被视为'外国国家'本身,而非该国单独的代理机构或辅助机构。"[3] 二是外国驻美国使团,美国法院在"坦桑尼亚案"中认为,"使馆的职能与政府的核心职能内在地联系在一

---

[1] 美国国会报告:H.R.Rep. No. 94-1487。
[2] 见美国国会众议院《外国主权豁免法》立法报告:H.R. Rep. 94-1487。
[3] Transaero, Inc. v. La Fuerza Aerea Boliviana,美国法院第30 F.3d 148, 153 (D.C. Cir. 1994), 513 U.S. 1150 (1995)号案件。

起，应作为外国国家的一部分，而无需考虑使馆有一单独的名称和履行其自身职能的某些权力"①。三是地方政府，美国《宪法》第11修正案承认美国各州在联邦法院享有主权豁免，而州以下的各级、各类行政区划单位，如郡（县）②、市、镇等，不享有主权豁免。③基于同一法理，美国法院在"圣保罗案"中承认与美国"州"平级的外国行政区划单位是"外国国家的政治分支"，享有主权豁免。④在"罗马市案"中，美国法院表示，外国市、县等较小行政区划单位不享有主权豁免。⑤

《外国主权豁免法》对外国国家及其政治分支规定了一套复杂而严格的送达制度，具体而言，必须按照下列顺序依次尝试送达：

（1）如果原告与外国国家或其政治分支之间已就送达诉讼文书做出特殊安排，原告应首先选择通过这种特殊安排送达诉讼文书。从实际情况看，除非外国政府已主动放弃豁免，通常不存在这种安排。

（2）按有关国际协定来送达。与送达有关的国际协定主要是《海牙送达公约》。《海牙公约》第13条规定，若接收国中央机关认为送达损害其主权或安全，可拒绝送达。在主权豁免案件中，接收国中央机关往往认为诉讼侵犯该国主权，因此拒绝送达。根据《海牙公约》，接收国中央机关单方面认为侵犯主权即可，无需与对方国家或当事人就此取得一致认识。在"道布诉中国案"中，美国政府2005年5月9日向法院表示，根据《海牙公约》，如果接收国中央机关认为送达有损其主权，就可以拒绝送达，无需进一步解释理由。在这

---

① Underwood v. United Republic of Tanzania, 美国哥伦比亚特区联邦地区法院第 WL46383(1995) 号案件。

② 美国"州"以下的行政区划单位主要是County。其译名不统一，有的译成"县"，也有的译成"郡"。

③ 美国法学会：《对外关系法重述（第三次）》，1986年版，第400页。

④ Sullivan v. Sao Paolo, 美国法院第 122 F.2d 355, (2d Cir. 1941) 号案件。

⑤ Schneider v. City of Rome, 美国法院第 193 Misc. 180-83, N.Y.S2d 756 (N.Y. City Court, 1948) 号案件。

种情况下,美国法律不认为送达已完成,也无需考虑原告坚称无意损害接收国主权。①

(3)美国法院书记官将诉讼文书挂号寄往外国外交部长。经签收的挂号信回执退回美国法院,送达即告完成。通过这一方式实施送达,诉讼文书只能寄给外国的外交部长,寄给任何其他人员或机构均不视为送达完成。在"日本航空公司案"②中,诉讼文书被直接寄给了被诉的日本政府部门,而不是日本外相。美国法院判决送达无效。在"玻利维亚空军案"③中,美国法院书记官将诉讼文书挂号邮寄给被诉的玻利维亚空军。玻利维亚空军收到诉讼文书后向法院书记官退回了经签收的挂号回执。美国法院认为送达无效,因为《外国主权豁免法》只允许向外国外交部长送达。

外交部长位高权重,本人一般不直接签收邮件。针对这一情况,美国法院在"安哥拉案"④中认为,实际签收人是否有权代表外交部长签收邮件并不重要,因为原告不一定掌握外国外交部长指定何人签收邮件,也难以证明签收人是否有权代表外交部长签收邮件。言下之意,只要外国外交部工作人员签收邮件,就可视为外交部长本人收到邮件。但是,如果签收人是邮局工作人员或者其他明显不属于外交部的人员,则美国法院不会认为送达已完成。⑤

《外国主权豁免法》要求诉讼文书必须由法院书记官挂号寄出,但根据美国法院在"伊朗国家广播电台案"⑥中的观点,如果诉讼文

---

① Daub v. PRC,美国纽约州南区联邦地区法院第03-4402号案件。

② Shen v. Japan Airlines,美国法院第918 F. Supp. 686 (S.D.N.Y. 1994)号案件。

③ Transaero, Inc. v. La Fuerza Aerea Boliviana,美国法院第308 U.S. App. D.C. 86 (1994)号案件。

④ Phoenix Consulting, Inc. v. Angola,美国法院第35 F. Supp. 14 (D.D.C. 1999)号案件。

⑤ Trans Commodities, Inc. v. Kazakstan Trading House, S.A.,美国纽约州南区联邦地区法院第96-9782号案件。

⑥ Harris Corp. v. National Iranian Radio,美国法院第691 F.2d 1344, 1352 (11th Cir. 1982)号案件。

书不是由法院书记官,而是由原告直接挂号邮寄给外国外交部长,可视为有效送达。

(4)由美国国务院实施外交送达。具体程序是,原告备妥诉讼文书,交由法院书记官通过美国国务院领事司将文书送交国务卿。[①] 国务院将诉讼文书送交美国驻外国使馆。美国使馆将诉讼文书作为外交照会的附件递交外国外交部。在少数情况下,美国国务院会将诉讼文书作为外交照会附件递交外国驻美国使馆。在这两种情况下,外交照会副本由国务院送交法院书记官。外交照会副本构成送达完成的证明,无需证明外国外交部或外国驻美国使馆确已签收。一些国家曾对美国通过外交途径送达的司法文书予以拒收,并提出抗议。美国法院认为拒收外交送达和对外交送达提出抗议均不影响送达的完成。

由于外交送达可能引发外国的强烈反应,《外国主权豁免法》生效后,美国国务院于1979年5月15日指示美国驻外各使领馆:《外国主权豁免法》对外交送达作了规定。若法院依法提出外交送达的要求,国务院无自由裁量权,须履行法定职责。收到法院要求后,国务院将依法审核材料是否符合有关条件和程序。若审核合格,国务院将诉讼文书送往驻外使馆,发出实施外交送达的指示。[②] 使馆按示办理。

外交送达只能由美国国务院或美国驻外使馆实施。任何其他人员或机构,包括原告、法院工作人员、律师和专业送达人员等,均无权实施外交送达。美国法院多次判决美国国务院和驻外使馆以外的其他机构和人员向外国驻美国使领馆及其外交、领事人员送达无效。[③] 不仅如此,根据美国国务院的观点,原告本人或自行安排人员

---

① Trans Commodities, Inc. v. Kazakstan Trading House, S.A.,美国纽约州南区联邦地区法院第96-9782号案件。

② 美国国务院:《美国国际法实践文摘》,1979年卷,第894—897页。

③ Joseph W. Dellapenna, *Suing Foreign Governments and Their Corporations*, New York: Transnational Publishers, Inc., 2003, p.285。

向外国驻美国使领馆实施送达,将侵犯外国使馆、领馆根据国际法享有的"不得侵犯"的特权。①

考虑到向外国政府及其政治分支送达的敏感性,美国法院要求当事人严格按照法定顺序依次实施送达,否则,法院会认为送达存在瑕疵而判其无效(见"玻利维亚空军案"②)。从实际效果来看,一方面,这将导致送达进展缓慢;另一方面,由于有外交送达作为"保底"手段,向外国国家或其政治分支的送达总能完成。因此,作为诉讼策略,外国政府在送达阶段层层设障,可以有效延缓在美国法院的诉讼进程,但仅仅依靠这一手段,往往不足以赢得诉讼。

(五)主权豁免案件的取证问题

如在诉讼中,当事各方对外国主权豁免相关事实存有争议,就可能提出通过取证来认定相关事实。在"尼日利亚案"③中,当事双方就尼日利亚政府与一家由其创办的公司间的关系存在争议。为了确定该公司是否享有主权豁免,要先查明尼日利亚政府参与公司运营以及公司代表尼日利亚政府行事等情况,为此,需先调取有关证据。在"安提瓜和巴布达常驻联合国代表团案"④中,一家美国银行向美国法院起诉安提瓜和巴布达政府,要求偿还其驻联合国大使向该银行所借款项。安提瓜和巴布达政府表示,该大使向银行借款一事未获政府授权,政府对借款不承担责任。安提瓜和巴布达政府是否授权其驻联合国大使向银行借款,也需要调取相关证据。

---

① 美国国务院:《美国国际法实践文摘》,2016年卷,第420—425页(电子版见美国国务院网站)。使馆和领馆"不得侵犯"的特权,分别见《维也纳外交关系公约》第22条和《维也纳领事关系公约》第31条。

② Transaero, Inc. v. La Fuerza Aerea Boliviana,美国法院第308 U.S. App. D.C. 86 (1994)号案件。

③ Hester International Corp. v. Federal Republic of Nigeria,美国法院第879 F.2d 170 (5th Cir. 1989)号案件。

④ First Fidelity Bank v. Government of Antigua & Barbuda-Permanent Mission,美国法院第877 F.2d 189 (2nd Cir. 1989)号案件。

《外国主权豁免法》未含向外国政府取证的条款。在外国主权豁免案件中，如需向外国政府取证，美国法院将按普通民事诉讼程序的证据规则办理。这些规则主要体现在《联邦民事程序规则》中，其核心是"证据开示"制度。这一制度的主要特点是，当事各方均应主动向对方提交己方掌握的证据和与证据相关的信息，同时，在法院协助下，当事人可要求对方和其他证人提供证据。任何材料，只要与诉讼有关，原则上均属证据开示的范围。[1] 其结果是，在美国的民事诉讼中，当事人要求对方提供的证据往往范围极广，数量巨大。在主权豁免案件中，如果美方当事人在证据开示时要求外国政府提交大量文件，将给外国政府带来极大负担，甚至危及其国家机密。

美国联邦最高法院对外国政府在取证中可能面临的不利局面有所顾及。在"1983年尼日利亚中央银行案"[2]中，最高法院认为，主权豁免问题"事关尊严与礼让"。如果外国政府提出的主权豁免抗辩受制于美国的取证制度，那么，在处理主权豁免时，就会使外国过深地卷入美国司法程序，并且，受制于美国取证制度一事本身就可能损害外国的主权，这不符合主权豁免制度的本意。在1987年的一起案件[3]中，最高法院再次要求联邦各级法院在诉讼中特别注意保护外国政府当事方，使其避免取证负担，因为"文件和证人往来境外的额外负担可能被用于促成庭外和解的不正当目的"。（意思是其他当事人可能会通过取证施加压力，迫使外国政府同意以庭外和解方式了结案件。）

联邦最高法院的意见在美国各级法院基本上得到了贯彻。在

---

[1] 美国《联邦民事程序规则》第26条。
[2] Verlinden BV v. Central Bank of Nigeria，美国法院第461 U.S. 480 (1983)号案件。
[3] SN Industrialle Aerospatiale v. U.S. Dist. Ct.，美国法院第482 U.S. 546 (1987)号案件。

1992年"墨西哥石油公司案"①中,联邦巡回上诉法院认为,法院在主权豁免案件中应限制取证范围,取证只能用于确认与主权豁免有关的特定事实。在1998年"土耳其案"②中,联邦地区法院以原告没有提出关于主权豁免问题的具体事实为由,拒绝了其向土耳其取证的要求。

在美国民事诉讼程序中,除了审判阶段,证据开示制度还用于胜诉方在执行阶段要求败诉方披露可供执行的财产信息。在主权豁免案件中,近期最有影响的案件是美国"秃鹫基金"NML公司与阿根廷之间的债务诉讼③。2001年,阿根廷因金融危机未支付到期外债。NML公司在美国法院起诉阿根廷,要求其支付25亿美元本息。胜诉后,NML公司向美国银行和阿根廷国家银行发出传票,要求两行披露全球范围内与阿根廷国家财产相关的全部信息和交易记录,以便执行判决。2013年,阿根廷政府向美国联邦最高法院上诉,反对披露其财产。美国政府也向最高法院提交了有利于阿根廷的法律意见书,认为法院强令大范围披露外国国家财产将严重侵犯外国主权,并可能招致外国法院对美国国家财产的对等报复。但2014年6月16日,美国最高法院驳回阿根廷政府和美国政府意见,判决NML公司胜诉,认为美国《外国主权豁免法》未规定美国境外的外国国家财产享有豁免,而依美国《联邦民事程序规则》,胜诉方有权要求第三方披露败诉方的财产。至于美国法院的做法是否会招致外国报复,应由美国政府处理,法院不予考虑。④美国最高法院的这一判决使外国在主权豁免案件的执行阶段处于极为不利的地位。

关于证据开示,还需注意的是,美国法院通常不承认外国保密

---

① Arriba, Ltd. v. Petroleos Mexicanos,美国法院第962 F.2d 528 (5th Cir. 1992)号案件。
② Crist v. Republic of Turkey,美国法院第995 F. Supp.5 (D. D.C. 1998)号案件。
③ 案情详见http://www.jubileeusa.org/ourwork/vulturefunds/argentina.html。
④ Republic of Argentina v. NML Capital, Ltd.,美国法院第134 S Ct. 2250 (2014)号案件。

法律法规的效力。如在"加纳供应委员会案"[①]中，尽管加纳政府已按对方当事人的要求提交了绝大多数文件，仅以政府的保密规定为由拒绝提交部分内部文件，美国法院仍命令加纳政府提交所有文件，并称本案应适用美国保密法，而非加纳保密法。

"莫里斯案"已为美国法院涉华旧债券案彻底画上句号。但今天研究这些旧债券案件，仍具有现实意义。

在"莫里斯案"之后，因其他事由在美国法院引发的涉华主权豁免案件仍时有发生。这些案件和旧债券案的许多法律问题是共同的。温故而知新，深入研究旧债券案中曾经处理过的法律问题，是今后有利、有效地处理其他主权豁免案件的基础。

自20世纪70年代末开始实施改革开放政策以来，我国各领域对外交往蓬勃发展，各类涉外诉讼也随之增加，其中的外国（政府）在我国法院被诉所引起的主权豁免等问题难以回避。制定这一领域的政策、法律，离不开研究各国实践，包括梳理和总结成功应对"湖广铁路债券案"和"莫里斯案"的经验。

---

① Ghana Supply Commission v. New England Power Company，美国法院第3 F. R. D. 586 (D. Mass. 1979)号案件。

论环境保护对国际投资条约中公平公正待遇适用的影响

冯 光[*]

摘要： 公平公正待遇（FET）是国际投资法领域一项十分重要的法律原则，经历了一系列发展演变，形成了对于违反公平公正待遇的一套相对稳定的判断标准，如破坏投资者预期、拒绝司法、专断的政策制定、歧视行为、严重的不正常待遇、投资者自身的行为等。此外，公平公正待遇的适用还需要判断其与最低待遇标准之间的关系。近年来，随着有关环境保护案件的逐年增多，国际仲裁机构在案件处理过程中对上述具体标准的适用作出了新的探索和总结，公平公正待遇的具体适用也有了一些新的发展。本文拟通过对以往经典案例的梳理分析，详细论述环境保护对于公平公正待遇适用的影响。

关键词： 公平公正待遇　环境保护　国际投资

"待遇"这个词本身是一个范围不确定的概念，其定义为"管理、行为；针对个人的行动或行为"。从本质上讲，东道国的任何行动或疏忽都有可能构成对上述待遇的违反。随着环境问题的不断突出，近年来与此有关的投资仲裁案件数量激增，仲裁庭在具体实践中也对以往形成的观点做出新的探索和理解，本章将要探讨的就是在这

---

[*] 冯光，司法部国际合作局条约法规处副处长，法学博士。

个背景下，公平公正待遇在适用过程中的新发展。

公平公正待遇是国际投资法中重要的法律原则，经历了一系列发展演变。除缔约实践外，许多案件的判决和裁决也对上述两个原则进行了细致的探讨，设定了一定的标准用以确定对上述待遇原则是否构成违反，但在具体适用的标准上，国际社会和学者之间一直存在不同的观点，从未统一过。

北美自由贸易协定（NAFTA）生效后，根据其第1105条提起的涉及FET的案件有很多，如"S. D. Myers案""Metalclad案""Pope & Talbot案""Mondev案""Glaims Gold案""Waste Management案"等，其中S. D. Myers, Metalclad, Glaims Gold, Waste Management都是因为环境保护政策的变化而引起的。这些案件的裁决中，大都涉及FET的适用问题，本文拟从历史和实践两个角度论述FET在案件中适用的具体标准的变迁。

一、公平公正待遇的发展

公平公正待遇（以下称"FET"）是国际法领域一项非常重要的内容，近年来频繁地出现在双边投资保护协定（BITs）和自由贸易协定（FTAs）中，其在条约中的缘起是在第二次世界大战以后，迄今为止已经经历了多年的发展。①FET最早就是出现在经贸类条约里。二战结束后,为了恢复被战争摧毁的世界经济,推动各国经济复苏并建立新的国际经济秩序,在美国的倡导下,"国际贸易组织"(International Trade Organization,以下称"ITO")开始筹建。在建立ITO的1948年《哈瓦那宪章》(Havana Charter 1948)中将FET作

---

① UNCTAD, *Fair and Equitable Treatment—UNCTAD Series on Issues in International Investment Agreements*, Vol.III, U.N. Symbol: UNCTAD/ITE/IIT/11, Manufactured in Switzerland: United Nations Publication, n.d., p.7, http://unctad.org/en/Docs/psiteiitd11v3.en.pdf, 2018-3-1; UNCTAD, *Fair and Equitable Treatment—UNCTAD Series on Issues in International Investment Agreements II*, UNCTAD/DIAE/IA/2011/5, New York and Geneva: United Nations Publication, n.d., p.5; Rudolf Dolzer and Christoph Schreuer, *Principles of International Investment Law*, Oxford: Oxford University Press, 2008, p.119; "Fair and Equitable Treatment in International Law", *Proceedings American Society of International Law*, 100, 2006, p.69, http://heinonline.org/HOL/Page?handle=hein.journals/asilp100&div=11&start_page=69&collection=journals&set_as_cursor=3&men_tab=srchresults, 2018-3-1; Moshe Hirsch, "Between Fair and Equitable Treatment and Stabilization Clause: Stable Legal Environment and Regulatory Change in International Investment Law", *Journal of World Investment & Trade*, Vol.12, 2011, p.783, http://heinonline.org/HOL/Page?handle=hein.journals/jworldit12&id=783&div=&collection=journals, 2018-3-1;余劲松、梁丹妮:《公平公正待遇的最新发展动向及我国的对策》,《法学家》,2007年第6期,第151—156页;王楠:《试析外资公平公正待遇标准》,《时代法学》,2008年第6期,第103—112页;张苏锋:《BIT"公平公正待遇"条款中保护投资者合理期待的标准研究》,《金陵法律评论》,2013年第2期,第195—208页;张长征:《浅析国际投资法中公平公正待遇》,《法制博览》,2015年第12期,第219页,第220页;梁开银:《公平公正待遇条款的法方法困境及出路》,《中国法学》,2015年第6期,第179—199页。

为东道国对外资的一项待遇正式纳入其第11条第2项,① 不过当时用的措辞还不是FET,而是 Just and Equitable Treatment。尽管《哈瓦那宪章》最终没能生效,但其条文中使用的 Just 和 Equitable 的概念被广大资本输出国接受作为保护投资的重要手段。FET在条约语言的具体表述上在国际投资协定大量出现之前并不是非常统一,因此一般将《哈瓦那宪章》作为FET正式出现在多边国际条约中的开始。② 随后,在同年召开的第九届泛美会议上,与会各国签署了《波哥大经济协定》,该协定为外国投资提供了充分的保障,各国明确表示赋予外国资本FET。FET产生的另外一个重要的缔约实践是美国对

---

① Art 11(2): The Organization may, in such collaboration with other intergovernmental organizations as may be appropriate:

(a) make recommendations for and promote bilateral or multilateral agreements on measures designed.

(i) to assure just and equitable treatment for the enterprise, skills, capital, arts and technology brought from one Member country to another;

(ii) to avoid international double taxation in order to stimulate foreign private investments;

(iii) to enlarge to the greatest possible extent the benefits to Members from the fulfilment of the obligations under this Article;

(b) make recommendations and promote agreements designed to facilitate an equitable distribution of skills, arts, technology, materials and equipment, with due regard to the needs of all Members;

(c) formulate and promote the adoption of a general agreement or statement of principles regarding the conduct, practices and treatment of foreign investment.

② UNCTAD, *Fair and Equitable Treatment—UNCTAD Series on Issues in International Investment Agreements*, Vol.III, U.N. Symbol: UNCTAD/ITE/IIT/11, Manufactured in Switzerland: United Nations Publication, n.d., p.7; UNCTAD, *Fair and Equitable Treatment—UNCTAD Series on Issues in International Investment Agreements II*, UNCTAD/DIAE/IA/2011/5, New York and Geneva: United Nations Publication n.d., p.5; Rudolf Dolzer and Christoph Schreuer, *Principles of International Investment Law*, Oxford: Oxford University Press, 2008, p.120; Margaret Clare Ryan, "Glamis Gold, Ltd. v. the United States and the Fair and Equitable Treatment Standard", *Mcgill Law Journal Revue De Droit De Mcgill*, Vol.56 (2011 2010), p.919, http://heinonline.org/HOL/Page?handle=hein.journals/mcgil56&id=935&div=&collection=journals, 2018-3-1.

外缔结的友好、通商、航海条约（以下称"FCN"）。整个20世纪50年代，FET频繁地出现在FCN的条款里。① 1959年，在一群商人和律师的努力下，在Harmann Abs和Lord Shawcross的带领下制作并公布了《海外投资公约草案》（Draft Convention on Investments Abroad）。该公约第一条即明确了海外投资享有FET。②

在国际组织方面，经济合作与发展组织（OECD）在草拟《1967年外国财产保护公约草案》（Draft Convention on the Protection of Foreign Property）的时候接受了战后有关FET方面的缔约实践。在该《公约草案》第一条即规定，作为缔约国，应当为其他缔约国国民的财产提供FET待遇。③ OECD尝试的另外一份多边条约（MAI）在磋商过程中也强调了FET待遇，可惜的是MAI最终也未能正式生效。目前有效的多边条约中，影响力比较大的比如NAFTA和《能源宪章条约》（ECT）中都含有FET条款。

从20世纪60年代开始，FET逐渐大量出现在资本输出国和资本输入国之间签订的BITs中。目前有效的2600多个BITs中，绝大多数含有FET条款。④ 我国目前签订的国际投资协定中也大量含有FET条款，如2015年签订的中韩自贸协定第12章"投资"第五条就规定：

---

① UNCTAD, *Fair and Equitable Treatment—UNCTAD Series on Issues in International Investment Agreements*, Vol.III, U.N. Symbol: UNCTAD/ITE/IIT/11, Manufactured in Switzerland: United Nations Publication, n.d., p.8; Rudolf Dolzer and Christoph Schreuer, *Principles of International Investment Law*, Oxford: Oxford University Press, 2008, p.120; Margaret Clare Ryan, "Glamis Gold, Ltd. v. the United States and the Fair and Equitable Treatment Standard", *Mcgill Law Journal Revue De Droit De Mcgill*, Vol.56 (2011 2010).

② "The Proposed Convention to Protect Private Foreign Investment—Introduction", *Journal of Public Law*, Vol.9, 1960, p.115.

③ Article 1(a) Each Party shall at all times ensure fair and equitable treatment to the property of the nationals of the other parties.

④ Margaret Clare Ryan, "Glamis Gold, Ltd. v. the United States and the Fair and Equitable Treatment Standard", *Mcgill Law Journal Revue De Droit De Mcgill*, Vol.56 (2011 2010).

"各缔约方应当根据习惯国际法给予涵盖投资包括公平公正待遇和充分保护和安全在内的待遇。"① 不过，中韩自贸协定中关于FET的问题是规定在"最低标准待遇"（MST）条款里的，并明确FET的保护范围不能超越MST。这里体现了另外一个重要的问题，就是对FET条款与MST的关系问题，下文将详细论述。

二、影响公平公正待遇标准确定性的因素

虽然绝大多数国际投资协定（IIA）中都规定了FET，但有关FET的具体内涵和外延以及待遇标准却没有统一明确的定义。一般

---

① 第12.5条 最低标准待遇：

一、各缔约方应当根据习惯国际法给予涵盖投资包括公平公正待遇和充分保护和安全在内的待遇。

二、为进一步明确，第一款将习惯国际法中给予外国人的最低标准待遇作为给予涵盖投资的最低标准待遇。"公平公正待遇"和"充分保护和安全"的概念并不要求缔约方给予额外的或者超出上述标准的待遇，且并不创造额外的实体权利。第一款所要求提供的：

（一）"公平公正待遇"包括依照法律的正当程序原则不得在刑事、民事或行政裁决程序中拒绝司法的义务；

（二）"充分保护和安全"要求各缔约方提供习惯国际法所要求的治安保护水平。

三、认定违反本协定的其他条款或者其他国际协定并不能够证明存在对本条的违反。

四、各缔约方应当在其所采取或维持的与因境内战争或其他武装冲突、反叛、暴动、暴乱或其他内乱造成的投资损失有关的措施方面给予另一缔约方投资者及涵盖投资非歧视待遇。

五、尽管有第五款的规定，如果一缔约方的投资者在第四款所提及的情形下在另一缔约方的领土内遭受的损失产生自：

（一）另一缔约方的军队或者当局对涵盖投资的征用或者部分征用；

（二）另一缔约方的军队或者当局在非情势必需时对涵盖投资的全部或者部分破坏；

另一缔约方对前述损失应根据情况恢复原状或者向投资者提供补偿，或者同时归还原物和给予补偿。补偿应根据经必要调整的第12.9条进行。

六、第四款不适用于第12.3条不一致的、与补贴或者赠款相关的现行措施。

认为，FET是一项绝对国际法原则，不是相对的衡平原则。[①]FET是一项独立、统一的国际法上的待遇标准，[②]其适用不需要参照东道国赋予投资的其他待遇，[③]因此，即使东道国给外国投资提供了与本国投资相同的待遇标准也有可能违反FET。[④]

FET待遇的目的是保护投资免受不公平的东道国措施的伤害，例如随意撤销许可、通过不公正的罚款等处罚措施对投资者进行骚扰，或通过设立其他障碍干扰投资运营等。国际投资协定中的非歧视待遇和其他财产保护标准并不能涵盖所有的东道国不公平的管理性措施，FET正好可以填补其他待遇标准涵盖不了的空间。但FET的判断标准始终是国际投资法领域中的一个重要话题，究其原因可以从两个方面分析。

国际上，有关FET争论很大的一个问题是，FET在何种情况下可以理解为国际法的原则，准确地说是习惯国际法上的原则。关于这个问题的争论很多，其核心实际上是：违法FET的判断标准是应该理解为等同于违反MST的判断标准，还是构成违反FET的判断准则是一套独立的判断标准。这一争论在很大程度上源自条约用语的不统一。有些条约直接将FET与MST联系起来，规定FET并不要求

[①] 余劲松、梁丹妮：《公平公正待遇的最新发展动向及我国的对策》，《法学家》，2007年第6期，第151页；张苏锋：《BIT"公平公正待遇"条款中保护投资者合理期待的标准研究》，《金陵法律评论》，2013年第2期，第195页；Margaret Clare Ryan, "Glamis Gold, Ltd. v. the United States and the Fair and Equitable Treatment Standard", *Mcgill Law Jounal Revue De Droit De Mcgill*, Vol.56, No.4, 2011, p.919; Rudolf Dolzer and Christoph Schreuer, *Principles of International Investment Law*, Oxford: Oxford University Press, 2008, p.124.

[②] Rudolf Dolzer and Christoph Schreuer, *Principles of International Investment Law*, Oxford: Oxford University Press, 2008, p.123.

[③] 余劲松、梁丹妮：《公平公正待遇的最新发展动向及我国的对策》，《法学家》，2007年第6期，第151页；Margaret Clare Ryan, "Glamis Gold, Ltd. v. the United States and the Fair and Equitable Treatment Standard", *Mcgill Law Journal Revue De Droit De Mcgill*, Vol.56, No.4, 2011, p.919.

[④] Rudolf Dolzer and Christoph Schreuer, *Principles of International Investment Law*, Oxford: Oxford University Press, 2008, p.123.

缔约方给予额外的或者MST的待遇,且并不创造额外的实体权利,如我国2015年签订的中韩自贸协定第12.5条就是这么规定的。有些条约则是规定了投资应当享有FET待遇,并未对FET的适用做其他详细说明,如我国2003年与德国签订的双边促进和相互保护投资的协定第三条投资待遇第1款就规定"缔约一方的投资者在缔约另一方的境内的投资应始终享受公平与公正的待遇",但并未对何为FET进行说明,这也是我国BITs中涉及FET条款的通常做法。

关于FET适用争论较大的另外一个原因是国际仲裁庭在具体案件中对FET适用的标准掌握有很大区别,这一点在NAFTA生效后产生的一系列涉及环境保护的案件对于FET的解释适用中可以明显地体现出来。

而对于FET违反的判断标准是等同于MST违反的判断标准,还是另有一套独立的判断标准这一问题,争论不休的更深层次的原因是,这一问题的结论影响深远。这一问题的结论将直接影响违反FET判断标准的构成,进而决定何种类型的东道国管理性措施可以被诉、东道国管理性措施对投资干涉到何种程度会构成对FET的违反。一般来讲,如果将违反FET的判断标准等同于违反MST的判断标准,则东道国管理性措施被诉的类型要比在将FET理解为独立的国际法原则的情况下小得多,而构成违反FET待遇的门槛也比后者高很多。因此,对于东道国来说这是一种更为有利的解释适用方式。目前,关于这个问题主要有如下几种理解:一种是将FET等同于MST或理解为MST的一部分；①另一种则认为FET是包括所有渊源在内的国际法的一部分，及将FET的适用标准在MST的基础上进行了扩展；②第三种意见则认为FET是一项完全独立的条约标准。③不过，第一种理解目前正在面临比较大的挑战。UNCTAD有研究认为这种理解方式不妥，因为从国家实践的角度看，如果缔约国认为FET等同于MST，那么就没有必要在条约中出现两种不同的表达方式；另外，MST本身也存在较大争议，发达国家普遍支持MST作为习惯国际法原则，而发展中国家中有不少都在这一点上持否定态度。④虽然第一种理解避免了在FET适用过程中的一些不确定因素，但难以解释发展中国家对MST的反对态度带来的问题。

---

① E. Merrick Dodd, "Fair and Equitable Recapitalizations", *Harvard Law Review*, Vol.55, 1941-1942, p.780, http://heinonline.org/HOL/Page?handle=hein.journals/hlr55&div=54&start_page=780&collection=journals&set_as_cursor=8&men_tab=srchresults, 2018-3-1；余劲松、梁丹妮：《公平公正待遇的最新发展动向及我国的对策》，《法学家》，2007年第6期，第151—156页；Margaret Clare Ryan, "Glamis Gold, Ltd. v. the United States and the Fair and Equitable Treatment Standard", *Mcgill Law Journal Revue De Droit De Mcgill*, Vol.56, No.4, 2011, p.919; Rudolf Dolzer and Christoph Schreuer, *Principles of International Investment Law*, Oxford: Oxford University Press, 2008, p.124.

② 余劲松、梁丹妮：《公平公正待遇的最新发展动向及我国的对策》，《法学家》，2007年第6期，第151页；Margaret Clare Ryan, "Glamis Gold, Ltd. v. the United States and the Fair and Equitable Treatment Standard", *Mcgill Law Journal Revue De Droit De Mcgill*, Vol.56, No.4, 2011, p.919; Rudolf Dolzer and Christoph Schreuer, *Principles of International Investment Law*, Oxford: Oxford University Press, 2008, p.123.

③ 余劲松、梁丹妮：《公平公正待遇的最新发展动向及我国的对策》，《法学家》，2007年第6期，第151页；UNCTAD, *Fair and Equitable Treatment—UNCTAD Series on Issues in International Investment Agreements II*, UNCTAD/DIAE/IA/2011/5, New York and Geneva: United Nations Publication, pp.6–8.

④ UNCTAD, *Fair and Equitable Treatment—UNCTAD Series on Issues in International Investment Agreements*, Vol.III, U.N. Symbol: UNCTAD/ITE/IIT/11, Manufactured in Switzerland: United Nations Publication, n.d., pp.12–13；余劲松、梁丹妮：《公平公正待遇的最新发展动向及我国的对策》，《法学家》，2007年第6期，第151页。

三、环境保护对公平公正待遇的影响

违反FET的判断标准,或者说FET包含的要素与前文所述有关FET适用的争论有直接的联系。关于FET的要素,著名国际法学者余劲松先生将其总结为四点,即:基本要素——给外国投资提供稳定的、可预见的法律与商业环境;投资者的基本预期;不以"恶意"为条件;违反FET要承担赔偿责任。①国外学者对此也有很多论述。综合国内外学者的论述和国际仲裁案例,有关违反FET的判断标准大致应该包含以下几项:投资者的基本预期、拒绝司法及违反正当程序、随意的政策制定、歧视、严重破坏投资待遇。随着仲裁实践的发展,投资者的行为也开始逐渐被作为判断的依据之一。

目前关于FET要素的争论很大程度上源自缔约实践中对FET条款的不同形式的表述和层出不穷的国际仲裁裁决对FET适用的不同解释和标准。在国际仲裁中,有关FET适用标准的争论大体上可以被分为两个趋势,即前文提到的三种理解的前两种:一是传统的解释适用方法,将FET等同于MST,分析FET的要素并确定其适用;二是扩展的解释适用方法,不是简单地将FET等同于MST,而是将FET当作一项独立的原则,直接探讨其应当包含的实质内容。②第三种理解,即将FET当作独立的条约义务的理解在仲裁实践中并不多

---

① 余劲松、梁丹妮:《公平公正待遇的最新发展动向及我国的对策》,《法学家》,2007年第6期,第151页。

② Rudolf Dolzer and Christoph Schreuer, *Principles of International Investment Law*, Oxford: Oxford University Press, 2008, pp.128–133; Rudolf Dolzer, "Fair and Equitable Treatment: Today's Contours", *Santa Clara Journal of International Law*, Vol.12, 2013-2014, p.7, http://heinonline.org/HOL/Page?handle=hein.journals/scjil12&div=6&start_page=7&collection=journals&set_as_cursor=0&men_tab=srchresults, 2018-3-1; UNCTAD, *Fair and Equitable Treatment—UNCTAD Series on Issues in International Investment Agreements II*, UNCTAD/DIAE/IA/2011/5, New York and Geneva: United Nations Publication, pp.43–44.

见,近年的"Merrill & Ring"案①使用了这种解释方法。因此,对FET要素的探讨需要首先对FET与MST的关系进行梳理和分析。

(一)FET与MST

MST是一项有关外国人待遇问题的习惯国际法原则。②一项法律原则被公认为习惯国际法通常需要两个条件:国家实践和法律确信(Opinio Juris),而对习惯国际法的违反则会直接导致国家责任。在习惯国际法下,一个国家对外国人的待遇不应低于某些特定要求而不论其国内立法和实践如何。③如果给予外国人的待遇低于MST,就会导致承担国家责任。MST迄今已经历了一个多世纪的发展,一般认为其应当包括拒绝司法(Denial of Justice)和其他可以导致国家责任的行为。④早期有些国家担心他国对其国民的待遇有可能会降低到难以容忍的程度,这种担心不仅包括对自己国民人身的伤害,还包括对其财产和商业行为的干涉。因此认为,如果一个主权国家允许外国人进入其领土从事商业行为,那么它就应当为这些外国人提

---

① Merrill & Ring Forestry L.P. v. The Government of Canada, Award, UNCITRAL (ILM 2010).

② UNCTAD, *Fair and Equitable Treatment—UNCTAD Series on Issues in International Investment Agreements II*, UNCTAD/DIAE/IA/2011/5, New York and Geneva: United Nations Publication, p.44.

③ J. C. Thomas, "Reflections on Article 1105 of NAFTA: History, State Practice and the Influence of Commentators", *ICSID Review*, Vol.17, No.1 (March 20, 2002), p.21, doi:10.1093/icsidreview/17.1.21; Rachel A. Hird, "Thomas W. Walde and Fair and Equitable Treatment", *Journal of Energy and Natural Resources Law*, Vol.27, 2009, p.377, http://heinonline.org/HOL/Page?handle=hein.journals/jenrl27&div=26&start_page=377&collection=journals&set_as_cursor=1&men_tab=srchresults, 2018-3-1.

④ UNCTAD, *Fair and Equitable Treatment—UNCTAD Series on Issues in International Investment Agreements II*, UNCTAD/DIAE/IA/2011/5, New York and Geneva: United Nations Publication, p.45.

供一定程度的待遇，就是MST。①

MST最早并不是出现在外国人投资待遇领域，而是出现在外国人人身待遇的领域。有关MST被引用最多的案例就是1926年的"LFH Neer & Pauline Neer（the US）v. Mexico案"。② Neer是一位美国公民，在墨西哥的一家矿场做主管，在回家的路上被杀害。Neer的家人认为墨西哥政府部门未尽到调查起诉的责任，构成了拒绝司法，并以此为由起诉了墨西哥政府。US-Mexico General Claims Commission（以下称"委员会"）在其意见中为构成国家责任设定了很高的标准，从而驳回了此案。委员会在其意见中称："对外国人的待遇如果构成国际违法行为应当满足严重（Outrage）、恶意（Bad Faith）、故意不履行职责（Willfull Neglect of Duty）或从国际法的标准看，政府行为的不足能够使任何理性和公正的人发现这种不足。"③

另外一个经常被引用的案例是海牙国际法庭（ICJ）裁决的"ELSI案"（the US v. Italy）。④ 该案涉及对"专断的"（Arbitrary）的解释，因此也是FET适用中的一个重要案例。该案涉及的美国与意大利之间的FCN中明确禁止政府的"专断的"的行为，其起因是意

---

① J. C. Thomas, "Reflections on Article 1105 of NAFTA: History, State Practice and the Influence of Commentators", *ICSID Review—Foreign Investment Law Journal*, 2002, Vol.17, No.1, pp.22–23.

② LHF Neer and Paulinee Neer (United States) v. Mexico, (1926) 4 RIAA 60, 21 AJIL (1927) 555 (US-Mexico General Claims Commission 1926)；关于此案的详细论述参见：Patrick G. Foy and Robert J. C. Deane, "Foreign Investment Protection under Investment Treaties: Recent Developments under Chapter 11 of the North American Free Trade Agreement," *ICSID Review—Foreign Investment Law Journal*, 2001, Vol.16, No.2, pp.299–331, doi:10.1093/icsidreview/16.2.299; Thomas, "Reflections on Article 1105 of NAFTA: History, State Practice, and the Influence of Commentators", *ICSID Review—Foreign Investment Law Journal*, 2002, Vol.17, No.1.

③ LHF Neer and Paulinee Neer (United States) v. Mexico, (1926) 4 RIAA 60, 21 AJIL (1927) 555 (US-Mexico General Claims Commission 1926), paras.61-62.

④ Case concerning Elettronica Sicula S.P.A. (ELSI) (the US v. Italy), Judgement (ICJ 1989).

大利的一位市长临时性地征收了一家美国人持有的意大利公司的一座工厂，美方认为意大利的临时性征收行为构成了"专断的"，因此需要承担国家责任。ICJ认为，专断本身并不与法治相对立，它只是对法律的正当程序的故意忽略。从裁决此案的分庭的观点看，无论是省长撤销征用命令的理由，还是巴勒莫上诉法院对省长裁定的分析——即省长认定市长的征用命令是一种越权行为，其结果是该命令缺乏合法性——其本身都不一定意味着省长或巴勒莫上诉法院认为市长的行为是不合理的或专断的。专断是故意不顾正当法律程序，是一种令法律正义感到震惊或至少吃惊的行为。[1] ICJ最后认定临时性征收行为并没有构成"武断"。

正如前文指出的，在实际案件处理过程中，国际上一直有两种不同的关于FET适用问题的处理方法。传统的方法从FET与MST的关系入手，分析FET的要素并确定其适用；扩展的方法将FET当作一项独立的法律原则。传统方法一般将FET等同于MST，东道国更倾向于这种适用，原因是"Neer案"对MST的解释适用进行了最窄的限定，确立的违反国际法的标准很高，对FET的适用作等同于MST的解释可以让构成违反FET的标准变得很高，从而最大程度地降低构成国家责任的可能。但批评的声音认为，这种解释适用的方法将FET完全等同于MST，忽略了FET在国家实践中的客观发展。[2] 扩展的解释方法将FET看作是一项独立的原则，认为FET适用的行为远超过MST适用的行为的范围，著名学者F.A. Mann认为，由于现实的客观情况是以前使用的词汇难以表达的，因而其提供的

---

[1] Case concerning Elettronica Sicula S.P.A. (ELSI) (the US v. Italy), Judgement (ICJ 1989), paras.120-130.

[2] J. Martin Wagner, "International Investment, Expropriation and Environmental Protection", *Golden Gate University Law Review*, Vol.29, 1999, p.465, http://heinonline.org/HOL/Page?handle=hein.journals/ggulr29&div=36&start_page=465&collection=journals&set_as_cursor=3&men_tab=srchresults, 2018-3-1; Margaret Clare Ryan, "Glamis Gold, Ltd. v. the United States and the Fair and Equitable Treatment Standard", *Mcgill Law Journal Revue De Droit De Mcgill*, Vol.56, No.4, 2011.

保护更为广泛，所以FET条款的解释适用也应当独立于以往的其他国际法原则，而被独立看待。① 而"ELSI案"确立的对于"专断"的界定相对宽松，因此该案确立的标准判断是否违反国际法而应承担国家责任的标准也要低一些，所以后来的很多案件更多地援引了"ELSI案"确立的标准，一般理由就是FET的要素应该是随着时间变化而不断演进的。② 此外，由于在条约的约文中FET条款的具体表述并不相同，新的解释方法也为国际司法机构从结合条约约文具体的文字表述的角度对FET进行解释适用创造了可能。

（二）环境保护案件对FET适用的影响

作为比较早期的案件，"S.D. Myers案"FET的适用采用了比较高的标准。该案的被申请人加拿大政府主张关于FET的解释应该适用传统的解释方法，将FET的适用限定在"Neer案"对MST的解释范围内。③ 该案仲裁庭在裁决中认为，只有在投资者被专断地、不公正地对待达到了从国际法的角度难以接受的程度的时候，才构成对FET的违反。④ 上述判断必须采用较高的标准，其标准应当等同于从国际法的角度判断国际法在何种情况下应当介入国内机构在其管辖权范围内处理事务的权力的标准，且这种决定应当考虑到涉及案件的所有具体的国际法原则的适用。⑤ 仲裁庭裁决的上述内容虽然对构成FET的违反设定了较高的标准，但实际上否定了加拿大政府关于

---

① See Margaret Clare Ryan, "Glamis Gold, Ltd. v. the United States and the Fair and Equitable Treatment Standard", *Mcgill Law Journal Revue De Droit De Mcgill*, Vol.56, No.4, 2011, p.930.

② Rudolf Dolzer and Christoph Schreuer, *Principles of International Investment Law*, Oxford: Oxford University Press, 2008, p.129.

③ Pope & Talbot Inc. v. The Government of Canada, Counter-memorial of Phase 2 (2001), para.309.

④ S.D. Myers, Inc. v. Canada, Partial Award NAFTA (UNCITRAL, I.L.M. 2000), para.263.

⑤ Ibid., para.263.

将FET的适用限定在"Neer案"对MST的解释范围内的主张，并在裁决中引用了Mann的观点，主张对FET的违反应从个案具体情况的角度进行考量，而不应囿于某一固有习惯国际法原则，① 并通过仲裁庭的多数意见确定在本案中如果违反了NAFTA第1102条国民待遇的规定就可以构成对FET的违反。②

在"Metalclad案"中，仲裁庭同样遇到了有关FET适用的问题。③ 申请人Metalclad公司认为，涉及NAFTA第1105条的解释适用问题不应限于传统的解释方法，除了考察习惯国际法有关构成违反FET的标准外，还应当考虑"可预期性"和"透明度"问题，上述两点在NAFTA序言中都有规定。作为被申请人的墨西哥政府主张适用传统的解释方法。该案裁决中并没有涉及FET与MST的关系问题，但确认了评价是否构成违反FET时应当考虑"可预期性"和"透明度"。

随后的"Pope&Talbot案""Mondev案""ADF案"在上述两个案件的基础上进一步确认了扩展的解释适用方法在仲裁案件中的影响力。上述三个案件在裁决中都主张在NAFTA中的FET标准包括但不限于"Neer案"确立的标准，其具体标准已经随着时代的发展比"Neer案"当年确定的政府不当行为的判断标准有了很大的发展。④ 尤其是在"Pope&Talbot案"中，仲裁庭对FET适用的阐述结合了FET的发展以及在NAFTA中的特定语言环境，成为后续案件中常被引用的内容。仲裁庭在裁决中认为，从NAFTA第1105条约文的规定中可以明确MST"依据国际法，应当包括公平公正待遇"，

---

① S.D. Myers Inc. v. Canada, Partial Award NAFTA (UNCITRAL, I.L.M. 2000), para.265.

② Ibid., paras.266–268.

③ Metalclad Corporation v. United Mexican States, Award (ICSID 2000).

④ Pope & Talbot, Inc. v. The Government of Canada, Award on the Merits of Phase 2 (2001), paras.107-118; Mondev International Ltd. v. United States of America, Award (ICSID 2002), paras.114-119; ADF Group, Inc. v. United States of America (ICSID 2003), paras.179–180.

仲裁庭进而认为，第1105条规定的FET应当是被包含在习惯国际法内的。但是，由于第1105条的措辞是在美国与其他工业国双边经贸条约谈判的基础上发展出来的，因此NAFTA项下的投资者理应享受"公平待遇"（Fairness Elements）带来的好处，这种公平待遇是NAFTA缔约国一般适用的标准（Ordinary Standards Applied）。① 仲裁庭进而得出结论，第1105条规定的FET的适用应当采用扩展的解释方法，进而裁定加拿大政府出口控制措施构成了对FET的违反。

出于对国际仲裁庭将FET不断做自由解释的担心，NAFTA的自由贸易委员会（以下称"FTC"）于2001年7月31日发布了有关第1105条具有约束力的解释的通知，② 明确了第1105条规定的FET等同于习惯国际法中的MST，并要求仲裁庭放弃使用扩展的解释适用方法。③ 但FTC的这一解释并没有对仲裁庭在案件仲裁过程中对FET采取扩展的解释适用方法带来决定性的影响。

"Pope&Talbot案"开始于FTC作出通知之前，在案件处理过程

---

① Pope & Talbot, Inc. v. The Government of Canada, Award on the Merits of Phase 2 (2001), paras.110-118.

② NAFTA Free Trade Commission, *Notes of Interpretation of Certain Chapter 11 Provisions*, 2001, http://www.sice.oas.org/TPD/NAFTA/Commission/CH11understanding_e.asp, 2018-3-1.

③ Notes of Interpretation of Certain Chapter 11 Provisions:

B. Minimum Standard of Treatment in Accordance with International Law:

Article 1105(1) prescribes the customary international law minimum standard of treatment of aliens as the minimum standard of treatment to be afforded to investments of investors of another Party.

The concepts of "fair and equitable treatment" and "full protection and security" do not require treatment in addition to or beyond that which is required by the customary international law minimum standard of treatment of aliens.

A determination that there has been a breach of another provision of the NAFTA, or of a separate international agreement, does not establish that there has been a breach of Article 1105(1).

中FTC发出了上述解释。在此案后来发布的关于损害的裁决中，①仲裁庭质疑了FTC通知的法律效力，肯定了此案上一阶段仲裁庭有关FET态度的效力。②仲裁庭最终坚持认为，自"Neer案"以来各国国际投资协定的缔约实践证实了FET的概念是不断扩张的，因此"习惯国际法的概念已经有了新的发展演进"，同时参考了1989年ICJ在"ELSI案"里的立场，③从而驳回了被诉方加拿大政府关于FET的解释适用应当遵照"Neer案"确立的标准的主张，④同时也意味着本案的裁决并没有遵照FTC的通知的立场。仲裁庭认为，"ELSI案"中ICJ的立场比"Neer案"的标准更可取，"ELSI案"确立的标准"在评价政府对公司和个人的行为方面更有活力、对新发展的体现更好、标准更为严密"，因此更适合当代情况下的外国投资保护。⑤"Mondev案"和"ADF案"都沿用了"Pope&Talbot案"有关FET的立场。

不过上述情况在2009年有了突然的转变，这种转变是"Glamis案"的裁决带来的。Glamis是一家成立于1972年的金矿开采公司，此案与其在南加利福尼亚州联邦土地上的矿业投资有关。Glaims的

---

① Pope & Talbot Inc. v. The Government of Canada, Award in Respect of Damages (2001).

② 详细论述参见: Charles H. II Brower, "Why the FTC Notes of Interpretation Constitute a Partial Amendment of NAFTA Article 1105", *Virginia Journal of International Law*, Vol.46, 2005-2006, p.347, http://heinonline.org/HOL/Page?handle=hein.journals/vajint46&div=18&start_page=347&collection=journals&set_as_cursor=0&men_tab=srchresults, 2018-3-1; Ian A. Laird, "Betrayal, Shock and Outrage-Recent Developments in NAFTA Article 1105", *Asper Review of International Business and Trade Law*, Vol.3, 2003, p.185, http://heinonline.org/HOL/Page?handle=hein.journals/asperv3&div=12&start_page=185&collection=journals&set_as_cursor=0&men_tab=srchresults, 2018-3-1.

③ CASE CONCERNING ELETTRONICA SICULA S.P.A. (ELSI) (the US v. Italy), Judgement (ICJ 1989), para.128.

④ Pope & Talbot, Inc. v. The Government of Canada, Award in Respect of Damages (2001), paras.58-59.

⑤ Ibid., para.64.

一个全资子公司自20世纪80年代开始就在拉丁美洲从事露天金银矿的开采作业。在争端开始前，Glamis正在进行一个名为"帝王"（Imperial Project）的项目。为了项目运作，Glaims依据美国国内法取得了南加州一片联邦土地的采矿权，项目周期从1998年到2017年。在这期间，Glaims计划在这块土地的七个矿坑作业区采出15亿吨矿石和30亿吨岩石，并就地提炼金子。Glaims拥有的土地距离加州印第安保留区很近，这一区域受到《1976年联邦土地政策与管理法案》的保护，所有影响该区域生态环境和自然风景的投资都受到严格的监控和管理。Glamis前三个矿坑开采计划都得到了加州土地管理局的批准，但自2001年起，美国联邦内务部以当地土地会遭受不适当的损害和破坏以至于无法修复为由否决了Glamis剩余的所有开采计划。此外，加州通过立法要求在印第安保留区一英里（1英里≈1.6093千米）范围内作业的所有矿坑必须回填，极大地增加了Glamis的运营成本。Glamis认为美国联邦政府和加州政府的上述做法违反了NAFTA第1105条的规定，同时构成征收（第1110条）。

Glamis认为，目前东道国承担的FET义务包括两个方面，一是保护投资者的合理预期；二是保护投资者不受政府专断行为的损害，并援引了以前的案例裁决作为证明。① 作为被申请方的美国政府则认为，有关FET的解释适用应当参照传统的方法进行。在关于第1105条FET的论述中，仲裁庭接受了被申请方的看法，认为"尽管目前的形势比20世纪20年代有了很大变化也更为复杂，但（有关FET适用的）审查标准依然是相同的"，② "'Neer案'确立的标准在今天依旧能够适用"。③ 仲裁庭进一步认为，作为申请人的Glamis认为MST的标准随着时代的发展而有了变化，他应当附有举证责任来证明这

---

① Glamis Gold, Ltd. v. United States of America, Award [UNCITRAL Arbitration (NAFTA) 2009)], para.573.
② Ibid., para.616.
③ Ibid., para.620.

种变化的客观存在,而在Glamis的书状中并没有证明习惯国际法存在需要的"国家实践"和"法律确信"的内容,①因此驳回了Glamis的诉求。Glamis案的裁决因为举证责任划分的问题广受诟病,其对FET解释适用的论证也被认为是一种倒退。②

近期的"Merrill案"则又采取了与"Glamis案"完全不同的做法。Merrill & Ring Forestry L. P.是设在加拿大卑诗省(British Columbia)的一家做木材出口生意的美国公司。依据土地所有权的不同,木材出口在卑诗省要受到州和联邦两级法律制度的管辖,由于州法律设定的条件比联邦法律更为优惠,执行起来效率更高,对投资者更有好处,Merrill的经营因此受到了影响。Merrill以此为基础,将加拿大政府诉至国际仲裁庭,认为其有关木材出口的法律违反了国民待遇、最惠国待遇、MST等在NAFTA项下规定的义务。该案虽然与本文重点研究的与环境保护有关的案例不直接相关,但由于它代表了FET解释适用的一个新的发展方向,因而有必要提及。

本案裁决在论及FET的解释适用时认为,"习惯国际法并没有冻结,它一直伴随国际社会的现实情况在发展"③,"给外国人在商业、贸易和投资领域提供公平、公正的待遇的要求在实践中被充分、广泛地接受并付诸实施,从而构成在当今实践中习惯国际法上的(对FET新发展的)法律确信。一项待遇标准的名字本身并不重要,重

---

① Glamis Gold, Ltd. v. United States of America, Award [UNCITRAL Arbitration (NAFTA) 2009)], paras.606-608.

② Margaret Clare Ryan, "Glamis Gold, Ltd. v. the United States and the Fair and Equitable Treatment Standard", *Mcgill Law Journal Revue De Droit De Mcgill*, Vol.56, No.4, 2011; Raphael de Vietri, "Fair and Equitable Treatment for Foreign Investment: What Is the Current Standard at International Law", *International Trade and Business Law Review*, Vol.14, 2011, p.414, http://heinonline.org/HOL/Page?handle=hein.journals/itbla14&div=18&start_page=414&collection=journals&set_as_cursor=0&men_tab=srchresults, 2018-3-1.

③ Merrill & Ring Forestry L.P. v. The Government of Canada, Award, UNCITRAL (ILM 2010), para.193.

要的是这项待遇标准的实质是保护公正、公平、合理的理念不被侵害。上述标准（公正公平合理）难以被准确定义，他们应当根据每个案件的事实情况进行分析适用"①，"如今的最低待遇标准已经超出了当年'Neer案'确立的范围"。②

从仲裁庭的裁决可以看出，本案完全抛弃了"Glamis案"使用的限制性的解释方法，将FET作为一项独立的习惯国际法标准进行解释适用，并试图通过证明公平公正的待遇是在商业、贸易和投资领域里被普遍接受的事实证明其达到了习惯国际法的两个标准之一的"法律确信"的要求。这种尝试更接近于余劲松教授总结的对于FET三种理解的第三种，即将FET当作独立的条约义务来来处理；而Glamis案则更接近第一种理解，将FET等同于MST，做最狭义的解释；其余的"S.D. Myers案""Metalclad案""Pope & Talbot案""Mondev案"和"ADF案"均使用的是第二种理解方式，在承认FET与MST关系的基础上，对FET做了扩展的解释适用。

实践过程中对FET的不同解释和适用方式本身可以被看作是对国际法问题的有益探讨，但实际上造成的结果是使FET的构成要素变得更加复杂和扑朔迷离。一般认为的给外国投资提供稳定的、可预见的法律与商业环境；投资者的基本预期；不以"恶意"为条件；违反FET要承担赔偿责任③固然是在众多案件中出现并适用的判断标准，拒绝司法及违反正当程序、随意的政策制定、歧视、严重破坏投资待遇以及投资者个人行为不当等因素也逐渐被仲裁庭接受成为影响FET适用的因素之一。

---

① Merrill & Ring Forestry L.P. v. The Government of Canada, Award, UNCITRAL (ILM 2010), para.210.

② Ibid., para.213.

③ 余劲松、梁丹妮：《公平公正待遇的最新发展动向及我国的对策》，《法学家》，2007年6期，第151页。

（三）环境保护案件对 FET 要素的影响

传统观点认为，国家创造了国际法而国际司法机构负责解释和适用国际法……实践中，国际司法机构在国际法发展过程中扮演的角色非常重要，因为很难区分法律的解释过程和造法过程，国际司法机构被要求对宽泛的法律规定作出解释，填补空缺并澄清疑惑，这些司法解释被国家、法庭和学者反复引用，从而作为国际法内容的证据。① 从这个角度考虑，结合仲裁实践，虽然依旧难以给 FET 作出明确的定义，但还是可以归纳出一些违反 FET 的不合适的国家行为。2004 年 OECD 的一项研究指出，FET 的要素应当包括：适当注意、正当程序、透明度、善意原则（包括尊重基本预期、透明度、不存在专断的政策制定），② 结合前述案例和学者观点可以总结得出不合适的国家行为至少应当包括：破坏投资者预期、拒绝司法和正当程序、专断的政策制定、歧视行为以及严重不正常的待遇

---

① Anthea Roberts, "Power and Persuasion in Investment Treaty Interpretation: The Dual Role of States", *American Journal of International Law*, Vol.104, 2010, p.179, http://heinonline.org/HOL/Page?handle=hein.journals/ajil104&div=18&start_page=179&collection=journals&set_as_cursor=0&men_tab=srchresults, 2018-3-1; Anthea Roberts, "Clash of Paradigms: Actors and Analogies Shaping the Investment Treaty System", *American Journal of International Law*, Vol.107, 2013, pp.45-94, http://heinonline.org/HOL/Page?handle=hein.journals/ajil107&div=5&start_page=45&collection=journals&set_as_cursor=3&men_tab=srchresults, 2018-3-1.

② OECD, "Fair and Equitable Treatment Standard in International Investment Law", OECD Working Papers on International Investment (Paris: Organisation for Economic Co-operation and Development, September 1, 2004), http://www.oecd-ilibrary.org/content/workingpaper/675702255435, 2018-3-1; OECD, "Fair and Equitable Treatment Standard in International Investment Law", *International Investment Law: A Changing Landscape* (Organisation for Economic Co-operation and Development, 2006), pp.73–125, http://www.oecd-ilibrary.org/content/chapter/9789264011656-4-en, 2018-3-1.

（Abusive Treatment）。①

1. 破坏投资者预期

在国际投资争端的仲裁过程中，投资者的预期最初只是作为与透明度有关的因素予以考虑的，但近年来已经发展成为国际投资仲裁中有关FET标准的核心要素之一。② 合理预期的概念实际上源自客观情况的不断变化。由于投资在东道国一般都会维持比较长的时间，有一些投资如制造业和服务业，运营基本上没有时间的限制，在这种情况下，东道国的一些客观情况的变化有可能会对投资运营带来负面影响。这些客观情况的变化有些是纯经济原因，有些则是东道国政府的行为引起的。有关纯经济因素的问题，在1934年"Oscar Chinn案"的判决中就有过论述。该案判决明确指出，有利的商业条件和善意会由于不可避免的改变而出现变化，没有任何企业可以摆脱由于一般性经济条件变化而导致的损害。③ 因此，本节内容所讲的对合理预期的影响是由第二种情况，即东道国政府的行为引起的，包括法律法规的调整、政府的作为和不作为等。

根据争端所依据的条约的不同情况和案件事实的不同情况，合理预期的具体标准在仲裁案件中也有不同的体现。总结起来，案件裁决中仲裁庭考虑的因素大致可以分为以下几种：法律和商业环境

---

① UNCTAD, *Fair and Equitable Treatment—UNCTAD Series on Issues in International Investment Agreements II*, UNCTAD/DIAE/IA/2011/5, New York and Geneva: United Nations Publication, n.d., p.62.

② Christoph Schreurer, "Fair and Equitable Treatment in Arbitral Practice", *Journal of World Investment & Trade*, Vol.6, 2005, p.357, http://heinonline.org/HOL/Page?handle=hein.journals/jworldit6&div=25&start_page=357&collection=journals&set_as_cursor=4&men_tab=srchresults, 2018-3-1; UNCTAD, *Fair and Equitable Treatment—UNCTAD Series on Issues in International Investment Agreements II*, UNCTAD/DIAE/IA/2011/5, New York and Geneva: United Nations Publication, n.d., p.63.

③ United Nations, *Summaries of Judgments, Advisory Opinions and Orders of the Permanent Court of International Justice*, Sales No. E.12.V.18, ST/LEG/SER.F/1/Add.4, New York: United Nations Publication, 2012, pp.340–348; Oscar Chinn Case [(U.K. v. Belgium) PCIJ 1934], para.27.

的稳定、对东道国一般法律环境的了解、特别承诺、政府管理权与投资者预期的平衡。

有关"法律和商业环境的稳定"在"Tecmed案"①中被仲裁庭提及。此案仲裁庭认为,国际法确立的善意原则要求东道国给予投资的待遇不能影响投资者在作出投资时所做的基本预期。外国投资者期望东道国处理与外国投资者关系时的行为方式是始终如一的、清晰的、透明的,从而使外国投资者可以事先了解与投资有关的规则、规章,以及有关政策、实践和指令,以便其对投资进行规划以遵守上述规定。仲裁庭在此基础上认定墨西哥政府取消Tecmed公司经营许可的行为是在规定不清晰、行为不透明的情况下进行的,从而破坏了投资者的合理预期。此案的上述观点得到了"CMS案"②和"Enron案"③的支持。

投资者应当对东道国的发展程度和政府在该投资领域的实践有所了解。实际上,多数投资者更倾向于在发展中国家进行投资以期获得比在发达国家投资更高的利润率,正因如此其面临的风险也可能更大。④"对东道国一般法律环境的了解"作为合理预期的考虑因素主要是从投资者的角度出发的,在"Methanex案"中得到了仲裁庭的支持。仲裁庭在裁决中指出,外国投资者应当对东道国的一般法律环境有所了解,并以此作为其建立合理预期的基础。仲裁庭认为,美国联邦政府和州政府的环境和健康保护机构对化学成分的使用和影响做不间断的监测,并对其使用基于环境和健康原因作出限制或者禁止的事实是众所周知的(Widely Known),⑤因此,

---

① Técnicas Medioambientales Tecmed, S.A. v. United Mexican States, Award (ICSID 2003), para.154.
② CMS Gas Transmission Company v. Argentine Republic, Award (ICSID 2005).
③ Enron Creditors Recovery Corporation (formerly Enron Corporation) and Ponderosa Assets, L.P. v. Argentine Republic, Award (ICSID 2007).
④ Generation Ukraine, Inc. v. Ukraine, Award (ICSID 2003), paras.20, 37.
⑤ Methanex Corporation v. United States of America, Final Award of The Tribunal on Jurisdiction and Merits (UNCITRAL 2005), Part IV, Chapter D, para.10.

Methanex 公司应该对此有所了解。基于上述原因，Methanex 公司如果认为基于环境和健康原因而对有关化学品的法规不会做出调整，该公司应论证其基于上述客观情况做出该预期的合理性。①

"特别承诺"与"对东道国一般法律环境的了解"两个因素之间存在一定的联系。同样是在"Methanex 案"中，仲裁庭也考虑了特别承诺的问题。Methanex 认为美国政府的法规调整行为是不公正的、破坏了市场秩序且对外国企业构成了歧视。仲裁庭在考虑"对东道国一般法律环境的了解"因素的基础上，认为如果环境法规的调整是美国政府的经常行为，除非 Methanex 公司有美国政府的特别承诺，它对法规不做调整的预期都是不合理的。②但仲裁庭并没有指出何种方式可以被当作"特别承诺"。本文认为，针对外国投资者所做的明确的许诺可以作为一种特别承诺，比如投资合同中的"稳定条款"；以及外国投资者依据的、为吸引外资专门设立的、并以此为基础作出投资决定的具体规定，可以被看作是特别承诺。③ 在"Enron案"中，虽然阿根廷政府并没有对外国投资者作出特别承诺，但国内立法中的有关规定被仲裁庭认为是一种保证，并成为构成"特别承诺"的充分证明。④

"政府管理权与投资者预期的平衡"是另一个仲裁庭在裁决中会考虑到的因素，不少案件的裁决中都谈到了平衡投资者预期与东道国合理的管理目标之间关系的重要性。比较一致的看法是，FET 待遇并不妨碍政府为公共利益目的而做出的行为，即使上述行为对投

---

① Methanex Corporation v. United States of America, Final Award of The Tribunal on Jurisdiction and Merits (UNCITRAL 2005), Part IV, Chapter D, para.10.

② Ibid., Part IV, Chapter D, para.10.

③ Margaret Clare Ryan, "Glamis Gold, Ltd. v. the United States and the Fair and Equitable Treatment Standard", *Mcgill Law Journal Revue De Droit De Mcgill*, Vol.56, No.4, 2011, para.627.

④ Enron Creditors Recovery Corporation (formerly Enron Corporation) and Ponderosa Assets, L.P. v. Argentine Republic, Award (ICSID 2007), paras.264-266.

资有不利的影响。① ICSID 在 2007 年裁决的"Parkerings-Compagniet 案"②中就涉及了这个问题。Egapris Consortium(一个商业实体集团,其中有一个是 Parkerings-Compagniet 公司全资拥有的立陶宛子公司)与立陶宛维尔纽斯市签订了一份协议,在该市建立一套多层停车场系统并负责收费和对有关违章停车行为进行罚款。合同生效后,立陶宛政府和议会认为上述合同违反了法律规定,同时由于停车场系统的规划区域在维尔纽斯市的老城,该区域属于联合国教科文组织认定的世界文化遗产区域,出于环境保护原因,上述协议遭到了多家政府部门的反对,最终维尔纽斯市放弃了多层停车场系统的开发项目。Parkerings-Compagniet 公司因此将立陶宛政府诉至 ICSID,其申请仲裁的理由之一就是立陶宛政府违反了 FET。

仲裁庭在分析 Parkerings-Compagniet 有关 FET 的诉求时认为,任何主权国家都有无可辩驳的行使其立法权的权力,只要是在合理和公平的前提下;投资者应当估计到这种可能出现的变化并尽可能地适应新的、变化后的法律环境;由于立陶宛政府并没有给出任何形式的不对法律进行修改的特别承诺,Parkerings-Compagniet 公司有关立陶宛政府违反 FET 的仲裁请求就是不能够成立的。③仲裁庭在裁决中特别指出,"国家有权自己决定对法律进行制定、修改或废除……而事实上,任何一个商人都清楚地知道法律会随着时间而有变化。(FET)所禁止的行为仅是国家在行使立法权过程中的不公平、不合理和不平等"。④

从上述分析可以看出,仲裁庭在分析东道国的行为是否破坏了

---

① UNCTAD, *Fair and Equitable Treatment—UNCTAD Series on Issues in International Investment Agreements II*, UNCTAD/DIAE/IA/2011/5, New York and Geneva: United Nations Publication, p.73.

② Parkerings-Compagniet AS v. Republic of Lithuania, Award (ICSID 2007).

③ Parkerings-Compagniet AS v. Republic of Lithuania, Award (ICSID 2007). 334-338.

④ Ibid., para.332.

投资者的合理预期从而构成对FET的违反时,并不是脱离客观的法律法规、经济、社会和政治环境而孤立地分析合理预期因素的。仲裁庭通常会在上述综合的前提下,平衡投资者预期与东道国通过管理手段保护公共利益的行为,这一点对发展中国家来说尤为重要。投资者可以要求东道国在行使其管理职权时是基于善意的,并期待东道国对公共利益进行保护的措施是非歧视的、不专断的,但同时投资者有义务在作出投资前综合考虑东道国的各种实际情况有可能带来的风险,包括法律与政治风险。

2. 拒绝司法和正当程序

正当程序原则最基本的一个要求就是避免拒绝司法。拒绝司法不仅可能由法院引起,也可能由立法机关引起,[①] 但并不是上述机关的所有不当行为都有可能构成拒绝司法,只有"严重的、明显的"不公正行为才有可能构成拒绝司法。国内法的错误适用或者解释本身并不构成拒绝司法。依据UNCTAD对有关国际仲裁裁决的整理,拒绝司法的情况包括但不限于:拒绝给予司法解决的机会或法院拒绝作出裁决、程序的不合理拖延、司法系统没有足够独立于立法和行政系统、生效判决或仲裁裁决无法执行、法官腐败、对外国诉讼当事人的歧视、违反基本正当程序的保障,如不通知当事方有关程序和没有给予听证机会等。[②]

"Metalclad案"中,墨西哥政府拒绝向申请人颁发建筑许可,仲裁庭认为政府的拒绝行为构成了对FET的违反,理由是上述拒绝行为缺少适当的程序要素,没有给申请人提供听证的机会。仲裁庭在裁决中提到:"建筑许可授权的否决是在市政委员会的会议上做出的,但Metalclad公司并没有接到通知,也没有被邀请参会,因此也

---

① Rudolf Dolzer and Christoph Schreuer, *Principles of International Investment Law*, Oxford: Oxford University Press, 2008, p.142.

② UNCTAD, *Fair and Equitable Treatment—UNCTAD Series on Issues in International Investment Agreements II*, UNCTAD/DIAE/IA/2011/5, New York and Geneva: United Nations Publication, n.d., p.80.

就没有被赋予出席会议的机会。"①

基于类似的理由，在"Tecmed案"中墨西哥政府撤销Tecmed公司垃圾填埋场许可的行为也被认为违反了FET。在裁决中，仲裁庭认为墨西哥当局环保机构事先没有告知Tecmed公司其撤销垃圾填埋场许可的意向，因而事实上剥夺了Tecmed公司表达自己立场的机会，从而构成了对正当程序的违反。

3. 专断的政策制定（Arbitrariness）

在近期一系列由环境保护问题引起的国际投资仲裁中，没有裁决在FET环节专门论及"专断的政策制定"这个问题。在有些国际投资协定中，禁止专断的政策制定被列为单独的条约义务，但不少的国际仲裁案件中将"专断"作为判断是否构成违反FET的一个要素。

早在"ELSI案"中，ICJ就已经明确了"专断"是判断是否违反FET的要素之一，并认为一个行为即使违反了国内法，在国际法上也不见得一定是"专断"的。②上述立场在由2000—2002年阿根廷经济危机引发的有关国际仲裁中得到了进一步的支持。在"Enron案"③和"LG&E案"④中，仲裁庭都表示，即使阿根廷政府国内管理性措施的调整与其国内法律框架不一致甚至违反了条约规定，但由于其政策调整是政府在当时的情况下认为是应对现实而做出的最好

---

① Metalclad Corporation v. United Mexican States, Award (ICSID 2000), para.91.

② Case concerning Elettronica Sicula S.P.A. (ELSI) (the U.S. v. Italy), Judgement (ICJ 1989) ICJ Report 1989, p.15.

③ Enron Creditors Recovery Corporation (formerly Enron Corporation) and Ponderosa Assets, L.P. v. Argentine Republic, Award (ICSID 2007).

④ LG&E Energy Corp., LG&E Capital Corp. and LG&E International, Inc. v. Argentine Republic, Award (ICSID 2007).

选择，因此这种调整不能被认为是"专断的"。①

4. 歧视行为

非歧视待遇与FET、国民待遇、最惠国待遇之间的关系一直是我国理论界争论的一个话题。有观点认为，国民待遇和最惠国待遇应当被当作非歧视待遇的两个方面，而FET应当理解为非歧视待遇。②上述观点的合理性不在本节探讨的范围，但从仲裁实践看，非歧视同样被仲裁庭作为判断是否违反FET的标准之一。

UNCTAD的观点认为，非歧视作为FET的要素之一，应当与东道国依据条约承担的给投资者提供最惠国待遇的条约义务区别开。③国民待遇和最惠国待遇应对的是以国籍为基础的歧视行为，而作为FET构成要素之一的非歧视要求针对的是基于其他明显错误的立场，如性别、种族、宗教信仰等，对外国投资者采取的有针对性的歧视行为。"Waste Management案"中，仲裁庭认为，故意共谋以阻挠或破坏投资的行为也构成歧视。④2009年"Glamis案"的仲裁庭也采纳了上述观点。⑤

5. 严重不正常的待遇

如果说上节提到的非歧视要求是针对错误立场的行为，那么严重不正常的待遇则是针对依据东道国国内法可能拥有合理理由的行

---

① Enron Creditors Recovery Corporation (formerly Enron Corporation) and Ponderosa Assets, L.P. v. Argentine Republic, Award (ICSID 2007), para.281; LG&E Energy Corp., LG&E Capital Corp. and LG&E International, Inc. v. Argentine Republic, Decision on Liability (ICSID 2006), para.162.

② 王楠:《试析外资公平公正待遇标准》,《时代法学》,2008年第6期,第103—112页。

③ UNCTAD, *Most-Favoured-Nation Treatment—UNCTAD Series on Issues in International Investment Agreements II*, UNCTAD/DIAE/IA/2010/1, New York and Geneva: United Nations Publication, 2010, pp.15–16.

④ Waste Management, Inc. v. United Mexican States II, Award (ICSID 2004), para.138.

⑤ Glamis Gold, Ltd. v. United States of America, Award [UNCITRAL Arbitration (NAFTA) 2009], footnote 1087.

为而提出的。严重不正常的待遇行为包括强迫、胁迫、骚扰、滥用职权、威胁、武力恐吓等。严重不正常的待遇行为可以表现为很多形式,判断起来有较大的难度,但如果这种行为是"重复的""持续的"或者是"以剥夺合法权利为目的而共谋的",[1]则很有可能被认定构成对FET的违反。

6. 外国投资者的行为

上述五个因素都是判断东道国的行为是否构成违反FET的要素,而本节提到的"外国投资者的行为"则是东道国可以依据的抗辩理由。外国投资者的行为至少在两个方面与判断东道国的行为是否构成违反FET有关。[2]首先,投资者的行为不当有可能被认为是东道国采取针对投资者的管理措施的合理理由,比如投资者的虚假陈述、欺诈等行为;另外,投资者自己的行为也有可能被认为是导致投资损失的原因之一,从而被认定应当自己承担部分损失。

四、结 论

由于环境保护问题的日益突出,环境问题引发的国际投资仲裁案件越来越多,这类案件的一个共同特点就是基本上都是由政府的管理性措施引起的,如"S.D. Myers案""Metalclad案""Glaims Gold案""Waste Management案""Methanex案""Parkerings-Compagniet案"等均是如此。各国国内环境治理的需要以及所承担的国际环境条约的义务,国内环境政策的调整成为广大发展中国家在未来一段时期需要不时面对的一个常态性问题。由于长期作为发达国家跨国公司的原料产地和污染企业转移的目标地,又由于长期以来国内环境保

---

[1] Waste Management, Inc. v. United Mexican States II, Award (ICSID 2004), para.138.

[2] UNCTAD, *Fair and Equitable Treatment—UNCTAD Series on Issues in International Investment Agreements II*, UNCTAD/DIAE/IA/2011/5, New York and Geneva: United Nations Publication, pp.83–85.

护立法标准低、处罚低，因此环境保护政策的调整极有可能引发基于FET的国际仲裁。之前的国际仲裁实践对东道国管理性措施调整的要求比较严格，构成国家责任的可能性较高。而十多年来发生的上述国际仲裁至少在环境保护这个领域为东道国国内管理性措施的调整提供了一定程度的保护，如文中提到的"Merrill案"弃用了"Glamis Glod案"严格参照"Neer案"来判断是否违反FET的标准，承认由于国际实践和经济贸易的发展，国际法对是否违反FET的判断标准也应当随之产生一定的发展；"Methanex案"和"Parkerings-Compagniet案"则对相似性（Likeness）的对比标准进行了严格的限制，从而为东道国环境政策的制定留下了更大的空间；"Parkerings-Compagniet案"同时明确了东道国在有合法因素的情况下有权对外国投资者进行区别对待，进一步为东道国管理性措施的制定划定了相对更为明确的空间。

　　上述案件带来的在是否违反FET的判断标准上的一系列变化显示了在国际司法实践过程中由于环境保护因素的介入，以往更为偏向投资者保护的有关国际投资法原则正在朝着平衡东道国和投资者双方利益的方向，甚至是更为重视东道国管理权的方向倾斜。这种判断标准的调整将对东道国的环境保护产生更为有利的影响。随着我国经济实力增长，经济发展对环境的负面影响也越来越突出。在积极参与国际规则制定、推动"一带一路"建设的过程中，我国将要面临的来自环境保护的压力将更为明显，因此深入细致地研究FET的发展变化，及时跟踪最新案例带来的影响，能够为保护国家利益以及公民、企业的海外投资做好准备。

领事保护实施主体及客体内容之演进与思考

许育红[*]

摘要：世界上第一个、迄今为止唯一一个全面规定领事关系准则的全球性公约——《维也纳领事关系公约》序言指出："查各国人民自古即已建立领事关系。""商人领事"保护外国商人利益，是人类社会领事关系产生的起点，也是国际政治经济发展到一定阶段的产物，尤其是国际民商关系的产物，并随着国际交往的增多而发展和变化。《公约》第三条规定："领事职务由领馆行使之。此项职务亦得由使馆依照本公约之规定行使之"；《公约》第五条第1项规定领事职务包括"于国际法许可之限度内，在接受国内保护派遣国及其国民——个人与法人——之利益"。据此，领事保护的实施主体成为"派遣国外交或领事机构及外交或领事代表"，保护的客体和内容变成"派遣国及其国民（包括公民与法人）在海外的利益"。鉴此，结合中国实践，文章着重探讨分析领事保护实施主体及客体内容之源起、形成、兴衰及其在《维也纳领事关系公约》中的规范统一，以期为人们进一步厘清领事保护的内在实质及其发展规律提供有益参考。

关键词：《维也纳领事关系公约》 领事保护实施主体 领事保护客体内容

---

[*] 许育红，中华人民共和国外交部领事司官员，法学博士。

一、引　言

2018年6月22日至23日，中央外事工作会议在北京召开，中共中央总书记、国家主席、中央军委主席习近平在会上发表重要讲话，指出"把握国际形势要树立正确的历史观、大局观、角色观。所谓正确历史观，就是不仅要看现在国际形势什么样，而且要端起历史望远镜回顾过去、总结历史规律，展望未来、把握历史前进大势。所谓正确大局观，就是不仅要看到现象和细节怎么样，而且要把握本质和全局，抓住主要矛盾和矛盾的主要方面，避免在林林总总、纷纭多变的国际乱象中迷失方向、舍本逐末。所谓正确角色观，就是不仅要冷静分析各种国际现象，而且要把自己摆进去，从我国同世界的关系中看问题，弄清楚在世界格局演变中我国的地位和作用，科学制定我国对外方针政策"，强调"外交是国家意志的集中体现"。

同年3月8日，针对中新社记者就领事保护工作的提问，我国时任外交部长、现任国务委员兼外交部长王毅在"两会"记者会上宣布了三个领事利民好消息，其中之一就是外交部正在推进领事保护与协助的立法工作，将在"两会"之后向社会公开征求意见。①3月26日，外交部就《中华人民共和国领事保护与协助工作条例（草案）》（征求意见稿）向社会公开征求意见。②笔者研究认为，领事保护是指一国驻外的外交或领事机构、外交或领事代表为维护本国及其公民、法人和其他组织的海外利益，用尽当地行政救济或司法救济的行为。无论从外交还是立法的角度看，该条例的内容都将是国家意志在领事保护层面的集中体现。

---

① 《王毅宣布三个领事利民好消息》，中国领事服务网"通知公告"栏目，http://cs.mfa.gov.cn/gyls/lsgz/fwxx/t1540547.shtml，2018年3月29日登录。
② 《外交部就〈中华人民共和国领事保护与协助工作条例（草案）〉（征求意见稿）向社会公开征求意见》，中国领事服务网，http://cs.mfa.gov.cn/gyls/lsgz/fwxx/t1545294.shtml，2018年3月29日登录。

国际法的渊源主要是国际条约和国际惯例。《维也纳领事关系公约》是世界上第一个、迄今为止唯一一个全面规定领事关系准则的全球性公约。①《公约》第三条"领事职务之行使"规定："领事职务由领馆行使之。此项职务亦得由使馆依照本公约之规定行使之"；第五条"领事职务"第1款规定：领事职务包括"于国际法许可之限度内，在接受国内保护派遣国及其国民—个人与法人—之利益"。②中外双边领事条约中均有类似条款。由此，从国际法角度考量，公约可视为现代领事保护法律制度的一个基点。

鉴此，本文着重探讨分析领事保护实施主体及客体内容的起源、形成、兴衰及其在《维也纳领事关系公约》中的规范统一，以期为人们进一步厘清领事保护的内在实质及其发展规律提供有益参考。

二、领事保护职权起源并形成于欧洲国家间商贸活动

《维也纳领事关系公约》序言指出："查各国人民自古即已建立领事关系。"国际贸易的需要催生了早期的领事，有助于国外贸易的发展、提升旅行和居住的安全感和依赖感。③领事保护职权从起源到形成，均离不开早期欧洲国际商业贸易的萌芽与产生。

（一）"外国人代表"保护侨民利益的做法起源于欧洲奴隶社会时期

奴隶社会是以私有制为基础的早期经济社会形态，也是人类社会商品交换产生的最早时期。公元前7至6世纪，在古希腊氏族社会瓦解后产生的一些奴隶制城市国家中，存在一种"外国代表人"制

---

① 王铁崖主编：《国际法》，北京：法律出版社，1998年版，第387—400页。
② 中华人民共和国外交部领事司编：《中华人民共和国领事条约集（第一集）》（1989），北京：世界知识出版社，2000年版，第320—321页。
③ Luke T. Lee and John Quigley, *Consulate Law and Practice*, Oxford: Oxford University Press, Third Edition, 2008, p.3.

度。外国代表人，是指由居留在希腊城市国家中的外国侨民推举的、为其所代表的外国侨民服务的外国侨民或当地居民。服务范围包括：给予他们法律上的保护、贷款上的保证及促成货物出售，当他们死亡时验证他们有无遗嘱。[①] 同时，他们也接待派遣国的政府官员，协助其处理一些公务甚至私事。

当外国代表人为接受国国民，其所代表的国家政府与其本国政府发生纠纷时，他们常常被选作条约谈判或仲裁争端之人。[②] 担任外国代表人被视为一种荣誉和特权。[③] 据估计，至少有78个希腊城邦、城市或邦联曾采用"外国代表人"制度。[④]

这一时期，尽管尚未使用"领事"一词，但由于"外国代表人"与近代的"领事代表"相似，历史学家认为，此制度可视为领事保护制度的渊源。[⑤]

（二）"商人领事"保护商人利益之职权产生于欧洲封建社会初期

"领事"一词，最早是指罗马共和国时期掌管民事和军事的最高长官。[⑥] 公元476年，西罗马帝国灭亡之后，西欧社会制度发生了巨

---

① [美] L.T. 李：《领事法和领事实践》，傅锋译，北京：商务印书馆，1975年版，第5—6页。

② Graham H. Stuart, *American Diplomatic and Consular Practice*, D. Appleton-Century Company, Inc., 1936, p.24.

③ Harold Nicolson, The Evolution of Diplomatic Method, Consulate & Co. Ltd, 1954, p.8. 担任外国代表人被视为一种荣誉和特权，有些名人曾担任此职，如，著名的抒情诗人品达（Pindar）担任过在底比斯（Thebes）的雅典人的代表人；演说家和政治家狄摩西尼斯（Demonsthenes）担任过在雅典的底比斯人的代表人。

④ Luke T.Lee and John Quigley, *Consulate Law and Practice*, Oxford: Oxford University Press, pp.1-7.

⑤ 《新中国领事实践》编写组：《新中国领事实践》，北京：世界知识出版社，1991年版，第3页。

⑥ Luke T.Lee and John Quigley, *Consulate Law and Practice*, Oxford: Oxford University Press, pp.1-7.

大的变革，奴隶社会迅速瓦解并逐步进入封建社会，商业城镇随之出现。在地中海沿岸的意大利、西班牙和法国的一些商业城镇中，外国商人被允许在同行中选举一人或数人，作为解决商事纷争的仲裁者，此称"商人领事""仲裁领事"①或"选任领事"，类似现在的"名誉领事"②，但非政府委任。

由此可见，领事保护职权是在西欧奴隶社会制度瓦解并进入封建社会制度之际，伴随着跨国商业活动的开展而产生的。③

（三）"商人领事"保护商人利益之职权在地中海沿岸等国家普遍形成

公元11世纪70年代，罗马天主教皇的势力达到顶盛时期。为缓和内部的阶级矛盾，进一步扩大教会势力以巩固封建统治，天主教会、西欧封建主和大商人们商定，由罗马教廷出面，借口从伊斯兰教徒手中夺回"圣地"耶路撒冷，发动西欧基督教国家进行了近200年（公元1096年至1291年）的"十字军东征"。

公元13世纪起，为了开展国际贸易，意大利、西班牙和法国的商人，在地中海沿岸的一些国家定居并建立商栈，同一国籍的商人推选出自己的代表作为在这些国家的领事，以便监督商务、处理纷争及保护本国商人的利益。如：马赛于1223年获准在蒂雷和贝鲁特设领事；蒙彼利埃于1254年在安蒂奥克和的黎波里设领事；塞浦路斯于1356年在罗得岛设领事；纳博讷于1351年在罗得岛设领事。④

---

① [英]劳特派特修订：《奥本海国际法》（上卷第2分册），北京：中国大百科全书出版社，1998年版，第276页；周鲠生：《国际法》（下册），北京：商务印书馆，1976年版，第571页。

② 中华人民共和国外交部领事司编：《中华人民共和国领事条约集（第一集）》（1989），北京：世界知识出版社，2000年版，第347—350页。参见《维也纳领事关系公约》第三章"对于名誉领事官员及此等官员为馆长之领馆所适用之办法"。

③ 凌诗：《领事浅谈》，北京：群众出版社，1986年版，第1—2页。

④ 《新中国领事实践》编写组：《新中国领事实践》，北京：世界知识出版社，1991年版，第3页。

可以说，在中世纪，凡国际贸易兴旺之处，都有领事的存在。①从客观上讲，"十字军东征"促进了东西方贸易的发展和领事保护制度在地中海沿岸一些国家的普遍形成。

上述表明，公元前7世纪至6世纪，由"外国人代表"保护外国侨民的海外利益，是领事保护职权在欧洲国家进入奴隶社会时期的萌芽状态。而公元5世纪至15世纪初，由"商人领事""仲裁领事"或"选任领事"保护外国商人的海外利益，则是领事保护职权在欧洲国家进入封建社会时期的基本形态。

三、欧洲国家领事保护实施主体及客体内容的集中与分化

公元15世纪至1963年《维也纳领事关系公约》签订之前，随着西欧国家社会经济的持续发展和社会制度的不断变革，领事裁判权制度与职业领事、外交使团的产生，领事保护实施主体及客体内容也经历了集中与分化的过程。

（一）职业领事全权保护派遣国及其侨民和商人的海外利益

公元15世纪，西欧各国日趋中央集权化。为了促进国内社会经济的进一步发展，国家需要派遣职业领事到海外拓展国家的利益。于是，领事机构改由各国政府直接控制，领事不再从当地侨商中推选产生，而由政府直接委派，称为"委托领事"，相当于现代"职业领事"。由此，国家间领事关系正式建立，成为外交关系的早期表现形式。②

---

① [印] B. 森：《外交人员国际法与实践指南》，北京：中国对外翻译出版公司，1987年版，第180页。

② *American Journal of International Law*, January, 1962, p.279；周鲠生：《国际法》（下册），北京：商务印书馆，1976年版，第570页。

直至1648年《威斯特伐利亚和约》签订并生效前夕，职业领事具有公共部长的性质，除了继续享有前述领事裁判权，对在接受国的本国商人享有完全的民事和刑事管辖权之外，还在执行领事职务的同时执行外交职务，并享有相应的特权与豁免。① 这一时期，由于伊斯兰教国家法律规定"不允许异教徒与本教徒享受同等特权"，一些西欧基督教国家以"其侨民不习惯伊斯兰教国家的法律"为借口，欲与伊斯兰教国家订立所谓的"领事裁判权条约"，伊斯兰教国家也认为伊斯兰教的一些法权不适用于异教徒。于是，土耳其政府以特惠条例的形式，单方面给予外国商人一定特权，先后同热那亚（1453年）、威尼斯（1454年）、法国（1535年）等西方国家签订领事裁判权条约，成为第一个实行领事裁判权制度的东方国家。据此，西方国家在土耳其境内的领事保护职权包括：对本国侨民的物权、生命、财产的保护以及对他们行使民事和刑事的管辖权。②

与此同时，西方国家之间相互设立领事也成为一种普遍的做法。如：在英国和荷兰有意大利领事，在荷兰、挪威、瑞典、丹麦和意大利（比萨）也可以找到英国领事。在属人法主义的影响下，他们与其常驻东方国家享有领事裁判权的领事一样，有权对在接受国具有本国国籍的商人行使专属的民事和刑事管辖权。③ 所不同的是，土耳其政府自愿单方面给予外国商人领事裁判权，而西方国家之间则

---

① Luke T. Lee and John Quigley, *Consulate Law and Practise*, Oxford: Oxford University Press, pp.1-7.

② 周鲠生：《国际法》（下册），北京：商务印书馆，1976年版，第572页。在英国和美国的国际法著作里和国际文件中，同一指称领事裁判权（Consular Jurisdiction），于普通使用的"Extraterritorial Jurisdiction"外，也使用Exterritoriality, Extraterritoriality, Extraterritorial Privileges, Extraterritorial Rights, Capitulations, Capitulatory Rights和Consular Jurisdiction 等名词，甚至在同一处这些名词同时并用（See Oppenheim International Law, 8th ed., 1955, pp.684-686 and note）。马骏主编：《国际法知识辞典》，西安：陕西人民出版社，1993年版，第259—260页。

③ Luke T. Lee and John Quigley, *Consulate Law and Practice*, Oxford: Oxford University Press, pp.1-7.

是一种平等互惠的做法。

（二）职业外交官与职业领事分权保护派遣国或其侨民和商人的海外利益

1618年至1648年，是欧洲封建社会与资本主义社会的交替阶段，其间，爆发了一次规模巨大的全欧洲性国际战争，即"三十年战争（The Thirty Year's War)"。由此，欧洲国家之间的领事关系遭到严重破坏。

1648年，欧洲交战各方缔结《威斯特伐利亚和约》，标志着现代意义上的国家产生。[①] 和约的签订与实行，促使国家之间建立了国际关系的新秩序，常驻外交使团制度在欧洲普遍建立。[②] 与此同时，由于近代国家领土主权意识的产生，反对领事裁判权的民族情绪日益高涨，领事在民事和刑事方面的司法职能被认为有损于接受国的国家主权，外国商人被置于接受国民法、刑法和商法的管辖之下，因而领事职权仅限于一般地照管本国的商务和航务以及保护本国侨民的利益。[③] 领事的地位明显削弱，在一些国家甚至连领事机构也不受欢迎。如1739年，荷兰和法国签订的《凡尔赛条约》第40条规定：今后双方都不接纳领事。[④] 从此，"派遣国的海外利益"成为职业外交官保护的客体内容，而职业领事保护的客体内容则缩小为"派遣国侨民和商人的海外利益"。

总之，公元15世纪至1648年《威斯特伐利亚和约》签订前夕，职业领事全权保护派遣国及其侨民和商人的海外利益。而1648年至1963年《维也纳领事关系公约》签订之前，职业外交官、职业领事

---

① 王铁崖主编:《国际法》，北京：法律出版社，1998年版，第65页。

② 杨泽伟:《宏观国际法史》，武汉：武汉大学出版社，2001年版，第70—75页。

③ 周鲠生:《国际法》（下册），北京：商务印书馆，1976年版，第572页。

④ [美] L. T. 李:《领事法和领事实践》，傅铸译，北京：商务印书馆，1975年版，第8页。

则分别保护"派遣国的海外利益""派遣国侨民和商人的海外利益"。后来,这一分工,成了国际社会争论的焦点和公约规范的重点。

四、《维也纳领事关系公约》对领事保护职权予以规范

公元18世纪下半叶,是西方资本主义国家在商业、航运和工业等方面的稳定发展时期。为了向海外拓展商业、航运和本国工业,一些资本主义大国纷纷把领事保护制度作为其争夺世界市场和对外扩张的工具。各国通过双边通商和领事条约、国内立法以及多边领事关系公约,对领事职务、领事特权与豁免等予以规定和确认。如1769年法国与西班牙在帕尔多宫签订的世界上第一个双边领事条约《帕尔多条约》;19世纪40年代起西方列强与清朝政府签订的有关实施领事裁判权的不平等条约等。第二次世界大战结束后,随着美苏争霸、欧洲复兴、第三世界崛起以及国际经济贸易的迅猛发展,各国普遍重视领事保护职权在国际关系中的作用,要求在世界范围内对领事关系准则予以统一规范。[①]

(一)"领事是否有权保护派遣国的海外利益"成为国际社会争论的焦点

在《维也纳领事关系公约》起草过程中,长期引起国际社会争论不休的、具有理论意义的问题是"领事是否有权保护派遣国的海外利益"。1959年,在国际法委员会会议的讨论中,出现了如下两种主张与说法[②]:

---

① 许育红:《领事保护法律制度与中国的实践》,硕士学位论文,外交学院国际法系,2003年。

② [美] L. T. 李:《领事法和领事实践》,傅铸译,北京:商务印书馆,1975年版,第61—65页,第378—399页。转引自许育红:《领事保护法律制度和中国实践研究》,博士学位论文,中国政法大学,2016年。

(1）代表资本主义阵营的主张认为，领事不得保护派遣国的海外利益，因为这一职务属于外交官。领事的职务是进行一些事务管理活动，包括国营企业的商业活动；外交官代表派遣国在国际法的层面上行事，领事则在国内法的层面上行事并受制于国内法。

（2）代表社会主义阵营的主张认为，领事可以保护派遣国及其国民（包括个人与法人）的利益。为此，领事有权：执行有关国有商船、战士墓地、护照和签证、船舶证书等一般承认的领事职务；要求接受国地方当局遵守可适用的条约规定；保护派遣国国民的利益；保护派遣国国家的经济利益，特别是一个社会主义国家的利益。

（二）和平共处五项原则对"领事有权保护派遣国的海外利益"主张的推动作用

1840年第一次鸦片战争之后，旧中国饱受西方列强单方实施领事裁判权之欺凌。1949年中华人民共和国中央人民政府成立，根据"打扫干净屋子再请客""另起炉灶""一边倒"三大外交方针，中国迅速肃清列强通过不平等条约在华攫取的特权，包括领事裁判权。①

1953年元旦，《人民日报》社论宣布：中国将开始执行国家建设的第一个五年计划。7月，朝鲜停战协议签订。当时，中国亟需在外交方面展开积极的活动，为即将开始的大规模经济建设争取一个较长时期的国际和平环境。②在这一形势下，12月，总理兼外交部长周恩来在北京接见印度谈判代表团时，首次提出和平共处五项原则，即"互相尊重领土主权、互不侵犯、互不干涉内政、平等互惠、和平共处"（后来调整为"互相尊重主权和领土完整、互不侵犯、互不干涉内政、平等互利、和平共处"）。事实上，和平共处五项原则的

---

① 参见《中国领事工作》编写组：《中国领事工作》（上册），北京：世界知识出版社，2014年版，第1—12页。
② 《中国领事工作》编写组：《中国领事工作》（上册），北京：世界知识出版社，2014年版，第41页。

倡导、推广和普及对"领事有权保护派遣国的海外利益"主张产生了积极影响。比如：

（1）1954年6月，在日内瓦会议休会期间，周恩来应邀访问印度和缅甸。在与印度总理尼赫鲁、缅甸总理吴努分别签署的联合声明中，和平共处五项原则得到确认，成为指导社会制度不同的国家发展相互关系的准则。中国政府创造性地提出和平共处五项原则，成为中国发展对外关系的准则。

这一年，中国外交部出台第一个有关领事工作的规定——《关于领事工作任务的初步规定》，明确领事职务包括"对华侨的正当权益，采取积极保护措施"。同年，中国第一届全国人民代表大会第一次会议通过并颁布实施的《中华人民共和国宪法》第98条规定："中华人民共和国保护国外华侨的正当的权利和利益。"华侨是指定居在国外的中国公民。① 中华人民共和国成立至改革开放前夕，临时出国人员非常少，领事保护的客体主要是"华侨"。由此，"保侨"② 即"保护华侨"便成为早期"领事保护"之称谓。尽管上述条款规定内容比较原则，但为中国领事保护法律制度的建立奠定了基础。③

（2）1955年4月，亚非会议在印度尼西亚的万隆举行，史称"万隆会议"，占当时世界半数以上人口的29个国家和地区代表与会，大会一致通过了《关于促进世界和平合作的宣言》，其中体现并发展了和平共处五项原则的基本内容，成为十项原则。④ 这是国际法和国际关系史上的重大创举，为推动建立公正合理的新型国际关系做出

---

① 《中华人民共和国归侨侨眷权益保护法》，中国领事服务网，http://cs.mfa.gov.cn/zlbg/flfg/gqqjxg/t870445.shtml，2018年5月1日登录。

② 周鲠生：《国际法》（上册），北京：商务印书馆，1976年版，第279页。第5章"居民"第2节"外国人的法律地位"第2部分"外国人的入境、居留和出境"中写道："中国政府坚持行使保侨的权利，是完全符合公认的国际法准则的。"

③ 《新中国领事实践》编写组：《新中国领事实践》，北京：世界知识出版社，1991年版，第119—120页。

④ 《中国领事工作》编写组：《中国领事工作》（上册），北京：世界知识出版社，2014年版，第45—51页。

了历史性贡献。① 这一年，随着和平共处五项原则的推广，新中国外交部照会各国驻华大使馆，宣布成立领事司并对国内外领事保护工作实施统一指导，从而使领事保护的业务归属及其机构配置规范化和制度化。②

（3）1959年至1960年，随着和平共处五项原则的推广适用，基于前述领事保护理论与实践的积累，中国第一批对外双边领事条约缔结。尽管中国法律规定"领事保护的客体主要是华侨"，但在条约中，领事保护的客体均为"派遣国国家、公民或法人"。如1959年6月23日在北京签署的《中华人民共和国和苏维埃社会主义共和国联盟领事条约》第三部分第14条第1款规定："领事保护派遣国国家、公民或法人的权利和利益。"这充分体现了社会主义国家的利益主张，必然直接对《维也纳领事关系公约》产生积极影响。因为该条约被西方学者视为社会主义国家间领事条约的基本模式，在领事条约史上占有重要的地位。③

上述表明，和平共处五项原则对《维也纳领事关系公约》采纳"领事有权保护派遣国的海外利益"主张起了推动作用。

---

① 《弘扬和平共处五项原则，建设合作共赢美好世界——在和平共处五项原则发表60周年纪念大会上的讲话》，人民网，http://politics.people.com.cn/n/2014/0628/c1024-25213331.html，2018年4月26日登录；刘振民：《遵循五项原则携手构建命运共同体》，《中国国际法年刊》，2014年，第1期，第3—6页。

② 《中国领事工作》编写组：《中国领事工作》（上册），北京：世界知识出版社，2014年版，第52—55页；《中国领事工作》编写组：《中国领事工作》（下册），北京：世界知识出版社，2014年版，第523页。外交照会属于国际法上的一种法律文件。1955年2月22日，我国外交部照会各国驻华使馆，就外交部设立领事司等事宜通知如下："中华人民共和国外交部向各国驻华使馆致意，并谨通知：外交部已于最近增设礼宾司和领事司。礼宾司司长为柯华，副司长为王倬如；领事司司长为张灿明，副司长为秦力真。两司均已开始办公。外交部原设的交际处和签证处业已撤销。请查照为荷。"

③ [美] L. T. 李：《领事法和领事实践》，傅铸译，北京：商务印书馆，1975年版，第61—65页，第378—399页。转引自许育红：《领事保护法律制度和中国实践研究》博士论文，中国政法大学，2016年。

（三）《维也纳领事关系公约》采纳"领事有权保护派遣国的海外利益"主张

1961年，在征求各国政府意见的基础上，联合国国际法委员会向联合国大会提交了一个公约草案，并建议召开国际会议讨论制订一个国际公约。1963年3月4日，联合国在维也纳召开了由90多个国家代表参加的关于领事关系的国际会议，4月22日，通过了《维也纳领事关系公约》。与《公约》同时通过的还有《维也纳领事关系公约关于取得国籍之任择议定书》和《维也纳领事关系公约关于强制解决争端之任择议定书》。《公约》由31个国家的代表签署并于1967年3月19日生效。《公约》共五章79条，用中文、英文、法文、俄文及西班牙文写成，五种文本同等作准，是世界上第一个、迄今为止唯一一个全面规定领事关系准则的全球性国际公约。①

经过多年的激烈争论，《维也纳领事关系公约》最终采纳了代表社会主义阵营的"领事有权保护派遣国的海外利益"主张。根据公约第三条"领事职务之行使"与第五条"领事职务"第1款的规定，领事保护的实施主体成为"派遣国外交或领事机构及外交或领事代表"，领事保护的客体内容变成"派遣国及其国民（包括公民与法人）的海外利益"。

可以说，第二次世界大战之后，国际社会对国家间经贸往来的热切期待以及和平共处五项原则的横空出世，促使领事保护实施主体及客体内容在《维也纳领事关系公约》中得以规范统一。

五、两点思考与建议

综上所述，通过对领事保护职权的历史回顾与归纳总结，我们进一步认识到，领事保护实施主体和客体内容的演变过程依次为：

---

① 王铁崖主编：《国际法》，北京：法律出版社，1998年版，第387—400页。

其一，外国代表人保护外国侨民的海外利益；其二，商人领事、仲裁领事或选任领事保护外国商人的海外利益；其三，职业领事保护派遣国及其侨民和商人的海外利益；其四，职业外交官保护派遣国的海外利益的同时，职业领事保护派遣国侨民和商人的海外利益；其五，职业外交官与职业领事（或名誉领事）同样保护派遣国及其国民（包括公民与法人）的海外利益。为此，提出如下思考与建议：

（一）领事的本质是保护派遣国及其公民和法人的海外经济利益

根据《公约》规定，除了领事部门外，一国驻外的外交或领事机构中的相关部门，均可能在不同层面实施领事保护职权。前述表明，领事的本质是保护派遣国及其公民和法人在海外的经济利益。《维也纳领事关系公约》第五条"领事职务"第2款和第3款规定，领事职务包括"依本公约之规定，增进派遣国与接受国间之商业、经济、文化及科学关系之发展，并在其他方面促进两国间之友好关系""以一切合法手段调查接受国内商业、经济、文化及科学活动之状况及发展情形，向派遣国政府具报，并向关心人士提供资料"。[①]由此可见，一国驻外使领馆的经参或商务、文化、教育，科技以及调研等部门，均可能从不同角度，以一切合法手段维护并拓展本国及其公民、法人或其他组织在海外的利益。

（二）领事保护职权范围难以用一张清单列尽，建议国家主管部门在制定政策规章时留有余地

历史告诉我们，领事保护职权是人类社会领事关系产生的起点，也是国际政治经济发展到一定阶段的产物，尤其是国际民商关系的

---

① 中华人民共和国外交部领事司编:《中华人民共和国领事条约集（第一集）》（1989），北京：世界知识出版社，2000年版，第321页。

产物,并随着国际交往的增多而发展和变化。[①] 同时,《维也纳领事关系公约》第五条"领事职务"第13款"领事职务包括执行派遣国责成领馆办理而不为接受国法律规章所禁止、或不为接受国所反对、或派遣国与接受国间现行国际协定所订明之其他职务"的规定,[②] 亦从国际法层面阐明"领事保护职权范围无法用一张清单列尽"之含义,预示"领事保护实施主体及客体内容"依法将可能因国家不同时期利益需求的调整而变换,甚至上升至外交保护[③]层面来解决问题。因此,建议国家主管部门在制定国内法规时,应当留有余地,以便随时调整,从而有利于本国及其公民、法人和其他组织在海外的利益最大化。

此外,19世纪40年代之后,西方帝国主义国家将其废弃的"领事裁判权制度"以不平等条约强加于清政府的做法,直至中华人民共和国成立后才彻底从世界上消亡,该强盗逻辑昭然若揭,其贪婪本性可见一斑。

总之,希望上述思考,能够为我国制定外交领事政策法规提供有益参考。

---

① 《新中国领事实践》编写组:《新中国领事实践》,北京:世界知识出版社,1991年版,第1—3页。

② 同上,第322页。

③ 外交保护,是领事保护的延续和高级阶段。详见许育红:《领事保护法律制度和中国实践研究》,博士学位论文,中国政法大学,2016年,法学。

对布雷顿森林体系的再审视

臧 立[*]

摘要：长期以来，国内外学者对布雷顿森林体系的研究主要着眼于其所建立的货币体系本身，尤其是其建立于"美元与黄金挂钩、其他国家货币与美元挂钩"基础上的固定汇率制度，并且普遍认为这是美国为确保其霸主地位而设计的重要制度工具；而随着美元与黄金的脱钩，又普遍认为布雷顿森林体系已经土崩瓦解了。对此类观点，笔者持审慎的批评态度。笔者认为，那种认为布雷顿森林体系是"美元霸权"且布雷顿森林体系已经崩溃的观点，在逻辑上是难以自洽的，在事实上也是自相矛盾的。笔者认为，布雷顿森林体系首先是英国为在二战中求生存、二战后继续谋求大国地位而与美国互相妥协、交换筹码的产物，两国通过一系列谈判完成了对战后国际政治经济秩序的安排和领导权的交接，并从此完成了两国关系由敌视向亲密盟友关系的彻底转变；布雷顿森林体系从一开始就不仅仅是一个国际货币金融体系，而是一个闭环，还包括了国际复兴发展银行和关税及贸易总协定（GATT），后两者后来分别发展成为今天的世界银行集团和世界贸易组织；布雷顿森林体系的建立对世界经济的战后重建和快速发展具有极其重要的积极意义，它在相当程度上解决了很多国家战后货币信用不足和经济发展动力不足的问题，美国固然有其霸权目的，但其因此而背负的大国责任也不容忽

---

[*] 臧立，外交学院国际法系副教授。

视;布雷顿森林体系所确立的"双挂钩"货币体系,从一开始就存在重大缺陷,它实际上构成了对美国的重大束缚,而美元与黄金在法律上的脱钩实际上是解放了美元和各国货币,而此种"脱钩"也并非完全彻底的硬脱;回顾这段历史,中国可以汲取极其重要的经验教训,有利于"人民币国际化"的积极、稳妥进行。

关键词:布雷顿森林体系　国际金融法　汇率制度

　　长期以来,人们提到"布雷顿森林体系",往往会习惯性地认为布雷顿森林体系就是指1944年7月,有关国家代表在美国新罕布什尔州布雷顿森林会议上通过的"美元与黄金挂钩、他国货币与美元挂钩进而与黄金间接挂钩"的所谓"双挂钩"的国际货币金融制度;布雷顿森林体系奠定了美元的霸主地位,属于美国霸权主义扩张的一部分;随着美元与黄金脱钩,布雷顿森林体系已经崩溃。但是,很少有人会思考这样一些问题:布雷顿森林体系仅仅指国际货币金融制度吗?布雷顿森林协定签订后,战后国际货币体系真的就建立了吗?如果是这样,为什么要推出"马歇尔方案",该方案真的只是援助方案吗?布雷顿森林协定为什么要建立"双挂钩"的制度?该制度建立的目的真的只是为了确立"美元霸权"吗?如果是这样,为什么其他国家不反对?美元与黄金脱钩以后,布雷顿森林体系真的就崩溃了吗?如果崩溃了,为什么会崩溃?如果没有,又是为什么?无论布雷顿森林体系崩溃与否,正在重新回归世界舞台中央的中国政府又可以从中汲取哪些经验和教训呢?本文试图通过对布雷顿森林体系的多视角重新审视,尽可能全面地回答上述问题。

一、布雷顿森林体系的缘起

　　众所周知,在布雷顿森林会议召开前,存在两个不同的方案,即美国"联合国平准基金方案"和英国"国际清算同盟方案"。因"联合国平准基金方案"是由美国财政部长助理怀特负责提出的,故又称"怀特方案";"国际清算同盟方案"是由英国财政部顾问凯恩斯负责拟定的,故又称"凯恩斯方案"。布雷顿森林会议通过的两个国际协定《国际货币基金协定》和《国际复兴开发银行协定》是以美国"怀特方案"为基础、兼采了英国"凯恩斯方案"的部分内容制定的,并非是"怀特方案"的全盘照搬。每每看到这两个方案,笔者就会不禁自问:英美两国究竟是在什么背景下、出于什么目的分别提出"凯恩斯方案"和"怀特方案"的?如果能够认真研究一下两个"方案"出台的历史背景,我们就不难发现布雷顿森林体系本身其实就是一个典型的法律与外交案例:布雷顿森林体系首先是英国为在二战中求生存、二战后继续谋求大国地位而与美国互相妥协、交换筹码的产物,两国通过一系列谈判完成了对战后国际政治经济秩序的安排和领导权的交接,并从此完成了两国关系由敌视彻底向亲密盟友关系的转变。可以这么说,这是一场双方为了第二次世界大战后彼此的国际地位而进行的一场大型筹码互换。经此之后,英美由之前长期的互相提防、互相挖坑甚至敌视关系,转变成了利益捆绑的铁杆盟友关系;而曾经互相支持、互相利用的美法关系则逐渐被淡化甚至边缘化了。

笔者之所以得出上述结论,是基于以下事实和原因:我们知道,美国是一个"商业立国"的国家,"门户开放、利益均沾、贸易机会均等"一直是美国对外政策的重要组成部分。在美国从英国殖民地体系下独立的过程中,美英长期保持着敌对关系,而法国则基于对英国的制衡考虑,对美国的抗英活动长期持积极支持的态度。但是,由于彼此存在严重利益冲突,英法等国长期坚持对其本国和殖民地市场的高度封闭政策,美国拓展海外市场的努力一直成效不彰,即使美国在第一次世界大战中站在了英法等国一边并为之付出了巨大代价。吸取历史教训之后的美国,在第二次世界大战初期,一直保持"中立"地位,通过跟交战双方贸易大发战争财。而英法等国则因战争消耗陷入了严重的财政困境,由于当时的英国英镑已经放弃了金本位,到1939年12月,英国财政部掌握的黄金和美元储备已经不过5.45亿英镑，而英国当时的年支出在2亿英镑左右；1940年春，希特勒掌控下的德国席卷西欧大陆，敦刻尔克大撤退时英军和法军丢弃了大量军事装备，双方都急需补充，这使得英国财政更加捉襟见肘。考虑到英法已经无力用现金支付军需物资费用，美国政府为了避免重蹈一战期间用美国政府借贷为国内企业军售提供融资（即美国政府从银行贷款购买军用物资用于援助他国）从而使政府陷入债务风险的覆辙，同时也为了继续同英法交易，并争取实现更多的战略目标，专门于1941年3月11日出台了"租借法案"。该法案虽然允许英国无需马上付款就可以通过"租借"得到军用物资，但并非是无条件的。根据该法案，有关行动必须对保护美国至关重要，或者使美国能够获得一定的利益，此种利益"可以是付款、实物偿付或者财物，还可以是总统认为满意的任何其他直接或间接的利益"。美国政府正是根据该法案要求英国在租借协议中承诺对美国商品开放其包括殖民地在内的市场。而英国虽然财政极其困难且急需美国军用物资，但是为了尽可能维护战后大国地位，英国政府不希望在开放市场方面作出太大让步，希望继续保留英帝国且能够维系对英国对外国际地位至关重要的帝国特惠制度，这导致双方经过数轮谈判仍然僵持不下。面对日益严峻的战争形势，英国希望用战后国际经济秩序重建的筹码来取得美国在租借协议方面的让步。英国毕竟是老牌殖民帝国，国际影响力不容小觑，美国要真正获得并能顺利行使世界经济领导权离不开英国的支持；而英国也期望通过其他领域的让步，换取美国在租借协议方面的让步，在尽可能保有传统势力范围的前提下，尽快并稳定地获得美国的军事援助，并为英国的东山再起保存实力。于是就有了"怀特方案"和"凯恩斯方案"这两个方案的出台。这两个方案构成了两国关于国际经济领域领导权交易的谈判基础。①

实际上，无论是"怀特方案"，还是"凯恩斯方案"，都希望能在保持传统金本位制度下、固定汇率制优点的前提下，兼采浮动汇率制的优点，并尽可能避免固定汇率制和浮动汇率制的缺点，以重建一个汇率相对稳定、贸易自由且具有一定弹性的世界经济，从而避免20世纪30年代的那种货币战和贸易战。

也正是基于此种考虑，两个方案都提出了"可调整的钉住汇率制"，主张国际汇率应该在一般情况下保持稳定，而在出现"基础性失衡"的情况下，可予以调整；为应对短期性的国际收支失衡，应该设立一种缓冲机制，以使逆差国能够通过政策调整获得实现再平衡的机会。但是，或许英国吸取了曾经被迫放弃金本位制的教训，并且，鉴于其在向美国购买军用物资的过程中，黄金储备已经寥寥无几，而美国则积聚了全世界最多的黄金，同时也是为了获得更多的谈判筹码，"凯恩斯方案"有意回避了金本位制度，建议成立一个多边国际清算同盟，并创设一种新的不受黄金束缚的世界货币作为普遍支付工具，同时希望通过一系列的制度设计来稳定国际汇率体系和调节短期国际收支的不平衡。而对于英国方案，美国1934年《黄金储备法案》的出台，使得政府负有稳定美元黄金汇率的义务，而且鉴于美国此时拥有全世界最多的黄金储备，美国不可能在其占尽优势的情况下建议本国政府放弃金本位制度；同时，毕竟金本位制存在诸多优点且更便于汇兑和更容易达到稳定国际汇率的目的，"怀特方案"提出设立国际货币稳定基金，由各参加国共同出资设立基金，在成员国有资金需求时按各自所出份额从基金中借入外汇，以确保货币的汇率稳定和自由汇兑，从而促进国际经济贸易发展。这里需要特别指出的是，"怀特方案"之所以如此建议，一个不

---

① 唐欣语：《从怀特计划、凯恩斯计划到〈国际货币基金组织协定〉（一）》，《银行家》，2010年第3期，http://www.docin.com/p-929263414.html，2018年5月20日登录。

能回避的社会背景是:美国每年的财政税收是相对确定的,而其开支也是有相对严格的法律约束的;美国是大发了战争财,但是发财的主要是美国军用物资生产商、经销商和银行,大量的黄金储备也不是在美国政府手里,而是在以美联储为首的银行手里;美国政府并没有货币发行权,政府往往需要通过向美联储为首的银行发债来达到获得资金的目的,战争期间美国政府尚且可以根据国会授权向银行借款援助其他国家,而战争结束后,美国政府如果要再借款援助盟国战后重建将很难继续获得国会授权;在同盟国黄金储备主要集中于美国的情况下,如果坚持金本位制,那些黄金储备极少的国家将因缺少黄金信用而难以发行本币,而国际货币基金的设立和各国一定份额的占有,不仅能在一定程度上缓解这些国家货币信用不足的问题,还可以减轻这些国家对美国政府的过度依赖,更可以确保美国对外债权的价值稳定。可以说,"怀特方案"的核心是避免美国成为其他国家的"取钱罐",力争将美国政府所承担的国际义务控制在尽可能小的范围内,并为美国包括银行在内的企业争取更多的国际市场机会,确保美国利益最大化。这就从一开始决定了国际货币基金的资金盘子不可能很大(50亿美元);美国要保持控制权(美国占有的份额虽然只有16%,但是要求重大事项必须85%以上投票权通过,即美国拥有重大事项的最终否决权);国际货币基金作用相对有限(盘子小,各成员要按一定比例的黄金和本币全额缴纳其认缴份额资金)。

由于怀特方案中只提到了顺差国的调整,并没有提及逆差国的调整措施和战后欧洲重建的资金来源等问题,而后者在"凯恩斯方案"中则有所涉及,因此,经过与会各国后来反复谈判,最终在以"怀特方案"为主、兼采"凯恩斯方案"的基础上,起草了两个国际协定,即《国际货币基金协定》和《国际复兴开发银行协定》。如果说"怀特方案"更像一个"债权人方案","凯恩斯方案"更像一个"债务人方案"的话,那么,这两个协定就是"债权人利益优先、兼顾债务人利益"的协定。

二、布雷顿森林体系是一个闭环

布雷顿森林体系从一开始就不仅仅是一个国际货币金融体系，而是一个闭环，还包括了国际复兴发展银行和GATT，后两者后来分别发展成为今天的世界银行集团和世界贸易组织。为什么说布雷顿森林体系是一个闭环，同时包括《国际货币基金协定》《国际复兴开发银行协定》和《关税与贸易总协定》，而不是仅指《国际货币基金协定》呢？这个判断是基于以下事实作出的：

（一）没有贸易制度安排的布雷顿森林体系不符合美国的国家利益

虽然战争中英国作为盟国具有不可替代的战略作用，并且英国已经在《租借协议》相关谈判中让出了在国际货币基金组织和国际复兴开发银行中的主导权，从而确立了美国的世界领导者地位，但是，美国希望通过《租借协议》谈判迫使英国乃至法国等国开放其本土和殖民势力范围市场的计划却落空了。这种结果无疑令美国国内利益集团难以接受，因为对海外商业利益的追求是美国参与国际社会活动的根本原因。为了化解被动局面，美国政府加大了对英法德等国殖民地民族独立解放运动的支持力度，并通过与新兴政权缔结条约实现拓展海外市场的目的。但是，由于英法对其殖民地仍然拥有强大的影响力，并且随着战争的结束，美国也丧失了通过军事援助迫使英法开放市场的筹码，美国不得不转而通过其掌控的联合国对英法施压，迫使其进一步开放市场。于是就有了由联合国经社理事会发起、美国主导下的多边贸易组织谈判，即《国际贸易组织宪章》谈判。《国际贸易组织宪章》谈判于1946年2月经由联合国经社理事会发起，虽然经过多轮谈判，但是进展缓慢。不过，苏联与东欧国家经过战后快速重建的强势崛起给了英美法巨大的压力，同时，西欧自身面临着巨大的社会经济危机，这客观上给了美国新的筹码。

（二）英法等国迫切需要美元的黄金信用为其货币信用背书以解决其危机局面，因而不得不在贸易方面让步

"马歇尔计划"其实是英美法的一次重大筹码交换，美国以此换取英法等国开放贸易市场，英法等国则借此获得解决危机所需的援助。虽然《国际货币基金协定》和《国际复兴开发银行协定》于1944年7月就签订了，但是国际货币基金组织和国际复兴开发银行直到1945年12月27日才同时在美国首都华盛顿成立。而在这个过程中，英法等国也在发行货币，但是，由于其货币缺乏足够的黄金和美元储备支持，很难向这两个组织缴纳其认缴份额所需的有效货币。这使得国际货币基金组织和国际复兴开发银行虽然已经成立，却无法正式启动业务运营。同时，由于英法等国直到战争结束都没有答应美国开放市场的要求，欧洲战场刚刚宣布结束，美国总统杜鲁门就宣布《租借法案》到期，停止向盟国提供一切与战争无关的援助，包括美元贷款。由于《国际货币基金协定》所确立的"双挂钩"制度已经为国际社会周知，英法等国发行的没有黄金和美元支持的纸币并不被市场所完全承认和接受。这直接导致了英法等国由于缺乏真实有效的货币流动性，市场陷入交易停滞的状态，一场空前严重的社会危机随时可能爆发。美国著名学者约翰·斯帕尼尔曾经这样描述这个时期的西欧："英国接近衰落的状况是整个欧洲衰落的先兆，不过它的危机基本上是一种经济危机。作为一个岛国，它的国计民生依靠国际贸易。而在欧洲大陆，德国战后已经成为废墟，成百万人面临的最根本的需要是寻找食物、栖身之地和工作。在日常买卖中，香烟代替了货币成为最盛行的交换媒介，……香烟几乎可以换来任何东西，黑市猖獗。到1947年末，一包香烟甚至相当于一个人工作一个月的全部工资。盟国的食物定量分配指标为每人每天1550卡路里热量，这很难维持一个健康人的身体需要……人们为了活下去已顾不得廉耻……而这种情况，在严寒袭来时，由于没有燃料取暖而更加严重。法国工人没有足够的货物换取粮食和煤；农民就把耕地改为牧场，为自己留下更多的口粮，并把多余的粮食喂牲畜。工人因为饥寒交迫，纷纷把选票投给法国共产党。"[1]

复杂严峻的国内国际经济和社会形势迫使英法等国不得不接受美国要求于1946年开始国际贸易减让的谈判。1947年7月，西欧国家提出了自己的重建计划，要求美国援助220亿美元，美国在此基础上提出了自己的援助计划，即众所周知的"马歇尔计划"。但是，需要指出的是，马歇尔计划的实施时间节点非常耐人寻味：在《国际贸易组织宪章》谈判的同时，美国召集了包括自己在内的23个国家于1947年10月30日在日内瓦签订了《关税与贸易总协定》，并于同年年底签订了《临时适用议定书》，使之于1948年1月1日起生效；美国国会于1948年初通过了包含援助金额为135亿美元等内容的《政府支出议案》，同时于4月，美国总统杜鲁门签署了"马歇尔计划"，并批准设立经济合作总署（Economic Cooperation Administration，简称"ECA"）来负责实施。这些事实并非巧合，说明美国是把经济援助与英法等国的开放市场水平相挂钩的。

（三）布雷顿森林体系闭环的形成

"马歇尔计划"涉及的资金通常都先交付给欧洲各国的政府。欧洲国家在二战中几乎消耗光了他们的所有外汇储备，因此"马歇尔计划"带来的援助几乎是他们唯一的外汇来源。虽然这些外汇大多被用于进口急需的生活必需品，但是，为了解决货币信用发行不足的严峻问题，西欧国家成立了专门的对应基金（Counterpart Fund），将这些美元转换为本地货币资金进行使用，而这些美元则成为重要的外汇储备。有了相当于黄金的美元储备，这些国家发行的本国货币就很容易被市场所承认和接受，经济很快就重建复苏了起来。不

---

[1] [美]约翰·斯帕尼尔:《第二次世界大战后的美国外交政策》，段若石译，北京：商务印书馆，1992年版，第44—47页。

过,尽管有了"马歇尔计划"的帮助,直到1961年,西欧才有九个国家第一次达到了《国际货币基金协定》规定的其货币可以兑换美元的要求。换言之,虽然国际货币基金组织早在1945年底就成立了,但在1961年前的很长时间里,它实际上并没有什么建树。由此可见,布雷顿森林体系从一开始就是一个闭环,虽然布雷顿森林会议并没有通过涉及多边贸易的协定,但是,没有这个协定布雷顿森林体系就是不健全的,也是无法真正启动和运行的。因为,当时的国际政治经济形势在主客观上都决定了,国际货币汇率体系的稳定、各国经济的战后重建和自由贸易是稳定世界经济的三个不可或缺的支点;也因此,布雷顿森林体系从一开始就不仅仅是一个国际货币金融体系,而是一个闭环。

三、布雷顿森林体系的制度缺陷和美国的应对

布雷顿森林体系的建立和运行对二战后世界经济迅速重建和发展具有重要意义。客观地讲,无论是"马歇尔计划",还是包括国际货币基金组织、国际复兴开发银行和关贸总协定在内的布雷顿森林体系,对战后世界经济的复苏和稳定发展起到了巨大的推动作用,但是,布雷顿森林体系所确立的"双挂钩"货币体系,从一开始就存在重大缺陷,它实际上构成了对美国的重大束缚,而美元与黄金在法律上的脱钩实际上是解放了美元和各国货币,而此种"脱钩"也并非完全彻底的硬脱。

(一)双挂钩货币体系的缺陷和美国的窘境

前面已经提到,英法等国之所以愿意接受美国在货币金融和贸易方面的方案,一个极其重要的目的是它们需要黄金来为其货币提供信用,而与黄金挂钩的美元就可以帮助它们达到这个目的。有了美元作为信用储备,各国就可以通过杠杆发行本币,而银行再通过杠杆提供信贷和结算工具,经济就可以加速运转起来。《关税与贸易

总协定》的生效,固然给美国商品和资本进入英法等国市场提供了便利,但美国带头开放市场本身也为英法等国商品进入美国市场打开了方便之门。再加上各国都需要尽可能多地取得和储备美元以缓解其货币信用不足的问题,这就必然会导致美元汇率被市场高估,进而使得美国产品价格被抬高,使各国商品在美国市场上获得不小的价格优势;同时,由于各国大规模储备美元,就必然会遏制其对美国产品的购买,这个双重原因必然导致美国国际贸易逆差的长期存在。而基于美元长期保持硬通货的认知,市场也更愿意在交易中使用和持有美元。这些都导致了大量美元的离岸化和美国市场流动性的相对不足。对于美国而言,美元是由美联储根据其黄金储备发行的,虽然可以适当地施加杠杆,但是,由于金本位下的美元在本质上其实就是无条件承兑黄金的即期汇票,因此,无论如何,美元的发行总量必须是总体可控的,不能过分背离其所拥有的黄金储备。这样一来,长期国际贸易逆差的存在,不仅会使美国对外的黄金负债越来越多,早晚会超过其黄金储备,导致金不抵债,进而危及美元的根本信用;还可能会导致美国经济自身流动性的长期不足,最终造成美国经济的崩溃。

(二) 美国的应对

为了化解所面临的困境,客观上美国必须通过各种正当或不正当的方式吸引美元回流或者赚取美元。总的来看,美国能够采取的手段不外乎以下几种:(1) 进一步开拓国际市场,增加美国对外出口。为此,美国连续发起了多轮关贸总协定多边谈判,并达成了一系列协议。但是,客观地讲,由于美国带头削减关税和非关税壁垒,而各国尽可能多赚取并持有美元的立场并没有根本性改变,所以这些谈判对美国贸易逆差的减少作用有限。(2) 减少美国进口,为此美国不惜背负贸易保护主义的骂名,逼迫日本等国搞"自愿出口限制措施",先后将纺织品和服务贸易以及农产品从关贸总协定框架下拿了出来。但是,客观上美国经济也离不开国际市场,所以它不可能把关贸总协定完全架空。(3)迫使其他国家进一步削减投资市场壁垒,为美国资本进入这些国家清除障碍。这是一把双刃剑,因为各国为了扩充货币信用会想方设法留住美元投资;而资本总是逐利的,美国投资者为了获得更大利益,有可能不把赚取的美元汇回国内,这反而可能会导致美元流出加剧。(4)不断减税,以减轻国内流动性不足的问题。减税固然可以减轻美国企业和个人的经济压力,但是,减税措施对消费的刺激作用也加剧了贸易逆差;同时,这种做法也加剧了美国财政收入不足以弥补其支出的矛盾。(5)发债。为了回笼美元,美国政府和企业发行了很多政府债券和企业债券,最终使美国成了世界最大债务国。而巨额债务也加深了各国政府和国际市场对美国债券违约的担忧;同时,债券利息的存在也增加了美元的使用成本。(6)不断增加投入,提高美国在高科技尖端技术和设备领域的领先性,使各国在这些领域对美国产生依赖并高价购买美国产品。但是,技术进步是需要大量投入的,各种替代技术和设备以及知识产权侵权行为等的存在,有可能使新技术设备并不能够产生预期的高收益,甚至连成本都收不回来。(7)找出黄金替代品对其进行投资和掌控,并将其结算与美元绑定,比如石油。(8)与相关贸易顺差各国密切合作,解决美元发行未来信用不足的问题。(9)利用市场经济自身的不足,不定期掀起金融风暴,攫取各国财富,并兑换成美元回流国内。由于美元与黄金绑定了,美国想把美元贬值都不可能。从实际效果来看,美国虽然采用了以上各种手段,但并没有使得美国国际贸易长期逆差的情况得到根本性扭转,甚至美国政府最终不得不宣布美元与黄金脱钩。

客观地讲,美国所采取的上述措施还是有相当效果的,如果没有决定参加越南战争,美国政府所面临的形势并不会那么窘迫。本来,1961年英法等国货币达到兑换美元要求后,美国为了防止这些国家抛弃美元去兑换黄金,就联合这些国家成立了黄金总库,由英格兰银行负责代理黄金总库来维持伦敦黄金价格,并采取措施阻止外国政府用美元向美国兑换黄金。这是有利于美元作为国际基础货币保持稳定的。但是，随着越南战争不断扩大，胜利遥遥无期，而同时美苏对抗越来越尖锐，苏联由守转攻而美国由攻转守，世界市场对美国渐渐失去信心，对第三次世界大战的恐惧日益加剧，避险情绪高涨；加之美国国际收支进一步恶化，而市场又疯传法国等国要以其巨额美元储备兑换黄金、美国黄金储备早已流失殆尽等，全球性的美元危机爆发了。美元是杠杆化发行的，而美元的黄金含量是固定的，这就必然导致市场上美元和美国黄金储备不匹配的情况，只要市场引发美元挤兑黄金的风潮，美国肯定是无法全部兑付黄金的。无奈之下，美国政府于1971年8月15日宣布停止履行对外国政府或中央银行以美元向美国兑换黄金的义务。1971年12月，以《史密森协定》为标志，美元对黄金贬值，同时美联储正式拒绝向国外中央银行出售黄金，美元与黄金不再绑定了。

（三）对布雷顿森林体系的改革

客观地讲，旧布雷顿森林货币制度存在两个根本性缺陷：一是"双挂钩"货币体系在本质上是金本位的一个变种，因而金本位制下的根本缺陷是难以克服的。金本位的制度缺陷在于：黄金储备是有限的，以黄金为本位的纸币发行则既可以是等值的，也可以是杠杆化的。但无论货币发行是否杠杆化，商业银行贷款肯定不会放弃杠杆的。这就必然导致市场货币信用背离黄金储备的情况。"双挂钩"情况下，杠杆化的美元流向世界各地后，被其他国家确定为"准黄金储备"为本币的杠杆化发行提供信用。这在客观上必然会导致货币总量远远超过黄金储备信用的结果，进而迟早会引发挤兑黄金的情况。二是世界经济的国际化必然须臾离不开国际化货币，随着世界经济国际化程度的不断加深，其对信用稳定的国际化货币的需求规模必然也会越来越大，相应的风险货币储备规模也会越来越大。在没有全球化央行发行统一货币的情况下，信用相对最高的美元就成为国际基础货币的不二选择。因此，面对风雨飘摇中的布雷顿森林货币体系，有关国家能够集体采取的改革方向也就不外乎两个：

1. 切断纸币发行与黄金的硬挂钩关系，即放弃固定汇率制，采取浮动汇率制。为了应对市场上抛售美元、抢购黄金的风潮，西方国家纷纷放弃了固定汇率制，实行浮动汇率制，并于1976年达成了《牙买加协定》，从而使浮动汇率在国际上正式合法化、黄金非货币化了。1978年，国际货币基金组织表决通过了对《国际货币基金协定》的修正案，正式删除了以前有关黄金的所有规定。基于以上事实，很多人得出了布雷顿森林体系完全崩溃了的结论。对此，笔者不敢苟同：姑且不论广义的布雷顿森林体系还包括以国际复兴开发银行为首的世界银行集团和关税与贸易总协定，后两者不仅继续存在着，还在国际经济社会中发挥着越来越重要的作用；仅就狭义的仅指国际货币金融体系的布雷顿森林体系而言，表面上，国际货币基金协定确立的"双挂钩"制度是崩溃了，但是，该协定确立的基本制度仍然存在并且发挥着重要作用，而且，该协定所确立的美元的国际最基础货币地位仍然没有根本动摇；同时，美元同黄金并没有从根本上真正脱钩，脱钩的是美元与黄金之间的固定汇率，脱钩的是美联储对外以黄金兑付美元的国际义务，脱钩的是黄金失去了基础货币地位，但是，美元和黄金之间仍然是有交易价格的，美元仍然可以体现为对各种商品的购买力。换言之，狭义的布雷顿森林体系并没有崩溃，而只是有重大变化或者说变革而已。这种变革实际上解放了美元，解放了美国，使其不再受制于有限的黄金储备，可以根据社会经济的总量和发展情况而及时进行相应的政策调整。当然，也正因为美元的束缚越来越少，出于控制风险的考虑，国际货币市场出现了国际基础货币多元化的趋势，美元的基础货币地位越来越受到挑战。

2. 在美元之外增加或者创设新的国际基础货币，从而减轻世界各国政府和市场对美元的过度依赖。在这方面，有关各国采取的措施可以概括为三个方面：(1) 使越来越多的发达经济体货币国际化、市场化，成为区域性乃至全球性的国际化货币。(2) 创设新的国际基础货币，特别提款权（Special Deposit Rights，简称"SDR"），从而减轻世界市场对某一或某几个货币的过度依赖，但是由于特别提款权并非有形货币，其价值最终需要由一揽子国际主要货币在不同的权重下予以体现，因此这一揽子货币本身的稳定性也是至关重要的。而且，为避免对这一揽子货币的发行国造成过度的负担，特别提款权的发行总量也必然是有限的。(3)由于特别提款权的发行总量是有限的，而其他货币因其发行国家的综合实力显然不如美国，因而它们的存在只能在某种程度上稍稍缓解国际社会对美元的需求紧张问题，并不可能从根本上解决问题。也正是由于这个原因，美国不得不继续存取前述的那些应对措施。

四、中国能够从中汲取的经验教训

在讨论中国能从布雷顿森林体系演变中获得哪些经验教训之前，我们需要总结美国在布雷顿森林体系的变动中有哪些得失，而这些得失基本上也就构成了中国可以汲取的经验教训。

布雷顿森林体系作为一个广义的制度整体，除了国际货币基金组织有所发展变化之外，以国际复兴开发银行为主体的世界银行集团发展变化也很大，关税与贸易总协定也蜕变为了今天的世界贸易组织。统而观之，美国在布雷顿森林体系过去几十年的历史中主要有以下几方面的得失可供我国借鉴，尤其是可供我国在人民币国际化和"一带一路"倡议实践过程中借鉴。

第一，对于任何一个货币国际化的国家，尤其是其货币作为国际基础货币的国家而言，必须时刻警惕国家货币信用的稳定性，尽可能避免负面因素的产生以及加重。二战结束以来，美国最应该检讨的是几次区域战争的加入甚至深度参与。尽管有些战争是出于钳制苏联的考虑，但是，其国家政策应该优先考虑非战争的替代措施，即便战争不可避免，也应该优先考虑将战争控制在尽可能小的空间和时间范围内，并尽可能缩减战争成本。但事实是，无论是朝鲜战争，还是越南战争，乃至中东战争，美国都深度卷入了，而且巨额战争成本基本上都是美国承担的。战争的相持不下削弱了国际社会对美国的全球主导地位和影响力的信心，巨额的财政亏空削弱了国际社会对美国偿付能力的信心。这种情况下，美国长期的贸易赤字很容易引发美元危机。而信心丧失所引发的恐慌情绪，更会使美元危机空前加剧。

鉴于此，中国在人民币国际化和"一带一路"倡议推进过程中，维持参与人民币国际化国家和"一带一路"沿线国家国际政治社会经济趋势的稳定是非常重要且必要的。但是，鉴于所涉及的一些国家处在传统的局势不稳定区域，中国的风险压力很大，中国政府必须提前考虑如何控制和化解风险并尽早有针对性地制定预案。此外，中国经济正处在转型期，有诸多因素可能对人民币的国际化过程产生重大影响，也需要提前提出风控预案，相关改革措施宜稳不宜图快躁进。

第二，美元作为超级大国美国发行的货币，先天具有国际基础货币的强势地位，其价值不仅取决于其黄金储备，也取决于其军事、财政、科技研发和产业化等方面的实力，更取决于以美联储为首的美国金融产业体系对国际金融的掌控和获利能力以及美元风险化解能力。战后，为了竞争国际市场和规避各种风险，美国很多产业通过对外投资逐渐转移到了海外，从而使得美国由"实体经济为主"的商业国家逐渐转变成了"金融资本产业为主"的商业国家，而其国家战略也由"打开和占领他国商品市场"转变成了"打开和占领他国资本市场"；由此，"输出和回收美元"成为美国政府和美联储的核心任务，"打开他国资本市场、保护知识产权、购买美国商品和金融战"成了美国对外经贸政策和谈判的主要内容。总的来看，美国在这方面的运作是非常成功的。

目前，在全球国际政治经济形势仍然处在"一超多强"格局的大前提下，美国作为超级大国，美元的国际基础货币地位仍然是无可撼动的，在此基础上，欧元、英镑、日元、澳元在国际支付体系中也占有相当重要的地位。在这种大背景下，人民币国际化和"一带一路"倡议的展开就不得不考虑一个重要问题：人民币的货币信用主要源自于哪些方面？一般认为，人民币信用主要取决于中国的高速发展和长期贸易顺差，换言之，人民币信用在相当程度上源自中国所拥有的美元和黄金储备资产。从这个角度来讲，中国政府必须高度重视国际收支的平衡问题，高度重视美元和黄金储备的数额稳定和保值增值问题。这本身就是相当具有挑战性的。而一个很容易被忽视但是必然会被国际市场发现并高度重视的因素是，中国以公有制为主体的产权体系、土地国有化且土地所有权和使用权分离的运营模式、高税率和高效率的税收体系等的存在，使中国政府具有超强的财政收入能力和市场干预能力，而这些因素对货币锚值的确定都具有极其重要的影响。如果把这些因素考虑进去，人民币很可能会被迫进一步大幅度升值。倘若如此，中国将很难回避"特里芬难题"的发生。这不得不防。同时，虽然目前人民币在各国货币储备中的份额较小，但是未来很可能会进一步增大；而且，即便是目前情况下，也不能排除有关国家尤其是金融机构通过恶意操纵国际货币市场，使人民币汇率上窜下跳牟利并扰乱中国经济的可能性。因此，中国政府对货币金融的监管必须进一步强化，甚至在未来相当长的一个时期内，都有必要明确保留政府在特定情况下对国际收支汇兑和转移问题进行强力干预的手段。

欧盟国际投资法庭体系的兴起及中国的应对之策

——以中欧 BIT 谈判为中心

张 建[*]

摘要： 以国际投资争端解决中心（ICSID）为代表的国际投资仲裁机制正面临来自各方面的合法性质疑，为了缓和种种指责，欧盟提出了构建国际投资仲裁法庭的设想，并在与加拿大、越南签署的经贸协定及欧盟拟定的跨大西洋贸易与投资伙伴协定（TTIP）草案投资章节中确立了相应的制度设计。欧盟投资法庭体系的提出，给正在进行中的中欧双边投资协议（BIT）谈判提出了新的要求。其中，投资者与国家间争端解决条款的拟定问题是其中的主要关切之一。经比较，TTIP草案中的投资法庭体系与中国同欧盟各成员国之间已有的BIT争端解决条款相比存在较多的差异，冲突主要体现在法庭的管辖权、上诉机制、裁判理念等方面。对此，中国不应毫无保留地将欧盟方案接受为BIT文本，而应当在充分评估并妥当沟通的基础上反映自身的利益需求，以实现东道国规制权与海外投资者私人

---

[*] 张建，法学博士，首都经济贸易大学法学院讲师。本文系国家留学基金委（留金发 [2016] 3100 号）联合培养博士生项目"国际投资仲裁管辖权研究"（项目编号：201607070108）的阶段性成果。感谢赵越博士、赵新岩博士提供研究资料，但文责自负。

权益的平衡。

关键词： 投资仲裁　欧盟　投资法庭体系　中欧BIT谈判

一、欧盟国际投资法庭体系的提出与构建

（一）欧盟国际投资法庭体系的提出

作为国际社会解决外国投资者与东道国政府间投资争端的主要阵地，国际投资争端解决中心（International Centre for Settlement of Investment Disputes，简称"ICSID"）长期以来面临着裁决不一致、偏袒保护投资者利益、忽视东道国公共利益、对各方当事人利益保护失衡、仲裁员有失独立性与公正性、仲裁程序缺失透明度等指责。① 这种对投资仲裁的指责与批判，使得世界各国开始尝试寻求新的争端解决方法，包括资本输出国与资本输入国在内的有关国家都采取了相应的行动。就发展中国家来看，某些拉丁美洲国家通过退出《华盛顿公约》的行动来抗拒ICSID仲裁管辖权。② 而从发达国家来看，欧盟国际贸易委员会曾在向欧洲议会提交的报告中特别指出：鉴于当前投资者与国家间争端解决机制（Investor-State Dispute Settlement，简称"ISDS"）存在的种种问题，解决困境的理想途径之一是在东道国国内法院足以保证正当程序的前提下应当要求投资

---

① Himaloya Saha, "A Critical Analysis of the Commonly Recommended Reforms of Investor-State Dispute Settlement (ISDS)", *Legal Issues Journal*, Vol.4, Issue 1, 2016, pp.43-44; Chen Huiping, "The Investor-State Dispute Settlement Mechanism: Where to Go in the 21st Century", *The Journal of World Investment & Trade*, Vol.9, Iss.2, 2008, pp.467-469.

② 张建、赵越：《论〈华盛顿公约〉的退出机制及其对ICSID管辖权的影响》，《荆楚学刊》，2018年第1期，第20页。

者先行使用当地救济。① 以德国为代表的欧洲国家,在欧盟法律政策及相关仲裁案例的影响下,开始体现出一定的回归使用当地救济的趋势。

针对ISDS机制所遭遇的合法性质疑,欧盟试图借改革之机主导全球投资法治体系的变革,其主要行动之一即倡议设立并践行了常设性的国际投资法庭体系(Investment Court System,简称"ICS")。② 2015年9月,欧盟委员会公布了关于谈判《跨大西洋贸易与投资伙伴关系协定》(Transatlantic Trade and Investment Partnership Agreement,简称"TTIP")的《投资保护和投资法庭体系(投资章节)》提议草案。③ 随后,欧盟在2016年与加拿大谈判修订《欧加综合经济贸易协定》(The Comprehensive and Economic Trade Agreement,简称"CETA")投资章节,以及与越南签署含投资章节的自由贸易协定(Free Trade Agreement,简称"FTA")时,又先后纳入了其所提议的常设投资法庭制度,以两审终审的司法模式取代

---

① European Parliament's Committee on International Trade, Investor-State Dispute Settlement (ISDS) Provisions in the EU's International Investment Agreements, available at: http://www.europarl.europa.eu/RegData/etudes/STUD/2014/534979/EXPO_STU(2014)534979_EN.pdf, 2017-12-14.

② Belen Olmos Giupponi, "Recent Developments in the EU Investment Policy: Towards an Investment World Court", *Journal of Arbitration Studies*, Vol.26, No.3, 2016, pp.208-211.

③ 投资章节自始即是TTIP谈判中的热点议题,欧盟委员会曾分别于2014年3月及7月针对TTIP投资章节的制度设计向利益相关者征询意见,并于2015年1月公布了咨询意见报告(Online Public Consultation on Investment Protection and Investor-to-State Dispute Settlement (ISDS) in the TTIP)。http://trade.ec.europa.eu/doclib/docs/2015/january/tradoc_153044.pdf, 2017-12-13. 2015年5月5日,欧盟委员会曾发布概念性文件(Investment in TTIP and Beyond—The Path for Reform: Enhancing the Right to Regulate and Moving from Current Ad hoc Arbitration towards an Investment Court),阐释了其在TTIP投资章节谈判中的基本立场和总体建议。http://trade.ec.europa.eu/doclib/docs/2015/may/tradoc_153408.PDF, 2017年12月13日登录。

目前最为普遍的一裁终局式的投资仲裁模式。①在促成和推进TTIP投资章节谈判的同时,欧盟不仅将其投资法庭体系的制度设计推广至与各国的投资协定谈判中(包括中欧BIT谈判),还积极呼吁以ICS作为基础在全球范围内构建多边的国际投资法庭体制。

(二)国际投资法庭体系对现有投资仲裁制度的变革

相比于现有的以ICSID及《联合国国际贸易法委员会仲裁规则》为代表的国际投资仲裁体系,欧盟倡导的国际投资法庭不仅内含程序方面的上诉机制且强化透明度,而且明文确立和维护东道国的规制权(Right to Regulate),对法官设立了较高的遴选标准及行为准则方面的要求。②具言之,根据欧盟的草案,TTIP中的投资仲裁法庭体系将包含一个初审法庭及一个上诉法庭,并公开任命符合遴选资质的裁判法官(Judges),上诉庭的审查将采用与WTO上诉机构类似的原则。③至于具体案件中指派哪些成员,将随机而定,这与投资仲裁中允许当事方选择仲裁员的指定方法截然有别。再者,为了解决国际投资仲裁中耗时冗长、效率低下的问题,欧盟在设计投资法庭体系时,规定了18个月的一审审理期限及六个月的上诉审期限,这将使争端解决的整个过程严格控制在两年内,进而大大缩短了投资争端的耗时,避免投资者为了漫长的仲裁程序而浪费时间及

---

① 黄世席:《欧盟国际投资仲裁法庭制度的缘起与因应》,《法商研究》,2016年第4期,第162—165页。

② 欧阳新:《试论欧盟新设投资法庭制度及对中国的影响——兼与ICSID仲裁机制比较分析》,《广东外语外贸大学学报》,2017年第4期,第12页。

③ 也有学者参考世界贸易组织的称谓,将欧盟的投资法庭体系称为"世界投资法院",以追求全球范围内国际投资法的多边统一化及争端解决结果的一致性。David M. Howard, "Creating Consistency through A World Investment Court", *Fordham International Law Journal*, Vol.41, No.1, pp.3-6.

费用成本。① 此外，草案中明确规定了关于法官道德准则的条款，要求初审与上诉法庭的成员均不从属于任何政府，而且禁止法官在与个人有直接或间接利益冲突的案件中担任职务，且不得在任何其他投资争端中担任代理人或法律顾问。② 为了保持法官的独立性与公正性，草案中还对法官的聘期、薪酬、遴选方法、回避等作出了完整且全面的制度安排。③ 不过，也有观点指出，欧盟的投资法庭体系与原有的国际投资仲裁相比，尽管有助于促进裁决结果的一致性、稳定性、可预见性④，从而确保争议解决的公正性，但是形式上却存在

---

① 根据欧盟与越南FTA的投资争端解决条款，原则上自当事方提起上诉之日起至上诉法庭发布裁判之日止，上诉审程序的审理期间不得超过180日。如果上诉庭无法在180日内作出裁决，则应书面告知当事方延期的理由以及预计发布决定所需要的时间，上诉审无论如何不得超出270日。魏艳茹：《越南—欧盟自贸区投资上诉机制研究》，《广西大学学报（哲学社会科学版）》，2017年第3期，第103页。

② Richard Allen, "TTIPping the Balance: The Crusade against Investor-State Arbitration", https://globalarbitrationnews.com/ttipping-the-balance-the-crusade-against-investor-state-arbitration-20150602/, 2017-12-13.

③ 值得一提的是，投资法庭的设立对投资仲裁中的当事人意思自治原则进行了明显的制约，试图藉此消除案件申请人或原告方对法官的影响。根据TTIP草案的附件二《初审法庭、上诉法庭成员及调解员行为准则》第5条，法官候选人必须具备能够被任命到司法机关的资质，其不得受到私利、外界压力、政治考虑、公众抗议、对争端当事方的忠诚或畏惧的影响。如果当事人申请法官回避，应由法庭主席决定，而非由ICSID秘书长决定。张庆麟、黄春怡：《简评欧盟TTIP投资章节草案的ISDS机制》，《时代法学》，2016年第2期，第93页。

④ 以国际投资条约中的仲裁合意作为基础的投资仲裁程序，其与欧盟的司法保护程序与法律体系平行运作，因而可能产生管辖权方面的冲突与重叠。对于此种冲突，欧盟法的处理方案需要取决于据以提起投资仲裁请求的协定是在欧盟成员国彼此之间缔结的，抑或是欧盟成员国与非欧盟国家缔结，或者是欧盟整体与其他国家缔结的。See Juliane Kokott & Christoph Sobotta, "Investment Arbitration and EU Law", *Yearbook of European Legal Studies*, Vol.18, 2016, pp.3-19.

"仲裁司法化"的嫌疑。① 尤其是，在案件涉及对欧盟法及欧盟成员国国内法的解释与适用时，投资法庭不仅需要遵循成员国国内法院及有关机关对相关法律所作出的解释意见，而且在必要时还应当将欧盟法的适用问题提请欧盟法院作出决定，以保障欧盟法律秩序的自主性。②

表：TTIP草案中的投资法庭体系与ICSID投资仲裁制度比较③

比较对象	TTIP草案中的投资法庭体系	ICSID投资仲裁制度
法律依据	《跨大西洋贸易与投资伙伴协定》；《贸易法委员会投资人与国家间基于条约仲裁透明度规则》	《华盛顿公约》；《ICSID仲裁规则》
裁判主体	投资法庭（含初审法庭与上诉法庭）	ICSID仲裁庭

---

① 尽管欧盟的投资法庭体系对国际投资仲裁作出了各方面的完善和改进，但投资法庭的组织性质究竟归属于司法机构抑或仲裁机构，还是居于二者中间的独特裁判组织，依然处于未定状态。此外，法庭对投资者与国家间争端所作出的裁决，能否在欧盟以外的其他国家得到承认与执行，还取决于该体系未来能否借助国际条约有效地实现多边化。杨帆：《试析投资者—国家争端解决机制当代改革的欧盟模式——以欧盟TTIP建议案中常设投资法院机制为例》，《国际经济法学刊》，2016年第3期，第118—120页。

② 《跨大西洋贸易与投资伙伴协议》投资章节草案第13条第2款、第3款规定国内法不属于可适用的准据法，其在法庭只能作为事实加以援引，且法庭必须遵守缔约国国内法院及有权机关就国内法所作的解释。该条第4款还规定，投资法庭对国内法所作的解释不得对各国国内法院及有权机关产生法律拘束力。不过，考虑到欧盟的投资法庭旨在通过先例制度构建统一的国际投资判例法体系，且欧盟成员国有义务执行投资法庭的判决，据此，第13条的规定仅具有形式意义，其并未从制度上充分保障欧盟法律秩序的自主性。杨帆：《试析欧盟法律秩序自主性对国际争端解决机制的影响——兼评投资法庭机制在欧盟的合法性》，《时代法学》，2017年第2期，第119—120页。

③ 本表格的整理参考了欧盟所公布的TTIP草案，http://trade.ec.europa.eu/doclib/docs/2015/september/tradoc_153807.pdf，2017年12月16日登录。

续表

比较对象	TTIP草案中的投资法庭体系	ICSID投资仲裁制度
裁判者遴选标准、任命期限与委任程序	初审法庭由欧盟委员会指派15名法官，欧盟成员国国民、美国国民、第三国国民应当各5名；上诉法庭则由6名成员组成，美国国民、欧盟成员国国民、第三国国民各2名。法官任期6年，可续聘，最初任命的15名法官中有7名聘期为9年，上诉庭法官中的3名聘期为9年。个案中的法官随机指派。① 草案专条规定了法官道德准则，以保障其独立与公正	由ICSID行政理事会主席或公约缔约国向中心指派仲裁员加入专家组名册，任期6年，可续聘，个案中的仲裁员由当事人选任。仲裁员应具有较高道德标准、公认在法律或工商业方面具较强的专业能力、可被信任、能够做出独立判断
争端当事方	原告特指某一缔约方投资者，被告特指另一缔约方，客观上否定东道国反请求	并不禁止东道国政府作为仲裁案件的申请人或提出反请求
裁判者的价值取向	加强东道国的规制主权	争端当事方意思自治原则，注重保护投资者私人投资权益

---

① 作为例外，TTIP草案第二节第9条第9款，允许在中小企业投资者作为申请人且索赔金额较少时，各方当事人选择由美国与欧盟以外的第三国法官审理，但具体的法官人员仍然由投资法庭的主席从15名法官中随机指派。

续表

比较对象	TTIP草案中的投资法庭体系	ICSID投资仲裁制度
仲裁程序审限	18个月一审审限及6个月上诉审期限,以确保争端解决程序限制在2年内	开庭审理程序终结后120天之内(特殊情形下可延长60天),仲裁庭应当起草仲裁裁决,但庭审程序的耗时则没有规定明确的审限①
第三方资助	第三节第八条规定了接受第三方资助的争端当事方负有披露义务	未规定第三方资助,但《ICSID仲裁规则》第37条允许案外第三方以"法庭之友"身份提交书面意见
审级制度	两审终审	一裁终局
裁决救济机制	上诉机制	裁决的解释、补正、撤销
裁决审查事由	初审法庭在准据法的解释或适用方面存在错误、初审法庭在事实的认定方面(包括对国内法的认定)存在错误、非属前两项但属于《华盛顿公约》第52条规定的审查理由	仲裁庭组庭不当、仲裁庭明显越权、仲裁庭成员从事腐败贿赂行为、仲裁程序严重违反仲裁规则、仲裁裁决未陈述其所依据的理由

---

① 《华盛顿公约》与《ICSID仲裁规则》仅规定了自开庭审理程序结束至裁决作出之间的耗时不得超过180日,但没有规定自仲裁程序启动之日起至裁决作出之日的耗时。有实务人士基于大量ICSID仲裁案件实践对实际耗时做过平均统计,数据显示自申请人向被申请人通知仲裁之日或申请人向ICSID提出仲裁请求之日起至仲裁庭作出裁决,平均耗时为四至五年,但这还仅是作出裁决的耗时,事实上有不少裁决作出后还要经历漫长的撤销程序,因而导致ICSID仲裁程序的效率较为低下,仲裁庭控制时间成本的能力颇受诟病。Matthew Hodgson, "Investment Treaty Arbitration: Cost, Duration and Size of Claims All Show Steady Increase", http://www.allenovery.com/publications/en-gb/Pages/Investment-Treaty-Arbitration-cost-duration-and-size-of-claims-all-show-steady-increase.aspx, 2017-12-15; See also Adam Raviv, "A Few Steps to a Faster ICSID", *Global Arbitration Review*, Vol.8, Iss.5, 2013, pp.23-26.

二、中欧BIT谈判的进展及其主要关注

（一）中国对外商签投资协定的历史及中欧BIT的特殊性

自中国改革开放以来，吸引外资始终是我国制定宏观经济政策的重要内容。早在对外开放的前十年，我国就相继制定了《中外合资经营企业法》（1979年）、《外资企业法》（1986年）、《中外合作经营企业法》（1988年）。这三部法律被统称为"外资三法"，共同构成了我国外资法的基本框架。同时，我国政府自1982年开始与主要的经济伙伴国商签双边投资协定，截至2016年12月，我国现行有效的BIT已达到104项。[①] 不过，我国与美国、欧盟尚未完成BIT的谈判工作，相关进展较为缓慢，但一直处于努力之中。值得一提的是，自2008年中美BIT谈判启动以来截至2017年12月，双方已经就BIT谈判工作展开了34轮磋商（单在2016年就进行了11轮谈判），在2013年的第五轮中美战略与经济对话中，双方曾共同确认以准入前国民待遇与负面清单模式为基础展开谈判，使谈判工作进入实质阶段。不过，自2017年美国新任总统唐纳德·特朗普上台后，其倾向

[①] 在我国商务部的统计数据中，如果我国与某一国家重新签订的新版BIT取代了既有的旧版BIT，则仅按一项计算，我国至少与11个缔约方完成了BIT的到期重订工作，其中包括了中国与比利时—卢森堡经济联盟的投资协定。另外，我国还签署了中日韩投资协定，该协定的缔约方有三个，不包括在BIT计算范围内。《我国对外签订双边投资协定一览表》，中华人民共和国商务部条约法律司 网 站，http://tfs.mofcom.gov.cn/article/Nocategory/201111/20111107819474.shtml，2017年9月12日登录。相比之下，联合国贸发会（UNCTAD）将我国签订的所有双边BIT都统计在内，包括了已到期废止的、已签订尚未生效的数据，共计129项。"International Investment Agreements", http://investmentpolicyhub.unctad.org/IIA/IiasByCountry#iiaInnerMenu，2017年9月12日登录。

于采取"美国优先"的保护主义策略。① 相应地，美国政府的对外贸易与投资政策发生了较为明显的转向，这在很大程度上影响了中美BIT谈判工作的推进，使最新的几轮磋商工作一度陷入搁置与停滞状态，并导致整个中欧BIT沦为未竟的谈判。但与此同时，随着新一届美国政府与中国双边经贸关系的正常化，不排除中美BIT谈判工作未来有恢复重启的可能。

另外，中欧双方的BIT谈判工作自2013年11月第十六次中欧领导人会晤期间启动以来，截至2017年12月，双方迄今已展开了16轮磋商。不容否认的是，中国对缔结BIT的高度热情与其境外投资及吸引外资的重要身份是相符合的。但值得追问的是，中国在谈判BIT的投资者与国家间争端解决条款时，应如何就国际仲裁庭的管辖权进行磋商？何种缔约方案才是最符合中国投资地位与利益立场的选择？从具体情况来看，中欧BIT谈判与中美BIT谈判的历史背景是有所差异的：2008年之前，我国和美国事先并不存在任何BIT谈判工作，美国与中国各自分别制定了本国的BIT范本，用于作为谈判的基础；相比之下，2013年之前，我国虽未与欧盟进行谈判，但却与欧盟的不少成员国订有大量BIT。2009年，《里斯本条约》生效后，欧盟享有专属权能的共同商业政策的范围得到扩张，涵盖了对外直接投资（FDI）事项，因此欧盟能够直接就FDI与第三国展开

---

① 特朗普总统早在就任前就声称试图对自中国进口的商品征收高关税、将中国界定为汇率操纵国，导致双边工作略显紧张，BIT谈判陷入焦灼形势。其上任初期，即宣布退出《跨太平洋伙伴关系协定》（简称"TPP"）的谈判，并重新启动《北美自由贸易协定》（简称"NAFTA"）的谈判。相较于前任美国总统奥巴马所采取的对外经贸合作，特朗普总统将经贸协定的谈判重点从多边向双边转移，尽管给双边协定谈判工作带来动力，但也同时寄予了过高的期待，在负面清单具体要价、市场准入门槛、国有企业竞争中立、知识产权、环境与劳工标准等方面施加了较重的压力。参见孔庆江：《美国如何设置国际投资规则的议程？》，《中国政法大学学报》，2016年第4期，第72—80页。王晓易：《特朗普时代的中美BIT谈判何去何从》，网易新闻网，http://news.163.com/17/0227/16/CE9U90FM000187VE.html，2017年12月14日登录。

缔结BIT的谈判工作。① 由此可见，对BIT谈判中投资仲裁管辖权条款的设计问题并不能笼统地进行思考，中欧BIT谈判与中美BIT谈判应分别讨论。因主题所限，本文的讨论主要关注中欧BIT谈判，并结合欧盟投资法庭的制度与运行探讨其对谈判工作深入展开的影响。

（二）中欧BIT谈判中关注的主要议题

结合中欧BIT谈判工作当前的进展情况，并参考近年来欧盟与加拿大所签订的《综合经济与贸易协定》（CETA）、中国与东盟签署的《中国—东盟自由贸易区投资协议》等文件，笔者将谈判工作中涉及的一些重难点问题和各方的主要关切概括为如下几个方面：

1. 缔约主体及投资争端解决中的主体

根据《欧洲联盟运行条约》第207条，外国直接投资属于欧盟的专属权能，但《条约》并未规定外国直接投资的准确定义，这就导致中欧BIT谈判中可能既涉及欧盟作为整体的权限，又涉及欧盟成员国的权限。② 例如，一旦中欧BIT谈判中对投资的定义涵盖证券投资，而证券投资又不属于欧盟专属权能的外国直接投资，即涉及各成员方的接受问题。再者，BIT谈判中例外措施（如国家安全例

---

① 张智勇：《中欧BIT谈判：协定条款与中国新外资法的制定》，《中欧双边投资协定谈判相关法律问题研究》，林燕萍、张皎主编，北京：法律出版社，2016年版，第5页。

② 事实上，欧盟对外谈判的BIT、既有的欧盟成员国相互之间的BIT以及欧盟成员国与第三国签订的BIT，相互之间的关系较为复杂。欧盟委员会已经注意到，既有的BIT与欧盟的对外投资政策和外资专属权能存在一定的不兼容之处，并正在积极着手处理和解决这些BIT的兼容问题。特别是，欧盟国家与第三国缔结的BIT一般规定了国际投资仲裁方式解决投资者与国家间争端，而对于欧盟国家相互之间的投资争端，则应根据《欧洲联盟运行条约》第63条或第267条进行国内诉讼或向欧洲法院诉讼，尽管国际仲裁未必比国内救济更优惠，但提供此种选项通常被视为给予投资者的优惠，这种内外有别差别性方案被视为歧视待遇，有违欧盟法的基本原则。Thomas Eilmansberger, "Bilateral Investment Treaties and EU Law", in Noah Rubins (eds.), *Investment Arbitration Decisions*, JurisNet LLC, 2011, pp.1109-1114.

外）的把握和适用也是各成员国的内部权力。欧盟自身亦承认，当其对外缔结任何贸易协定或投资协定，须经所有成员国的批准。① 相应地，当外国投资者根据BIT提起国际仲裁申请时，应以欧盟抑或某一具体的成员国作为被申请人，同样属于缔约主体的问题。对此，CETA第8.21条为中欧BIT谈判提供了一定的借鉴意义，此外还必须兼顾欧盟内部的条例，例如2014年《关于投资者与东道国争端解决机制下财政责任分配的第912/2014号条例》。②

2. 外国投资实体保护的待遇标准

投资协定中对外资实施保护的一种重要方式体现为，对外国投资者的投资待遇不低于东道国（即"国民待遇原则"）或任何其他国家（即"最惠国待遇原则"）的国民和公司在同等情况下所享有的优惠。这类保护标准不同于以"公平公正待遇""充分保护及安全"为内容的绝对待遇标准，由于是相对于给予其他投资的待遇，而被统称为相对待遇标准。③ 传统上，最惠国条款以实体权利为基础，例如投资东道国在石油行业给予法国投资者以税收优惠，则英国投资者可以依据投资协定中的最惠国待遇条款主张享有与法国人同等的优惠，被东道国拒绝时也可以依据最惠国待遇条款向仲裁庭主张因歧

---

① 肖芳:《〈里斯本条约〉与欧盟成员国国际投资保护协定的欧洲化》,《欧洲研究》,2011年第3期,第93—110页。

② 不过,如果BIT中选择使用ICSID仲裁,则中国仍然应与欧盟进一步谈判缔约主体及争端解决主体问题,原因是《华盛顿公约》第25条关于ICSID仲裁庭管辖权的规定要求争端当事方必须是主权国家与私人投资者,而欧盟作为区域性国际组织,并不符合独立主权国家的要求。因此如果以欧盟整体作为缔约方,ICSID仲裁不具有可适用性。张智勇:《中欧BIT谈判:协定条款与中国新外资法的制定》,《中欧双边投资协定谈判相关法律问题研究》,林燕萍、张皎主编,北京:法律出版社,2016年版,第9页。

③ 王传丽主编:《国际经济法》(第四版),北京:中国政法大学出版社,2012年版,第249页。

视而遭受的损害赔偿。①但是在晚近的投资仲裁实践中,却出现了将最惠国待遇条款扩张适用于程序事项的案例。中欧BIT谈判中,如何明确最惠国条款的适用范围,也是需要探讨的待解决问题。此外,公正公平待遇是否必须高于国际最低标准、国民待遇是否适用于外资准入前阶段及设业权②等,也是谈判重点。

3. 对投资者业绩要求及高管人员的任命与管理

所谓业绩要求条款,特指外国投资获准进入东道国,或在东道国经营,或取得特定优惠的前提条件,将这类条款订入BIT,将允许东道国政府为实现其预期的社会经济发展目标而对投资者采取相应的具体管制措施。欧盟在与加拿大谈判时,参考了NAFTA第1106条第3款,最终在CETA第8.5条订入了业绩要求条款,禁止任一缔约方对投资者设定当地成分要求、进口用汇限制、外汇平衡要求等强制义务。中国在早期对外的BIT中并未规定此类条款,在加入世界贸易组织之后,为了履行WTO义务,我国在对外缔结BIT及FTA时纳入了《与贸易有关的投资措施协议》(简称《TRIMs协议》)中的相关规定,例如中国与新西兰FTA第140条、中国与加拿大BIT第7条等。基于中欧双方关于业绩要求的法律基础不同,文本如何拟定,将成为一项现实问题。此外,中国与欧盟在外资企业管理人员任命方面也存在差异,依据我国《中外合资经营企业法》,中外合营企业采取董事会领导下的总经理负责制,董事会是企业最高权力

---

① Alan Redfern, Martin Hunter, Nigel Blackaby and Constantine Partasides, *Redfern and Hunter on International Arbitration*, Oxford: Oxford University Press, 2009, p.504.

② 狭义上的外资准入仅关注是否允许外资进入的问题,即准入权(Right of Admission);而广义上的外资准入不仅包括准入权,还包括设业权(Right of Establishment),即外国投资者是否拥有在东道国进行开业、设业的权利,其主要关注能否在东道国确立永久性商业存在的问题。刘笋:《国际投资保护的国际法制——若干重要法律问题研究》,北京:法律出版社,2002年版,第84页;佟占军:《国际投资设业权基本问题研究》,载何志鹏主编:《国际法的未来》,北京:法律出版社,2017年版,第101页。

机构，这使得董事会在实质上兼具传统公司法理论中股东大会与董事会的双重职能，且我国法律要求合营各方中如有一方担任董事长则外方应担任副董事长。①而欧盟方面通常不允许BIT缔约方对企业任命的高管人员设定强制国籍要求或限制其担任管理、执行或专业职务。如何弥合二者的冲突，也是谈判工作中亟待解决的问题。

4. 国有企业、环境及劳工条款

中国与欧盟对BIT新兴议题所持的谈判立场不尽一致，这主要体现在投资与劳工、环境、国有企业、企业社会责任等具体方面。中国在以往对外签署的BIT中，极少在协定正文中对此类外围问题作出规定。而在与欧盟方面，其倾向于在未来的BIT中纳入此类议题，包括人权、环境保护、企业社会责任和可持续发展等。之所以欧盟希望在此类事项上作出明确规定和突破，主要是考虑到谈判结果需要经过欧洲议会的批准，而欧洲议会的成员方已经明确发声，并在具体事项上对谈判代表施加了压力，例如要求将人权与可持续发展列入谈判日程、要求根据欧盟与美国《关于国际投资共同原则的声明》保障私人企业与国有企业能够在公平、中立的市场环境下自由竞争。②不过，就当下中国的经济、政治发展程度而言，能够承受住这些"高标准""严要求"，尚且存在一定的挑战，需审慎评估，因而不会十分轻易地接受。

5. 负面清单具体内容的设置

负面清单，意即通称的"黑名单模式"，是美国BIT范本中所率先采用的控制外资准入与外资管理的模式，其涵义特指：在BIT中，

---

① 余劲松：《国际投资法》（第四版），北京：法律出版社，2014年版，第157—160页。

② 如订入此类条款，则国有企业或其他经济实体在获得政府正式或非正式授权行使政府职能时，其行为受到BIT的直接约束与管辖，且此类国有企业与外国政府的争端将被视为国家与国家间争端而非私人投资者与国家间争端。Ji Li, "State-Owned Enterprises in the Current Regime of Investor-State Arbitration", in Shaheeza Lalani (eds.), *The Role of the State in Investor-State Arbitration*, Leiden: Brill Nijhoff Publishers, 2014, pp.380-404.

缔约方承担若干义务的同时，得以列表的形式将与这些义务不符的特定措施或某些行业列入其中，从而为维持列表内的不符措施或保留在相关行业设定不符措施提供合法的权利基础，但在列表之外的行业与投资领域，则是允许缔约对方的投资者自由准入的。① 对中国而言，我国历来是通过商务部颁布《外商投资产业指导目录》的方式拟定正面清单，负面清单则是一种全新的管理方式。清单所涉具体措施的谈判，不仅关乎一国产业的开放领域及公平、透明的投资竞争环境构建，亦关系到深化一国外资监管体制的改革，以刺激市场主体参与投资的活力。与我国相似，欧盟在负面清单的谈判与使用上亦缺乏经验，仅在CETA中有所运用。可以预见，未来的中欧BIT谈判中，负面清单的具体设置是个值得争夺的焦点。

6. 对间接征收的认定及补偿标准

在外资实体保护方面，欧盟国际投资协定的最新进展之一即体现为订入关于保护投资者免于被征收和类似政治风险的相关条款。尽管欧盟委员会赞同征收补偿条款是现代国际投资协定的最基本条款之一，但在此类条款的内容和范围方面则存在较多的争执，特别是对间接征收的认定及征收补偿标准的确定问题，在现有的欧盟BIT中存在较大的差异。考虑到各国具体的政治经济环境和制度条件多有不同，欧盟在拟定BIT范本时，并没有试图起草一条具有普适性的示范征收条款或标准文本。② 而在中欧BIT谈判中，征收条款同样是一项值得博弈的要点，由于其关系到保护投资者私人权益与维护东道国规制权这两项基本目标的平衡，因而备受重视。

---

① 依美国2012年BIT范本第14条，缔约方经谈判可决定将BIT中国民待遇、最惠国待遇、业绩要求及高管国籍要求的不符措施列入协定附件即负面清单中。盛斌、纪然：《国际投资协议中国民待遇原则与清单管理模式的比较研究及对中国的启示》，《国际商务研究》，2015年第1期，第9—11页。

② Angelos Dimopoulos, *EU Foreign Investment Law*, Oxford: Oxford University Press, 2011, pp.189-190.

7. 投资者与国家间争端解决机制

中欧 BIT 是欧盟获取对外投资专属权能后启动的第一个专门投资条约谈判，而在此次谈判中，除了规定外资实体保护的待遇水平外，投资者与国家间争端解决的程序也是不可或缺的关键内容。早在谈判启动之初，欧盟就认可有效的 ISDS 机制是中欧 BIT 的重要组成部分，以保障投资者能够获得公平的救济并避免滥诉现象发生。早在1998年前后，中国就已经进入了第三代 BIT，全面接受国际投资仲裁庭的管辖权。由此可见，双方在 BIT 中纳入 ISDS 条款似乎存在基本共识，但是欧盟内部成员国对 ISDS 的强烈批判、投资法庭体系的兴起与变革，却使得这种共识颇受挑战。①

三、欧盟投资法庭体系对中欧 BIT 谈判的影响

（一）中国与欧盟各成员国缔结的 BIT 中关于争端解决的规定

欧盟对 ISDS 的改革方案及其所提出的投资法庭制度构想，为中欧 BIT 谈判中争端解决条款的制度设计提供了一份谈判的基础。在中国谈判 BIT 文本的过程中，是否接受以及在多大程度和范围内接受欧盟的投资法庭制度，其中一项重要考量及谈判要点即管辖权的问题，即中国将哪些类型的投资争端同意提交欧盟投资法庭裁判。对此，为了充分协调现有的中国与欧盟各成员国之间的 BIT 与将来的中欧 BIT 的关系，有必要对现存 BIT 中的可仲裁争端范围进行梳理并与欧盟的投资法庭管辖权进行对比。

---

① 欧洲方面对 ISDS 的反对声浪不仅来自工会和非政府组织，也来自德法等欧盟成员国以及欧洲议会的部分议员。各界的质疑主要分为两类：一类批判 ISDS 剥夺了国内法院的管辖权和国内法的适用，且漠视东道国对公共事务的规制权，甚至颠覆西方民主制度的基础；另一类批评针对 ISDS 机制本身，指控仲裁庭倾向于对条约做出有利于投资者的解释、裁决结果缺乏连续性和一致性、充满不确定性、程序缺乏透明度、仲裁员独立性与公正性存疑、缺乏上诉机制、对东道国财政形成过重的负担等。叶斌：《欧盟 TTIP 投资争端解决机制方案——困境与批判》，https://www.ddvip.com/weixin/20170811A01XQM00.html，2017年12月17日登录。

需要提及的是，中国在1993年加入《华盛顿公约》之际，依据《公约》第25条第4款向ICSID发送了一份限制可仲裁事项的通知，该通知中声明，中国仅考虑将因征收及国有化引起的补偿争端提交ICSID仲裁庭管辖。基于此项通知，中国早期缔结的BIT中仅就部分投资争端接受国际仲裁庭的管辖权，直至1998年前后才在部分新订立的BIT中全盘接受国际投资仲裁的管辖权，允许争端当事方将所有类型的投资争端提交仲裁解决。中国这一缔约态度的转变，在与欧盟各成员国所订立的BIT中也有直接的反映。截至2017年12月，欧盟现共有28个成员国，其中，英国的脱欧程序尚在谈判中，如进展顺利，其退欧决定将于2019年3月正式生效。在这28个成员国中，中国与其中27个国家缔结了BIT，其中关于可仲裁事项及国际仲裁可管辖的争端范围主要体现为三类规定：其一，仅限征收补偿款额的争端可提交国际仲裁，包括中国与丹麦、意大利、奥地利、波兰、英国、爱沙尼亚、匈牙利、斯洛文尼亚、克罗地亚等分别订立的BIT；其二，规定仅限征收补偿款额的争端可直接提交国际仲裁解决，其他的投资争端经过当事双方的同意后可提交国际仲裁解决，包括中国与希腊、立陶宛分别缔结的BIT；其三，规定无所保留地全盘接受国际投资仲裁庭对投资者与国家间各类投资争端的管辖权，包括中国与瑞典、法国、德国、芬兰、保加利亚、比利时与卢森堡、拉脱维亚、捷克、塞浦路斯、马耳他、葡萄牙、西班牙、荷兰、罗马尼亚、斯洛伐克所缔结的BIT。[①] 由此可见，中国与各欧盟成员国现有的BIT中关于可仲裁的争端事项及同意国际仲裁管辖权的范围并不一致。2009年《里斯本条约》生效前，欧盟的对外投资权能由各成员国与欧盟共同享有，而该《条约》生效后，欧盟扩大了对外关系权能，将对外直接投资政策的制定及投资条约的谈判纳入欧盟的专属职能，这为中欧开展BIT谈判并全面更新原有的中

[①] 欧盟成员国中，仅爱尔兰未与中国缔结BIT，而比利时与卢森堡共同与中国签订了一项BIT，因为中国与欧盟各成员国签署的BIT总数实为26项。

国与各欧盟成员国之间的BIT提供了合法性条件。[①] 但与此同时，考虑到欧盟方面试图将其谋划中的投资法庭体系纳入中欧BIT谈判中，为了确保未来的中欧BIT能够达成良好的效果，有必要具体分析投资法庭对哪些类型的投资争端享有管辖权。

（二）TTIP投资章节草案中投资法庭的管辖权

根据欧盟所颁布的TTIP投资章节草案，其主张在投资章节中确立五种当前国际投资协定缔约实践中最为常见的投资保护实体标准：征收补偿条款（第二节第五条），投资收益外汇自由转移条款（第二节第六条），公正公平待遇与充分保护及安全条款（第二节第三条），保护伞条款（第二节第七条），战乱损失补偿条款（第二节第四条）。此外，欧盟主张将国际投资协定中常见的国民待遇条款及最惠国待遇条款转化为禁止以投资者国籍为区分标准实施歧视性待遇，并纳入服务贸易、投资和电子商务章节中。应注意，依据草案第三节第一条中关于投资争端解决范围的相关规定，欧盟所构建的TTIP投资法庭，其管辖权仅限于对上述投资保护标准实体待遇条款的违反。[②]

就上诉法庭的管辖权而言，任一争端当事方（包括申诉方与被申诉方）均有权在初审裁决作出后90天内提起上诉申请，可申请上诉的具体理由包括：初审法庭在解释和适用准据法方面存在法律适用错误；初审法庭在事实认定方面出现错误；除前两款外，《华盛顿公约》第52条所列的撤销事由也可成为投资法庭初审裁决的上诉理由。如果经审理，上诉法庭认定初审裁决确实存在错误，则上诉庭应对初裁予以变更并修正，并在裁决中列明所作修订或推翻之处；

---

① 张庆麟、张惟威：《〈里斯本条约〉对欧盟国际投资法律制度的影响》，《武大国际法评论》，2012年第1期，第255—258页；Siegfried Fina & Gabriel M. Lentner, "The Scope of the EU's Investment Competence after Lisbon", *Santa Clara Journal of International Law*, Vol.14, Iss.2, 2016, pp.420-422.

② Reinhard Quick, "Why TTIP Should Have an Investment Chapter including ISDS", in *Journal of World Trade*, Vol.49, Iss.2, 2015, pp.199-210.

如果上诉请求明显缺乏法律根据，则上诉庭可适用早期驳回程序。如此，初审裁决即直接转化为终局裁决。值得一提的是，在国际投资法庭与东道国国内法院的管辖权分配问题上，欧盟一向拒绝接受平行诉讼，即只允许投资者在投资法庭与国内救济二者中择其一提出索赔主张，但一旦选择其一，则排除其他救济机制，这意味着选择了国际投资法庭的投资者必须中止在东道国国内已启动的任何司法或仲裁程序。投资法庭应当严格依照国际法适用TTIP条款，缔约国国内法仅构成事实问题而非法律问题。当案件审理中涉及某国内法的解释与适用时，投资法庭遵循的是外国法查明的"事实说"，其严格遵守缔约国国内法院的解释意见。

尽管欧盟所发布的TTIP草案投资章节并非其对美国提出的正式谈判要价，而仅仅是内部文件，尚需向各成员国进一步征询意见并经欧洲议会批准，但其中关于国际投资法庭的制度设计值得引起中方谈判代表的重视。原因在于，欧盟此次发布的倡议草案并不仅局限于TTIP文本谈判，长远来看，欧盟的野心在于将来以投资法庭取代所有欧盟成员国与第三国对外签订的BIT中的争端解决机制，因而对此予以准确了解，殊为必要。

（三）中欧BIT关于争端解决管辖权条款的谈判前景预估

近些年来，随着中国国际投资地位的转型，平衡保护投资者私人权益与东道国社会公共利益的理念开始体现在中国最新的缔约实践中。受到ISDS改革风暴的整体趋势影响，中国在与加拿大、澳大利亚、日本及韩国签署的投资协定中也开始对ISDS条款作出适当的调整与变动，但相比之下，与欧盟各成员国缔结的BIT却无动于衷，相关的仲裁条款尤其是仲裁管辖权条款没有作出相应的调整。随着中欧BIT谈判的不断深入，以及欧盟投资法庭体系进入试验阶段，中国政府的商务部门及外交部门在谈判过程中应当充分评估投资法庭制度对国际仲裁管辖权带来的挑战，并提出符合我国海外投资利益保护需求的相应对策。①有学者指出，我国与大多数欧盟成员国现有的BIT中，在ISDS方式上采用的是ICSID投资仲裁或根据《联合国国际贸易法委员会仲裁规则》进行专设仲裁，这种方式为争端当事各方提供了一种中立的、去政治化的纠纷解决场所，且充分纳入了国际商事仲裁中的当事人意思自治原则，允许当事人选任仲裁员并且对具体的程序事项作出约定和具体安排。而相比之下，投资法庭体系则更近似于由欧盟所主导的司法系统，尽管在透明度、效率、法官公正性等方面对投资仲裁的"合法性危机"作出了回应和革新，但总体上显得僵化且带有明显的欧盟印记，其不但没有缓解公众的质疑，在某些方面反倒加重了公众对投资仲裁机制的担忧。②就欧盟方面而言，其在与包括中国在内的第三国谈判BIT时，将建立在原先既有的欧盟成员国与第三国所签BIT的基础之上，并将为欧盟的海外投资寻求不低于原有BIT中的投资保护标准的待遇。③

总之，对于中国而言，在中欧BIT谈判中是否能借鉴越南及加拿大的经验接受欧盟的投资法庭体系，需要紧密结合该项提议的背景、自身的国情及未来投资规则的发展趋势与缔约双边合作的前景进行审慎判断。为了充分保持讨论的开放性，笔者并不打算在本文中全盘支持或绝对否定将投资法庭纳入中欧BIT的争端解决条款中，但纳入时对其作出一定的调整，是毋庸置疑的。例如，欧盟投资法庭体系中明确其价值取向旨在强化东道国的规制权并限制投资者权利，并将投资者争端解决的审判管辖权掌握在东道国当地法院或投资法庭手中。对此，中方必须对自身的投资合作角色进行定位。事实上，随着"一带一路"国际合作的纵深发展，我国对欧盟成员国

---

① 邓婷婷：《中欧双边投资条约中的投资者—国家争端解决机制——以欧盟投资法庭制度为视角》，《政治与法律》，2017年第4期，第100页。
② 叶斌：《欧盟TTIP投资争端解决机制草案：挑战与前景》，《国际法研究》，2016年第6期，第71页。
③ 张皎：《〈中欧双边投资协定〉任重道远》，《WTO经济导刊》，2014年第11期，第89—90页。

的投资项目明显增多,中国海外投资者的权益保护应受到充分的重视。当然,BIT谈判工作在很大程度上取决于缔约方之间的实力博弈,我国应当在明确己方利益与立场的前提下,最大程度地通过谈判工作和条款的拟定服务于利益需求,而非盲目或过于乐观地全盘接受欧盟所主导的ISDS改革方案。

四、结　论

欧盟所提出的投资法庭体系对现有的国际投资仲裁机制进行了有针对性的修正与变革,这使得正在进展中的中欧BIT谈判更趋复杂。中国在考虑是否将以欧盟投资法庭体系作为中欧谈判BIT争端解决条款的基础时,必须先行厘清并慎重接受投资法庭及上诉庭的管辖权。经考察,中国现有的与欧盟各成员国之间的BIT争端解决条款呈现多元化的状态,主要采用ICSID仲裁或依据《联合国国际贸易法委员会仲裁规则》进行专设仲裁解决投资者与国家间争端,且其中近半数的投资仲裁条款将仲裁庭可管辖的争端范围限于因投资被征收而引起的补偿款额争端,这种限缩式的争端解决条款,与TTIP草案中投资法庭的管辖权是存在冲突和差异的。此外,中国现有BIT中的投资仲裁机制主要采取一裁终局制,不存在对初审裁决进行上诉审查方面的制度设计,因而特别需要对欧盟投资法庭中的上诉机制进行研究。[①] 就其上诉法庭的制度设计背景而言,应明确其是为了应对国际投资仲裁中裁决不一致、缺乏实体纠错与审查机制、条约解释规则不统一等状况而进行的改革。早在欧盟投资法庭体系提出之前,就有学者提议在ICSID仲裁中置入上诉机构,但出于裁决终局性与程序高效性优势的考虑,这一构想受到一定的批判,且

---

① 陶立峰:《中欧BIT谈判中投资者与国家争端解决的模式选择》,《法学》,2017年第10期,第158页。

迟迟未能付诸实践。[①] 在充分维护高效率的争端解决程序及裁决终局性优势的前提下，欧盟借助上诉机制的审查来保障裁决的实体公正，这是值得肯定的。但在谈判具体的上诉理由及上诉法庭的管辖权时，中方不应全盘接受欧盟的改革方案，而有必要对上诉范围进行适当限制，避免被某一方争端当事人滥用以拖延裁决的执行。与此同时，就国际投资争端解决的价值理念而言，在强化东道国规制权的同时仍然要突出对投资者的权益保护，如此才能促使中立者在无所偏袒的前提下追求天平两端的利益平衡，得出各方均可接受的裁判结果，以使国际投资法在全球治理体系中为促进人类命运共同体的稳定运行而发挥应有的作用。

[①] Johanna Kalb, Creating An ICSID Appellate Body, *UCLA Journal of International Law and Foreign Affairs*, Vol.10, Iss.1, 2005, pp.183-185; Barry Appleton, "The Song Is Over: Why It's Time to Stop Talking about an International Investment Arbitration Appellate Body", *Proceedings of the Annual Meeting*, Vol.107, 2013, pp.24-25.

简易引渡与特定性原则关系探析

赵勤娟[*]

摘要：尽管简易引渡与特定性原则在保障人权上具有一致性，但是，两者在程序运行与立法初衷上存在一定的冲突。关于特定性原则在简易引渡中的适用有四种立法模式：模糊性模式、选择性模式、兼容性模式和排斥性模式。在境外追逃中，当劝返适用于引渡而且被请求引渡人接受劝返同意回国时，劝返能够与简易引渡对接，从而启动简易引渡程序。此时，我国主管机关要特别关注特定性原则在简易引渡中的适用模式，以确定我国是否负有遵守特定性原则的义务。同时，考虑到加强国际刑事司法合作的需要，我国需要引进简易引渡制度以完善我国的被动引渡体系。此外，我国要尤其关注简易引渡程序下特定性原则的适用情况与程序保障问题，为我国公民在域外引渡中适用简易引渡程序提供法律帮助，以保护我国公民的合法权利。

关键词：简易引渡　特定性原则　保障人权　劝返

《联合国打击跨国有组织犯罪公约》和《联合国反腐败公约》均呼吁各缔约国建立简易引渡制度。[①] 目前，该制度已得到各国引渡立

---

[*] 赵勤娟，北京师范大学刑事法律科学研究院研究生。
[①] 《联合国打击跨国有组织犯罪公约》第16条第8款和《联合国反腐败公约》第44条第9款均规定，"对于本条所适用的任何犯罪，缔约国应当在符合本国法律的情况下，努力加快引渡程序并简化与之有关的证据要求"。

法的普遍承认并在国际刑事司法合作中得到普遍适用。① 在开展引渡合作时，特定性原则在简易引渡程序中的适用情况关系到请求国的义务遵守和被请求引渡人的权利保障。因此，无论是出于提高引渡效率的考虑，还是保障人权的需要，探讨特定性原则与简易引渡的关系以及此种关系下特定性原则的适用情况都尤为重要。

一、共同的权利保护功能

简易引渡，是指在被请求引渡人主动同意或者自愿表示接受引渡的条件下，被请求国简化正式的审查程序，放宽审查标准，快速

---

① 在向欧洲公约在刑事合作方面的运行专家委员会（Committee of Experts on the Operation of European Conventions on Co-operation in Criminal Matters，PC-OC）提交引渡信息的48个国家中，除了亚美尼亚、芬兰、土耳其、丹麦、卢森堡、马耳他、摩纳哥、希腊、爱尔兰、挪威、冰岛、俄罗斯、格鲁吉亚、阿塞拜疆在内的14个国家，其余国家均在国内法中明确规定了简易引渡制度。但是，上述14个国家中的部分国家在司法实践中对简易引渡程序已经有所运用，例如，格鲁吉亚视情况放弃普通程序中的一般规定，简化引渡程序；冰岛在被请求引渡人同意引渡的情况下，在短时间内开展引渡合作。此外，阿塞拜疆正在考虑是否采用简易引渡程序。信息归纳源自：https://www.coe.int/en/web/transnational-criminal-justice-pcoc/extradition-country-information，2018年3月1日登录。

将该人移交给请求国。① 例如，根据加拿大1999年《引渡法》第71条第4款e项的规定，简易引渡程序下，被请求国可以在30天内向请求国移交被请求引渡人。

具体而言，简易引渡程序下，被请求国会简化请求国提交的引渡材料和对引渡请求的审查，例如，省略引渡听审程序、上诉等救济手段，甚至放弃某些引渡原则，例如，死刑不引渡原则②、双重犯罪原则③、政治犯罪不引渡原则④等，从而加快引渡审查进程，减少被请求引渡人的羁押时间。

简易引渡程序基于被请求引渡人的同意而启动，是被请求引渡人对引渡程序的放弃，因此，程序和审查标准的简化是其应有之义。

---

① 简易引渡源于大陆法系，最早见于1927年《法国引渡法》第15条，后来传入英美法系，又被称为"同意引渡"。1962年比利时、荷兰和卢森堡签订的《关于引渡和刑事互助条约》被认为是最早建立简易引渡程序的公约，英文为"Summary Procedure"。以比利时为例，"Summary Procedure"适用于比荷卢国家，由被请求国的政府法律办公室（皇家检察官）对引渡请求举行引渡听审，在被请求引渡人同意引渡后，直接向请求国的政府法律办公室发送准予引渡的通知，引渡在逮捕后五天内生效。据此，在"Summary Procedure"中，两国司法机关直接开展引渡合作；而"Simplified Procedure"需要两国政府主管机关的介入。1980年6月27日，第32届"关于实际运用欧洲引渡公约"欧洲理事会部长委员会"关于实际运用欧洲引渡公约"的建议案[Recommendation No. R(80) 7]提出建立简易引渡程序，英文为"Summary Procedure"，但是1995年《欧洲简易引渡公约》事实上建立的是"Simplified Procedure"。目前，黑山《刑事互助法》第29条与斯洛文尼亚《2007年刑事诉讼法》第529条a第4款对简易引渡程序采用"Summary Procedure"的表述方式，但是，这仍属于"Simplified Procedure"，而现在欧盟采用的"统一逮捕令"制度才是实质意义上的"Summary Procedure"。本文仅研究"Simplified Procedure"，对欧盟成员国基于欧洲逮捕令所开展的引渡合作不予关注。信息参见：A guide to national procedures on extradition (PC-OC Inf.4). p.6; available from https://rm.coe.int/CoERMPublicCommonSearchServices/DisplayDCTMContent?documentId=090000168008922b, 2018-3-1; G.Vermeulen, T. Vander Beken, "Extradition in the European Union: State of the Art and Perspectives", *European Journal of Crime, Criminal Law and Criminal Justice*, Vol.4, Iss.3, 1996, pp.211-212.

② 参见加拿大1999年《引渡法》第44条第2款、第71第4款b项。

③ 参见保加利亚《引渡和欧洲逮捕证法》第五条、第七条、第19条第3款。

④ 参见捷克共和国《国际刑事司法合作》第91条第1款f项、第96条第2款。

正如《〈欧盟成员国间简易引渡程序公约〉解释报告》所说:"如果进展缓慢意味着对人的反对被引渡这一权利的尊重,则符合公正的刑事诉讼的原则。但是,假若被请求引渡人并无意反对对其的引渡,则这一拖延是无正当理由的。"① 程序的简化和审查标准的放宽实质上是被请求国司法主权的弱化和被请求引渡人自身意愿的强化。

作为引渡的一般性原则,特定性原则是与19世纪初出现的政治犯罪不引渡原则相关联而发展起来的。因为如果以抢劫之类的普通刑事犯罪为理由获准引渡的国家,在引渡回犯罪人之后却以政治犯罪追诉犯罪人,就会践踏政治犯不引渡原则,损害被请求国的主权。② 特定性原则的立法目的在于约束请求国对被请求引渡人的审判行为,通过维护被请求国的主权,保护被请求引渡人的合法权利。

目前,纯粹的特定性原则是国际上的通说,其将请求国的审判行为限定在引渡请求所明确列举的犯罪范围内,更有利于保障人权。③ 从实体上讲,请求国不得对引渡之前的非准予引渡的犯罪进行追诉、惩罚或者再引渡,也不得因其而加重对引渡犯罪的刑罚;从程序上讲,请求国不得因引渡之前的非准予引渡的犯罪对被请求引渡人采取限制或剥夺其人身自由的强制措施。由此,扩大引渡与再引渡需要重新提起引渡申请,寻求被请求国的同意。这里需注意,

---

① 赵秉志主编:《欧盟刑事司法协助研究暨相关文献中英文本》,北京:中国人民公安大学出版社,2003年版,第224页。

② [日] 森下忠:《国际刑法入门》,阮齐林译,北京:中国人民公安大学出版社,2005年版,第170—171页。

③ 特定性原则有两种立法模式:纯粹的特定性原则和修正的特定性原则。纯粹的特定性原则将"准予引渡的犯罪"限定为引渡请求所列明的犯罪,在基于同一案件事实改变罪名的情况下,不可判处会加重原有刑罚的罪名。即如果以盗窃罪为由引渡犯罪,则引渡回国后只能针对该盗窃罪定罪量刑,不可以抢劫罪追究被请求引渡人的刑事责任。采用此立法例的有德国、意大利、匈牙利、瑞士、新加坡、中国、韩国、保加利亚、黑山等。修正的特定性原则是指"准予引渡的犯罪"应以引渡请求所揭示的罪行为准,只要不构成被请求国拒绝引渡的犯罪即可;甚至对于引渡请求未涉及的罪行,如果所判处的刑罚不涉及被请求引渡人的人身自由,也属于准予引渡的范围。这种界定方式已被英美法系一些法制建设相当成熟的国家采用,如英国、新西兰、加拿大、澳大利亚。

特定性原则只针对犯罪与刑罚,其不约束被请求引渡人的民事责任。换言之,请求国可以针对被请求引渡人引渡之前非准予引渡的犯罪行为追究民事责任。①

被请求国在审查引渡请求时,在确保请求国将会遵守特定性原则,并履行其他附加承诺的前提下,准予引渡。在被请求引渡人被引渡回请求国后,被请求国会监督请求国对特定性原则的遵守情况。②当请求国侵犯了特定性原则时,被请求引渡人及其辩护人可以此对抗请求国的追诉与刑罚。

简易引渡程序与特定性原则在保护被请求引渡人权利方面是一致的,二者可以相辅相成:简易引渡程序通过简化程序,减少被请求引渡人的羁押时间,在被请求引渡人置于被请求国控制之下时为其提供保障;特定性原则通过限制请求国的审判权,使被请求引渡人免于遭受非准予引渡犯罪的处罚,在被请求引渡人置于请求国控制之下时为其提供保障。在保护被请求引渡人权利上,前者侧重于引渡前程序上的保障;后者侧重于引渡后实体上的保障。至此,被请求国为被请求引渡人筑起一道全方位的保护墙。

但是,两者在运行方式和立法初衷上存在一定的冲突。简易引

---

① See R v O'Brien (Appellant), Case ID:UKSC 2012/0143; Neutral citation: [2014] UKSC 23; Judgment date: 02 Apr 2014. https://www.supremecourt.uk/decided-cases/2014.html, 2018-3-1.

该案中,英国针对被请求引渡人的"锅炉室骗局"犯罪行为向美国申请引渡,被请求引渡人同意英国的引渡请求,但是没有放弃特定性原则的保护。在引渡回国后,公共治安官对被请求引渡人被引渡之前的蔑视法庭行为收监处理,对此,被请求引渡人表示反对,但被公共治安官拒绝,其认为"本案中的蔑视法庭为民事蔑视法庭行为,不是刑事蔑视法庭罪,在此特定性原则不为被请求引渡人提供任何保护"。被请求引渡人随后上诉至上诉法院,上诉法院维持公共治安官的决定。本案的争议点之一在于:英国2003年《引渡法》中的特定性原则是否限制请求国就引渡之前的非准予引渡犯罪对被请求引渡人追究民事责任。此判决认为"该引渡法中的引渡犯罪只能是刑事犯罪,尽管并不是所有的刑事犯罪都构成引渡犯罪,但它是构成引渡犯罪的前提条件"。

② 参见意大利《刑事诉讼法》第699条第4款。

渡程序是被请求国基于被请求引渡人的个人选择,坚持司法主权的域内行使,强调程序的简化;特定性原则则是借助司法主权的域外行使,主动制约、监督请求国的司法运行,并强调通过普通程序审查新的引渡请求。相比较而言:简易引渡程序体现的是被请求国主权的收缩,特定性原则体现的是被请求国主权的扩张。至此,简易引渡程序的立法初衷在于尊重被请求引渡人的意愿,保障人权是其根本目的;而特定性原则的立法初衷是维护被请求国的司法主权,保障人权是其附带效应。

通过上述分析,简易引渡程序与特定性原则在保障人权上具有一致性,但是在程序运行与立法初衷上具有冲突性。

二、不同的立法调整模式

关于特定性原则在简易引渡程序中是否适用的问题,国际上存在四种立法模式。

(一)模糊性模式

即国家引渡立法没有明确规定特定性原则在简易引渡程序中是否适用。[1]一些国家关于简易引渡制度的规定本身便具有模糊性,即引渡立法中没有专门的简易引渡条款,而是将其穿插于普通引渡条款中予以表述。例如,意大利《刑事诉讼法》第701条是关于普通引渡中司法保障的规范,其第2款规定,"当外国的被告人或被判刑人同意接受引渡时,不经上诉法院审理。表达上述同意应有辩护人在场并在笔录中加以记载。"该条款对简易引渡程序下包括特定性原则在内的法律后果没有明确规定,只规定由被请求引渡人的同意启动此程序。另一些国家则在引渡立法中确立了专门的简易引渡条款,

---

[1] 意大利、韩国、保加利亚、阿尔巴尼亚、阿尔及利亚、法国、荷兰、瑞典、西班牙、葡萄牙等国采用此模式。

但并未提及特定性原则。例如，澳大利亚1988年《引渡法》第18条第2款a项规定，"地方法官应告知被请求引渡人同意之后可能产生以下法律后果：该人直接被判入狱而不需要依据第19条中规定的程序来决定是否适合被引渡；如果司法部长签发引渡令或临时引渡令，该人会立即被引渡"。①

（二）选择性模式

即特定性原则在简易引渡程序中的适用具有选择性，既可以选择适用也可以选择不适用。② 一些国家的立法中没有明确规定选择权的归属问题，因此，被请求国和被请求引渡人都可以成为该权利主体。例如，德国1982年制定的《国际刑事司法协助法》第41条第2款规定，"在第一款所指的情况下，如果被指控人经告知其权利后，已表示同意简易引渡，且此种同意已记入法院记录，可不顾第十一条（特定性原则）所述的条件"。其他国家则在引渡立法中明确规定被请求引渡人是特定性原则的选择权主体。例如，斯洛文尼亚2007年《刑事诉讼法》第529.a条第2款规定，"被请求引渡人经调查法官警示第一款下的法律后果后，可以自行终止第531条（特定性原则）的适用"。

（三）兼容性模式

即特定性原则在简易引渡程序中仍然予以适用。③ 通常情况下，国家的引渡立法明确规定简易引渡程序与普通引渡程序具有同等法

---

① 澳大利亚1988年《引渡法》以引渡对象为标准，将被动引渡分为两部分：从澳大利亚向新西兰引渡；从澳大利亚向其他国家引渡。该法主要采用模糊性模式，但是在澳大利亚向其他国家引渡部分，根据第15条A的规定：在特定的放弃时间段内（例如：司法部长在收到请求国的引渡请求，对其审查还未做出是否通知法官的决定时），如果被请求引渡人放弃引渡，则不受特定性原则的保护，即采用排斥性模式。这种情况下，模糊性模式与排斥性模式不并行使用，而是分阶段存在。
② 德国、拉托维亚、斯洛文尼亚等国采用此模式。
③ 黑山、瑞士、瑞典等国采用此模式。

律后果。例如，黑山2008年《刑事互助法》第29条第5款规定，"引渡在简化程序下与普通程序具有同等效力与后果"。此外，尽管一些国家没有明确规定特定性原则适用与否，但是，根据相关条款可以推定在简易引渡程序中适用该原则。例如，加拿大1999年《引渡法》第71条第4款规定，"当被请求引渡人同意引渡时，第43条、44条、48条、57条、62条第1款a项不适用"[①]。此条款采用逆向思维方式，即明确规定在简易引渡程序中排除适用的条款，从而推定其余条款包括特定性原则（第80条）条款继续适用。[②]再如，新西兰1999年《引渡法》第29条第1款b项明确规定，"如果被请求引渡人同意引渡，请求国就引渡犯罪以外的犯罪向被请求国申请引渡时，法官必须询问被请求引渡人是否同意该引渡"。[③]

（四）排斥性模式

即特定性原则在简易引渡程序中不予适用[④]。例如，英国2003年《引渡法》第128条第5款规定，"被请求引渡人必须被视为已经放弃了任何其本拥有的不因在被引渡之前所犯罪行而在第二类法域被处罚的权利（同意引渡的权利除外）"；匈牙利1996年《国际刑事司法协助法》第23条第1款规定，"根据可获得的材料，引渡的条件

---

① 加拿大1999年《引渡法》第43条是关于向司法部长表达意见的规定；第44条是关于拒绝引渡的规定；第48条是关于释放被请求引渡人的规定；第57条是关于对司法部长决定进行司法审查的规定；第61条第1款a项是关于期满移交的规定。

② 加拿大1999年《引渡法》，采用兼容性模式（第71条）与排斥性模式（第72条）并行的立法模式，即被请求引渡人在被逮捕或者出庭后的任何时间，可以向法官表达其同意引渡或放弃引渡的意愿。在选择同意引渡，受到特定性原则的保护；在选择放弃引渡时，不受特定性原则的保护。

③ 新西兰1999年《引渡法》以引渡对象为标准将被动引渡分为两部分并采用不同的立法模式：在从新西兰向条约国、英联邦国家及其他国家引渡被请求引渡人时，采用兼容性模式；在从新西兰向澳大利亚和指定国引渡时，采用模糊性模式。

④ 英国、匈牙利、奥地利、捷克共和国、克罗地亚、波斯尼亚和黑塞哥维那等国采用此模式。

已经满足，布达佩斯城市法院在发布临时引渡逮捕令时，通知被请求引渡人在其同意引渡的情况下，第16款（特定性原则）和国际条约、协议的相关规定不再适用，而且司法部长可能会在收到引渡请求前准予引渡；上述法律后果的警示和被请求引渡人的同意会记录在案"。

（五）总结

四种立法模式体现了不同的立法理念，是国家主权与被请求引渡人意愿的一次较量。在模糊性模式下，被请求引渡人的法律后果模糊化，特定性原则适用与否均在法律允许的范围之内，均为被请求引渡人所理应承担的法律后果。选择性模式下，在将选择权赋予被请求引渡人时，被请求引渡人的意愿发挥到了极致；而在选择权为被请求国所有时，则优先考虑国家主权。兼容性模式与排斥性模式都是被请求国直接对特定性原则的适用与否作出规定，均体现出被请求国的司法强制性。在兼容性模式下，被请求国侧重于主权，强调通过国家司法主权为被请求引渡人提供双重保障；而在排斥性模式下，被请求国侧重于尊重被请求引渡人的意愿。

模糊性模式和选择性模式的最大问题在于法律的不确定性给被请求引渡人的权利保障带来了极大风险。模糊性模式下，尤其在穿插性立法中，被请求引渡人同意表示的法律后果几乎模糊化，即特定性原则的适用情况、同意表示能否撤销、救济途径丧失与否一概不提，而程序性保障更是没有专门规定。① 由于被请求引渡人不能合

---

① 穿插性立法，即引渡中没有专门设立简易引渡条款，而是将其穿插于普通引渡条款的程序予以表述。如意大利、瑞典的简易引渡立法例。意大利立法例在上述模糊性模式中已经给予说明，在此只列明瑞典穿插性立法的表现：瑞典2003年《引渡法》第15条规定，在司法部长对接收引渡请求作出决定时，总检察官可以就此问题提出建议并提交司法部长。此外，如果被请求引渡人不同意被引渡，则案件交由高级法院进行审理。但是，如果存在明显的不予授予该请求的理由时，司法部长会立刻拒绝该引渡请求。

理期待其同意表示的法律后果，合法权利极易遭到侵犯；同时，在司法实践中，特定性原则的适用与否容易产生不同解释，不利于维护国家法律的统一性、稳定性与权威性。选择性模式下，当被请求国为选择权主体时，被请求引渡人容易沦为引渡合作的牺牲品；当被请求引渡人为选择权主体时，看似充分尊重被请求引渡人的意愿，实质上程序的不确定性反而容易导致选择权被滥用，最终背离立法初衷，侵犯人权。

兼容性模式下，特定性原则的适用给简易引渡带来了极大困扰：司法实践中，请求国在对被请求引渡人进行追诉和审判的过程中，经常会查明被请求引渡人除了犯有承诺引渡的犯罪以外，还犯有想象竞合、数罪等关联犯罪，应当一并追诉和裁判。在这种情况下，如果必须就全部罪行向被请求国提起新的引渡请求，不仅程序繁琐耗费时日，而且公诉时效、共同犯罪案件的追诉和审判等问题导致请求国的刑事追诉和司法运用都存在困难。① 在对新引渡请求采用书面审查、缺席裁决的前提下，抗辩程序的丧失不利于保障被请求引渡人陈述的真实性。针对上述问题，一方面，很多国家未采用绝对的兼容性模式。例如，加拿大采用兼容性模式与排斥性模式并行的立法模式，为被请求引渡人提供选择空间。另一方面，很多国家在立法中为被请求引渡人提供了放弃特定性原则的可能性。例如，瑞士1981年《国际刑事协助法》第38条第2款a项规定，"被请求引渡人可以放弃特定性原则"。但是，这里依然存在因程序不明确而造成的难以保障被请求引渡人意愿真实性的问题。此外，一些国家的引渡立法中采用"修正的特定性原则"。但是，在"纯粹的特定性原则"仍是国际通说的背景下，特定性原则的适用容易出现两种立法模式

---

① [日] 森下忠：《国际刑法入门》，阮齐林译，北京：中国人民公安大学出版社，2005年版，第171—172页。

的碰撞。① 同时,"修正的特定性原则"将引渡犯罪的范围扩大到引渡请求所揭示的犯罪事实基础之上,反而可能限制简易引渡程序的适用。最后,特定性原则的保护期很短,而请求国一般为被请求引渡人的母国,被请求引渡人通常情况出于情感或者经济等原因不愿离开。② 那么,特定性原则在引渡实践中的实际适用效果便成为一个值得商榷的问题。

三、专设的程序保障机制

简易引渡程序与特定性原则在立法初衷与程序运行上的冲突是不可忽视的。排斥性模式下,简易引渡程序对特定性原则的弃用避免了两者间的冲突,促进了程序简化的一致性,在被请求引渡人同意的前提下切实实现减少羁押时间的立法初衷。该模式以保护被请求引渡人的意愿为根本目的,将人权保障全部放置在移交之前,在可控范围内最大程度地确保被请求引渡人同意的自愿性,尊重被请求引渡人的选择,其本身就是对被请求引渡人权利的保护。在此意义上,这种人权保障优于特定性原则所给予的保障。

---

① "CASE OF WOOLLEY v. THE UNITED KINGDOM" (Application no. 28019/10), http://hudoc.echr.coe.int/eng#{"appno":["28019/10"],"itemid": ["001-110272"]}, 2018-3-1. 该案是英国向瑞士提起的主动引渡,属于已被定罪判刑,尚需执行部分刑罚的行刑引渡。该案中英国针对被请求引渡人的引渡犯罪判处9年有期徒刑和没收令,同时在被请求引渡人不能履行没收令义务的情况下,转化为4年有期徒刑。在行刑引渡中,瑞士与英国就9年有期徒刑这一刑罚达成一致,准予引渡。但是在引渡后,针对作为被请求引渡人原刑罚组成部分的没收令,在其转换为4年有期徒刑的情况下,英国(修正的特定性原则)认为基于同一犯罪事实,可以直接执行该刑罚;但是瑞士(纯粹的特定性原则)认为当没收令转化为四年有期徒刑构成监禁刑,在未特别同意该刑罚的情况下,英国直接执行该刑罚是对特定性原则的违反。

② 联合国《引渡示范条约》第14条第3款将其限定为30天或45天,《欧洲引渡公约》第14条第1款第2项将其限定为45天,《美洲国家间引渡公约》第13条第1款第2项将其限定为30天。在双边引渡条约中,一些国家将其限定在更短的期限内,如《美国与秘鲁引渡条约》第13条将其限定为10天。

排斥性模式下，请求国在引渡后无需受到被请求国的制约，有权自主追究被请求引渡人引渡之前的非准予引渡犯罪。这有利于节省请求国与被请求国的司法资源，提高司法效率。同时，被请求国对后续司法审查权的主动放弃，减少了双方法律持续较量的可能，有利于双方建立高度的司法互信，提高合作效率。但是，它可能导致两种权利保护制度发生冲突，即特定性原则的丧失导致被请求国对被请求引渡人权利保护的缺位，使得引渡程序与审查标准简化，侵犯被请求引渡人的权利。此时，必须遵循一定的程序规则避免或者化解这样的冲突。

被请求引渡人的意愿表达应当限于特定时间段并基于特定的告知事项，这是权利保障的前提。表达时段与告知事项的明确是对主管人员权力滥用与责任推卸的避免，有利于责任人员各司其职，切实维护被请求引渡人的合法权利。告知事项与表达时段相对应，两者与审查模式相联系。[①] 通常情况下，被请求引渡人的同意表示在司法审查阶段向法官作出，但是，也存在同意表示在行政终审阶段表达的立法例。[②] 例如，英国2003年《引渡法》明确将同意表示的时间划分为两个阶段：在案件提交国务大臣之前，被请求引渡人向法官表达同意引渡；在案件其他阶段，则向国务大臣表达。[③] 简易引渡的设立初衷是在尊重被请求引渡人意愿的基础上简化程序，因此，只要所处阶段存在程序简化的可能性，便存在同意表达的可能性。

---

① 对引渡请求的审查，国际上普遍采用双重审查制，即被请求国的司法机关与行政机关分别对外国引渡请求采用司法审查和行政审查。司法审查是由司法机关对引渡请求的合法性进行审查，包括初审与上诉及对行政部长决定的司法审查。行政审查是由行政机关对引渡请求的国家利益性进行审查。纵观各国立法，双重审查制最常见的实现模式有三种：行政审查—司法审查—行政审查，如加拿大、澳大利亚、新西兰、匈牙利；行政审查—司法审查，如保加利亚；司法审查—行政审查，如英国。

② 参见加拿大1999年《引渡法》第72条第1款，匈牙利1996年《国际刑事司法协助法》第23条第1款，捷克共和国《国际刑事司法合作》第96条第1款。

③ 参见英国2003年《引渡法》第127条第4款和第5款。

被请求引渡人在表达同意被引渡时，被请求国必须告知并保障被请求引渡人有权获得辩护和申请翻译的相关权利。被请求引渡人作为庭审中的个人，为确保其与请求国这个公权力主体享有平等的法律地位，必须给予其获得平等法律武装的权利。各国引渡立法都明确规定了被请求引渡人的辩护权，即自行聘请辩护律师和获得法律援助。例如，英国2003年《引渡法》第127条第6款到第9款明确规定了被请求引渡人在做出同意表示时必须得到"合法代理"，并在第7款和第8款专门规定了法律援助的情形。此外，被请求引渡人在不通晓被请求国语言时，有获得翻译的权利，以便被请求引渡人能够流利地参与庭审，表达自身的意愿。引渡立法一般没有明确规定被请求引渡人获得翻译的权利，而是援自其他相关法律。[①] 但是，在被请求引渡人不通晓被请求国官方语言的情况下，翻译作为被请求引渡人有效参与庭审的基础条件，应该在简易引渡程序中得到特别强调。

"同意表示"作为一项法律行为，被请求引渡人必须在知晓其法律后果的情况下做出，以保障该同意的有效性。为此，以普通引渡程序为标准，排斥性模式明确规定了简易引渡程序下所放弃的实体性和程序性权利，并要求被请求国承担相应的告知义务，即告知适用简易引渡程序的相关法律后果，包括但不限于特定性原则的放弃、同意表示的可否撤销、某些引渡原则的不适用、救济手段的丧失等。[②] 例如，澳大利亚1988年《引渡法》第15条第5款b项规定，在被请求引渡人告知地方法官其同意引渡的意思表示后，地方法官必须告知其相应的法律后果。若被请求引渡人在得知相关法律后果后仍表示同意引渡，则该同意被视为有效。这里的法律后果必须具

---

① 英国1984年《警察与刑事证据法执行守则》第13条中规定，外国人、少数民族和聋哑人有权要求翻译人员为其提供翻译。

② 参见新西兰1999年《引渡法》第29条、意大利1988年《刑事诉讼法》第710条和第711条、澳大利亚1988年《引渡法》第19A条。

体详细,否则为无效告知。

引渡程序属于刑事程序,其核心是审查请求国的引渡请求是否适格,是启动后续国内刑事审判程序的前提。在简易引渡程序中,被请求引渡人的"同意表示"是请求国引渡请求适格的核心证据,是接受后续国内刑事审判的合法根据。鉴于"同意表示"的重要性,为确保其真实性,被请求国应以书面形式予以固化,以保障其法律效力。同时,排斥性模式下,特定性原则的弃用给被请求引渡人的权利带来了极大风险,因此,一些采用该模式的国家在其引渡立法中将同意表示的书面性要件严格化,要求制作单独笔录,并由被请求引渡人、辩护人签字,由法院盖章。① 在司法实践中,如果缺乏这些形式要件,则被请求引渡人的同意表示无效。

四、对我国的意义与启示

(一)境外追逃中的注意事项

在境外追逃中,引渡程序繁琐且被请求国居主导地位,我国只是配合。为了提高追逃的效率,劝返常被适用于引渡合作中。劝返与简易引渡程序的启动核心与追求目标具有实质共通性,即在被请求引渡人同意回国的情况下,弱化被请求国的司法力量,避免被请求国繁琐的审查程序,提高司法效率。在劝返适用于引渡时,其完成的是简易引渡程序的启动工作,即被请求引渡人的同意。基于此同意,在被请求国认可我国劝返制度的前提下,被请求国可以启动简易引渡程序向我国引渡被请求引渡人。因此,劝返能够与简易引渡制度对接。例如,在"2009年沈磊案"中,沈磊在接受劝返的情况下,同意被引渡回国,并签下自愿回国书。② 在过境意大利时,沈

---

① 参见匈牙利1996年《国际刑事司法协助法》第81条第1款。
② 黄风主编:《中国境外追逃追赃:经验与反思》,北京:中国政法大学出版社,2016年版,第30—36页。

磊的自愿回国书成功启动了意大利同意经停的过境引渡程序，在不经罗马上诉法院司法审查的情况下，我国直接过境将沈磊引渡回国。①

在被请求引渡人接受劝返同意回国，并且被请求国决定采用简易引渡程序准予引渡的情况下，我国需要查明被请求国简易引渡与特定性原则的关系，明确此关系模式下，我国在刑事审判中是否负有遵守特定性原则的义务。

兼容性模式与排斥性模式下，我国对特定性原则的遵守义务是明确的。

兼容性模式下，我国负有遵守特定性原则的义务，即在诉讼引渡中，我国只能针对准予引渡的犯罪对被请求引渡人行使刑事审判权；在行刑引渡中，我国只能执行已获准引渡的刑罚。不得在未经被请求国同意的情况下，对被请求引渡人引渡之前的非准予引渡犯罪与刑罚进行处理，不得将被请求引渡人再引渡给其他任何第三方。在向被请求国申请扩大引渡时，我国要在程序上保障被请求引渡人的合法权利，保障其陈述的真实性，尽量争取被请求引渡人在陈述中表示自愿接受我国刑事审判的意愿以启动同意扩大引渡程序。②

排斥性模式下，我国不负有遵守特定性原则的义务，可以依法追究被请求引渡人引渡之前的所有犯罪行为，自主决定是否同意其

---

① 意大利1988年《刑事诉讼法》第721条第3款规定，除非被请求引渡人向批准引渡国的司法机关声明同意过境，不得在未经上诉法院做出赞同决定的情况下给予上述批准。同意引渡作为引渡的简化形式，引渡的分类也适用于简易引渡，如普通引渡中，过境引渡分为经停的过境引渡和无经停计划的航空过境引渡两种形态；在简易引渡中则为同意过境引渡，具体表现为同意经停的过境引渡和同意无经停计划的航空过境引渡两种形态。

② 同意扩大引渡是指在被请求引渡人缺席的情况下，被请求国根据被请求引渡人在请求国法官面前作出的同意表示，启动简易引渡程序。如意大利1988年《刑事诉讼法》第710条、澳大利亚1988年《引渡法》第19A条，新西兰1999年《引渡法》第60条，阿尔巴尼亚1995年《刑事诉讼法》第501条第（3）款都规定了同意扩大引渡。

他国家针对被请求引渡人的再引渡请求。

　　选择性模式下,我国在确定是否负有遵守特定性原则的义务时,首要任务是确定选择权的主体。模糊性模式下,我国要积极与被请求国沟通,就我国是否负有遵守特定性原则的义务做出决定。在选择性模式与模糊性模式中,我国的努力方向在于提高简易引渡的成功率并顺利开展刑事审判。在最终负有履行特定性原则的义务时,我国需承担与兼容性模式下同等的法律义务。

　　此外,在兼容性模式、选择性模式与模糊性模式中,很多国家在特定性原则条款中规定了放弃此原则的可能性。因此,我国还需查询特定性原则条款,以明确是否存在允许放弃该原则的可能性。同时,鉴于此三种模式程序不明确所带来的弊端,我国要在被请求国作出准予简易引渡决定之前明确我国是否负有遵守特定性原则的义务。

(二)被动引渡中的制度完善

　　在被动引渡中,当被请求引渡人同意被引渡,我国也认可该同意时,缺乏简易引渡程序使得本该简化的程序复杂化,影响引渡效率,造成双方司法资源的浪费,不符合诉讼经济原则;同时,遵循普通引渡程序,反而增加了被请求引渡人的羁押时间,侵犯人权。在主动引渡中,我国适用劝返启动被请求国的简易引渡程序将被请求引渡人引渡回国;而在被动引渡中,我国因缺乏简易引渡程序,在被请求引渡人同意引渡的情况下,不能给予请求国同等待遇,例如,"2010年朴柱铎引渡案"。① 这种法律现状造成双方引渡合作不平等,不符合互惠原则。它在限制引渡合作开展的同时,也阻碍了劝返的国际认可进程,最终限制了国际合作的有效开展。

　　截至2018年初,我国共签署50项引渡条约,已经生效的有37项。在这37个与我国签署条约的国家中,有多个国家都已建立简易

---

① 朴柱铎引渡案:(2010)浙刑二引字第1号;(2009)刑引字第2号。

引渡制度。① 同时，在司法实践中，我国也在与这些国家的引渡合作中实现了新的突破。例如，2015年2月3日我国首次从意大利引渡逃犯张某回国②；2016年9月19日我国首次从法国引渡逃犯陈某回国③。此外，我国引渡实践中出现了在没有引渡条约的情况下，基于互惠原则与他国开展引渡合作的先例，例如，2009年我国与阿尔巴尼亚基于互惠原则首次成功开展引渡合作。④ 这些都表明在加大刑事司法合作的国际大环境下，我国的引渡合作进入了一个新的阶段。如果我国引进简易引渡制度，便可启动简易引渡程序，加深双方的司法合作。因此，我国要在被动引渡中引进简易引渡制度。

排斥性模式的科学性决定了其可采性。我国采用排斥性模式，为简易引渡程序设置明确的法律后果与完善的程序保障，能够最小化被请求引渡人权利受侵犯的风险，凸显我国保障人权的立法理念。同时，特定性原则的弃用意味着我国放弃引渡后对请求国刑事审判的约束，在促进程序简化、提高司法效率的基础上，体现了对请求国法治的信任。尽管一些国家采用其他三种模式，但是正如上文分析，它们的引渡立法都为采用排斥性模式提供了可能。因此，我国采用排斥性模式向请求国提交引渡申请，有利于他国基于互惠原则，给予我国同等法律优惠，促进双方建立并深化引渡合作关系。

---

① 意大利、西班牙、葡萄牙、韩国、秘鲁、墨西哥、保加利亚、罗马尼亚、乌克兰、南非、阿尔及利亚等国均建立简易引渡制度。根据外交部网站"我国对外缔结司法协助及引渡条约情况"归纳总结而得出。参见《我国对外缔结司法协助及引渡条约情况》，中华人民共和国外交部网站，http://www.fmprc.gov.cn/web/ziliao_674904/tytj_674911/wgdwdjdsfhzty_674917/t1215630.shtml，2018年3月30日登录。

② 刘茸、杨成：《潜逃意大利10年 张某今日被依法引渡回国》，人民网，http://legal.people.com.cn/n/2015/0203/c42510-26500098.html，2018年2月3日登录。

③ 殷伟豪：《公安部"猎狐行动"首次从法国引渡一名逃犯》，中国新闻网，http://www.chinanews.com/sh/2016/09-19/8008034.shtml，2018年9月19日登录。

④ 互惠原则分为互惠实践与互惠承诺，此案是基于互惠承诺而开展引渡合作的典范。

(三)域外引渡程序中的国民保护

在域外引渡程序中,因各国简易引渡程序与特定性原则的关系不同,简易引渡制度对被请求引渡人的程序保障有所差异。目前,国际上出现了一些国家避开我国司法主权,将我国公民引诱至他国,与他国开展简易引渡合作的现象。此做法严重侵犯了我国公民的个人权利,破坏了我国司法主权。例如,在"2010年宪宏伟引渡案"中,某国卧底绕过我国司法主权,将我国公民宪宏伟和李礼引诱至匈牙利,以利用简易引渡程序将二人最终引渡至美国受审。[①] 在简易引渡听审中,法官仅告知:在同意引渡的情况下,简化流程,缩短羁押时间。至此,被请求国既未告知适用简易引渡程序的法律后果,例如,丧失特定性原则的保护;也未提供任何程序保障,例如,获得辩护和翻译的权利、制作单独笔录等。至此,在类似涉及我国公民的域外引渡程序中,我国应当特别注意运用以下策略:

第一,提供领事保护。在域外简易引渡审理过程中,我国领事官员可以为我国公民提供领事保护。联合国《维也纳领事关系公约》第36条规定,公民在人身自由受到限制或剥夺的情况下,有获得领事保护的权利。我国与外国签订的领事条约(协定)中都落实了《公约》的上述规定。据此,在域外简易引渡中,我国领事官员有为被请求引渡人提供领事保护的权力,而被请求国有保障我国公民获得领事保护的义务。因此,如果我国公民在域外适用简易引渡程序时,领事官员要及时介入,在了解简易引渡制度的情况下,为我国公民提供有效的法律帮助。我国公民也可向被请求国主管当局申请联系领事馆或领事官员。

第二,寻求救济途径。简易引渡程序下,被请求引渡人的实体性权利与程序性权利既有缺失,也有保障。以英国向第二类法域引渡为例,在简易引渡程序下,被请求引渡人丧失特定性原则的保护,

---

① 黄风:《宪宏伟引渡案审理中的重大瑕疵》,《法制日报》,2010年11月2日。

丧失上诉审以及国务大臣的司法审查权。在被请求引渡人自愿表示同意引渡的情况下，上述救济途径的放弃是符合逻辑的。但是，如果被请求引渡人对引渡的同意不是其真实意思表示，该如何保障被请求引渡人的权利呢？在此情况下，可以尝试通过两种方式来寻求救济：（1）被请求引渡人可以考虑是否具有申请难民身份的可能性，例如，英国2003年《引渡法》第121条规定了难民地位阻断引渡程序；在作出准予引渡裁定后，存在程序违反或准予引渡有侵犯人权之嫌的情况下，如果被请求国存在违宪审查，考虑提请违宪审查的可能性；简易引渡程序，一般由政府行政机关做出最终决定，在此期间，外交部可以通过外交途径积极交涉，尽量为被请求引渡人争取权利。①（2）当被请求引渡人认为准予引渡的决定侵犯了其实体性权利或程序性权利时，在穷尽国内救济的情况下，可以在相关国际人权公约适用的范围内，向国际人权法院或欧洲人权法院提起申诉，或者在向美洲人权委员会申诉后，向欧洲人权法院提起诉讼。

---

① 这种违宪审查可能在国内法中找不到具体依据，此时可以在该国加入的人权公约如《世界人权宣言》《公民权利和政治权利国际公约》《欧洲人权公约》《美洲人权公约》中寻找依据，最终能否适用，依赖于该国宪法中对国际公约法律效力的认可情况。

热点聚焦

联合国维和行动中不法行为的归责原则

——基于对"有效控制"原则的分析

郭旭阳[*]

摘要：联合国维和行动中不法行为的归责一直是一个较为复杂的问题。本文以维和行动中维和部队不法行为的归责为主要分析对象，结合联合国维和行动的现实，通过分析国际法委员会通过的《国际组织责任条款草案》第七条及其讨论过程中相关国家与国际组织的评论，并以相关案件判决分析为基础，初步总结出"有效控制"原则适用于该领域的标准。同时在简要剖析前南国际刑庭在"塔迪奇案"（Tadić case）中提出的"整体控制"原则基础上，本文认为第七条项下的"有效控制"原则的适用首先应针对个案情形，其次该原则具体适用标准为联合国是否对具体的维和行动行使了总体控制，维和行动中的指挥与控制链条在个案中是否被明显违反。

关键词：联合国维和行动 归责原则 国际组织责任 有效控制

一、联合国维和行动及其不法行为

联合国维持和平行动是"由联合国统一指挥，由军事人员参与并通过非武力行动协助在地区冲突中保持和恢复国际和平与安全的

---

[*] 郭旭阳，外交学院2017级博士研究生。

行动"。① 随着维和行动的发展,其职能与参与主体范围不断扩展。在当下,维和行动包括了军事观察团、传统维和部队、过渡时期的国际民政特派团,或者以上主体的结合。② 在维和行动实践中,虽然维和行动相关方签订了"部队地位协定",作为解决相关问题的实定法律依据,但在具体适用于责任追究时,归责原则之不同或理解差异,会带来很大的分歧和争议,在具体案件中不可回避。该问题的关键在于有关不法行为是否可以归责于联合国,这在很大程度上取决于有关行动的情况以及不法行为者与联合国之间联系的性质。

联合国国际法委员会于2011年通过的《国际组织责任条款草案》(以下简称《草案》)及其评注对于该问题进行了基本的界定与说明。《草案》第二章第七条称:"关于处在另一个国际组织支配下的一个国家机构的行为或者一个国际组织机构或者人员的行为。"其具体规定:"如果在该另一个国际组织对于一个国家的机构或者一个国际组织的机构或人员行使有效控制的情况下,则该国家机构或者国际组织机构或者人员的行为应该视为该另一个国际组织的行为。"③ 在《草案》的评注中,具体指出该条款适用最典型的情形便是由国家派出的军事力量在联合国支配下执行维和行动。在此种情形下,问题在于一项具体派出机构或者人员的行为是否可归因于接受的国际组织或者归因于派出国或者派出国际组织。但《草案》第七条及其评注中并未明确"有效控制"的具体适用标准;同时,该领域实践所引发的关于归责原则的理论思考,较之于国内法律责任或传统国家责任,也存在有价值的探索空间。

---

① United Nations, *The Blue Helmets: A Review of United Nations Peacekeeping*, 1985, p.8.

② Robert C.R. Siekmann, *National Contingents in United Nations Peace-Keeping forces*, Dordrencht: Martinus Nijhoff, 2008, pp.304-305.

③ International law Commission: Draft Articles on the Responsibility of International Organizations, with Commentaries, 2011, p.16.

(一)维和行动的指挥与控制机制分析

联合国维和行动本身基于安理会决议的授权得以部署,因而其行动的内容规定于具体的安理会决议中。实践中,安理会根据不同的冲突本质以及特定的挑战,其授权内容各异。因维和行动通常用来支持停火或者更为全面的和平协定的落实,其授权内容受冲突各方达成协议的本质及内容的影响。①

与此同时,因联合国没有自己的军队,为部署实施一项维和行动,联合国需依靠其成员国派遣的军队来完成,这需要一个复杂的程序过程。② 在安理会针对某一地区局势做出授权部署维和部队的决议后,作为派遣国国家机关的分遣队由此临时性地处于联合国的支配下,而这种支配具体是依据联合国与维和部队派遣国签订的协定,③ 以保证分遣队根据联合国的指挥结构来实施特定的维和任务,从而处于安理会的最终授权之下。与此同时,处于联合国控制下的分遣队并未丧失其国家身份。"国家分遣队具体由相应部队派出国任命指挥官来行使指挥。这些维和分遣队保有其国家身份,始终受本国军队纪律和规章的约束。"④

根本上而言,因维和行动并未在《联合国宪章》中有直接体现与规定,其在实践中逐步发展而来并带有临时的性质,由此在客观上形成了其在指挥与控制机制上的模糊的特点。这也为维和行动中出现的不法行为归责的标准确定带来了现实的困难,尤其针对如何判定是否行使了"有效控制"。

---

① U.N. Department of Peacekeeping Operations, Department of Field Support, *U.N. Peacekeeping Operations Principles and Guidelines*, "Capstone Doctrine", 2008, p.16.

② T.D. Gill, "Legal Aspects of the Transfer of Authority in U.N. Peace Operations", *Netherlands Yearbook of International Law*, 2011, pp.37-68.

③ The Secretary-General's Report, A/49/691, para.6.

④ The General Principles Governing the Organization of Armed Forces, 1947, art. 39.

（二）联合国维和行动不法行为及其归责的现实问题

随着维持和平行动内容与形式的不断丰富与扩展，以及冲突地区形势的复杂，维和人员在维和地区的不法行为，尤其是各类犯罪问题凸显。最为典型的即为维和人员对东道国儿童以及妇女的性剥削与性虐待事件。[1] 此外还有其他各类严重刑事案件发生。[2] 联合国维和人员的不当行为都有损维和行动的形象和信誉，也影响了维和行动的有效开展与最终效果。

与此同时，维和行动发展至今，明显的特点之一即由最初仅限中小国家派遣维和部队的情况发展为安理会常任理事国也派遣维和部队。这在某种程度上进一步增加了维和部队沦为大国干涉别国内政的政治工具的风险。正如我国著名国际法学家梁西先生所言，"维持和平部队带有强烈的政治色彩，实质上它是一个政治工具"。[3]

具体到联合国成员国对于维和行动的赔偿责任，其只限于按照分摊比例份额缴纳会费的义务。在维和行动中遭受侵害的第三方是不能直接向成员国要求赔偿的。只有在默认、权力滥用、第三方明知及国际组织作为成员国的代理的情况下，成员国才具有共同责任。[4] 从政治层面和联合国组织的运作机制上，"如让成员国代替联合国承担在维和行动中违反国际人道法的责任，会使联合国对维和

---

[1] Report of Secretary-General, "Special Measures for Protection from Sexual Exploitation and Abuse: A New Approach", U.N. Doc. A/71/818. Report of Secretary-General, "Special Measures for Protection from Sexual Exploitation and Abuse", U.N. Doc. A/70/729.

[2] See https://conduct.unmissions.org/other-misconduct-data, 2017-12-20.

[3] 梁西著、杨泽伟修订：《梁著国际组织法》（第六版），武汉：武汉大学出版社，2011年版，第201页。

[4] "Manual on Policies and Procedures concerning the Reimbursement and Control of Contingent-Owned Equipment of Troop/Police Contributors Participating in Peacekeeping Mission", U.N. Doc. A/C.5/60/26, chapter 9, art. 9.

部队的控制机制陷入瘫痪"。① 因为一旦要求成员国为联合国控制下的维和部队的行为承担责任,很可能导致成员国对维和行动整体的指挥控制带来不良影响,使维和行动符合自身国家利益与目标,由此联合国维和部队丧失了其相对中立和公正的性质。因此,为保障联合国维和行动的有效、可持续发展,明确《国际组织责任条款草案》第七条项下"有效控制"的适用标准具有重要现实意义。

二、"有效控制"原则剖析

(一)国际法意义上的"有效控制"

"有效控制"作为习惯国际法上形成的一项裁判领土争议的原则,国际法院在此类案件中多有适用。② 此外,该原则也与国际人权法的适用相关。③ "有效控制"在国际法律责任领域的适用首先出现在1986年"尼加拉瓜军事与准军事案"中。国际法院在该案中认为,控制主体要有"特定命令"才能证明其可作为归责依据。此后,《国家责任条款草案》第八条亦适用此概念,其评注中对"控制"的解释是指一般意义上对于政治和经济等方面的统治,不需要控制主体具有具体的命令或特定行为的授权。④ 此后"灭种公约案"⑤以及"塔

---

① "Improving the Capacity of the United Nations for Peace-keeping: Report of the Secretary-General", U.N. Doc. A/48/403, p.26.

② 江国青、江由由、吕志君:《"有效控制"原则在领土与海事争端中的适用动向——以国际法院"领土与海事争端案"为例》,《比较法研究》,2013年第6期,第46页。

③ See Human Rights Committee, "General Comment No.31: Nature of the General Legal Obligation on State Parties to the Covenant", ICCPR/C/21/Rev.1/Add.13 (2004), 10.

④ Report of the ILC on the Work of its Fifth Session (1998), U.N. Doc. A/53/ and corr.1, para.395, para.422.

⑤ Application of the Convention on the Prevention and Punishment of the Crime of Genocide (Bosnia and Herzegovina v. Serbia and Montenegro), Judgement, ICJ Reports 2007, p.169, para.399.

迪奇案"① 中对此均有涉及。

（二）军事术语项下的"有效控制"

本质上而言，《草案》第七条规定的"有效控制"是在存在多重潜在责任实体背景下的一项归责标准，这些潜在的责任实体既包括维和部队派出国，也包括联合国。而因为在维和部队具体维和任务的执行与完成过程中，这些实体发挥着不同程度的指挥与控制作用，因此有必要理清军事背景下以及具体到联合国维和中的"指挥与控制"的基本概念。

"指挥与控制"（Command and Control）被定义为"由一个适当指定的指挥官为完成任务而对已分派和附加的部队行使权威和指挥"。② 而"行动性控制"（Operational Control），在联合国体系中被定义为由联合国成员国授予维和部队军事指挥官权威以指挥分派的部队以使其得以完成特定的受功能、时间或者地点限制的派遣和任务，部署军事人员或者相关团体，对这些团体以及人员拥有或行使战术性指挥或控制。③ 明确"有效指挥和控制"以及"行动性控制"的定义，有助于明确"有效控制"在维和行动机制中的具体内涵与外延。

（三）《国际组织责任条款草案》项下"有效控制"原则整体评述

《草案》针对第七条的评注简要评析了欧洲人权法院审理的"贝赫拉米案"（*Behrami case*），该案最后判决结论中将"有效控制"的概念等同于"最终授权与控制"。评注针对欧洲人权法院使用《草

---

① Prosecutor v. Tadić, ICTY-94-1-A (1999) 38 ILM.
② 美国国防部，军事及相关术语词典，see http://www.dod.mil。
③ U.N. Department of Peacekeeping Operations, Department of Field Support, "Authority, Command and Control in U.N. Peacekeeping Operations" (Policy, February 2008, Ref.2008.4), p.4, para.9.

案》第七条中"有效控制"批判性地指出,相对于"最终的"控制,"行动性"的控制相比"有效控制"更具有重要意义。① 相比较而言,在英国高等法院对"艾尔·吉达案"(Al-Jedda case)中作出的判决,其判决"理由显得与意指的有效控制的标准相一致,即部队行为是否是在联合国的有效的'行动性控制'或者'指挥与控制'下实施"。② 笔者将在下一章节中具体分析这些案例。

要确定控制权到底掌握在"谁"的手中、哪一方应对违法行为承担责任并非简单的事情。对于行为归属的判断应以事实为基础,并需要专门的机构对每一阶段的维和行动进行考察,甚至是建立在个案分析的基础上才能确定到底是由联合国还是成员国来承担责任。③

(四)《国际组织责任条款草案》起草与讨论过程中的"有效控制"

此部分笔者将考察起草拟定《草案》过程中,相关国际组织与国家在对第七条内容进行审议评价中的内容,以深入理解该草案条款文本中所指"有效控制"的含义。

1. 国家和国际组织针对《草案》第七条所做评论意见分析

(1)国际劳工组织

2006年,国际劳工组织针对《草案》第七条做出三点评论。第一,正如草案特别报告员已经明确承认的,与此条款相关的大部分实践来于联合国维和行动,其他国际组织则显示了与非维和行动相

---

① Draft Articles on Responsibility of International Organizations with Commentaries, p.19, para.10.
② Ibid., p.20, para.12.
③ 孙萌:《联合国维和行动违法责任研究》,北京:知识产权出版社,2006年版,第104页。

关的实践。① 第二，国际劳工组织指出来自国家的官员或其他国际组织的官员，当处在国际劳工组织支配下时，便成为国际劳工组织的官员，此种情况下因其为国际劳工组织的人员，国际劳工组织对这些人的行为负有责任。第三，国际劳工组织进一步提供了这方面的例子，即出现问题的官员与受调遣的国家或国际组织保持着雇佣关系。这种形式的受调遣基于一项相关国家与国际组织或涉及两个国际组织之间的协定。在这些情形下，有效控制变得不是那么明显。在此背景下，国际劳工组织要求国际法委员阐明"有效控制"的措辞。

（2）联合国

2011年，联合国秘书长向国际法委员会提交了一份全面的评论，同时也涉及之后通过的《草案》第七条。秘书长首先指出国际法委员会提议的"有效控制"标准是一个事实情形，暗示当派出国仍然对于可归责的行为行使指挥性控制，则其不法行为应该归责于派出国而非接收的国际组织。

正如联合国之前在此问题上长期坚持的立场，处于联合国支配下的部队"转化"为联合国的分支机构，由此联合国承担责任，无论是否对于所有行动相关方面行使了事实上"有效的"控制。因此，在联合国的实践中，《草案》第七条项下的"有效控制的标准从未用于划分由于某项维和行动造成的联合国以及部队派遣国家之间的损害责任"。

依据秘书长此份报告："派遣国在维和行动期间对派出部队的纪律和刑事起诉、薪饷和晋升方面行使剩余控制权是联合国维和行动制度所固有的；联合国在原则上掌握全部行动指挥和控制权,派遣国行使其他剩余控制权。但是，只要这种剩余控制权不干扰联合国对行

---

① 国际法委员会：《国际组织的责任，从各国政府收到的评论和意见》增编，U.N. Doc. A/CN.4/568/Add.1, p.14。

动的控制,就归责目的而言,它没有任何相关意义。"①

秘书长进一步指出,由于种种原因,特别是政治原因,联合国的做法,即在维和行动方面承担对第三方的责任,但在适当情况下将责任置于派遣国的原则,很可能会继续下去。但秘书处支持《草案》第七条,以其作为一般指导原则,用于确定联合国与会员国对交由联合国支配的机关或代理人的责任,甚至适用于确定在其他情况下的联合国活动的责任。由此,基本确立了条款草案第七条适用的基础。

（3）欧盟

欧盟指出《草案》第七条规定的"有效控制"最终是基于事实控制。该《草案》的评注基本上集中于联合国维和行动的实践以及欧洲人权法院的判例,即确认了以前在"贝赫拉米案"中采纳的有争议的看法。评注对此案的判决有不同意见,欧盟更进一步提出质疑,即目前关于"有效控制"的国际实践是否足够多,以及是否形成国际习惯。②

（4）捷克、墨西哥、瑞士

2011年,捷克、墨西哥、瑞士三国提交了针对性评论。③ 捷克与墨西哥共同认为在决定哪一方行使"有效控制"时,需要考虑案件的所有实际情况。瑞士在此部分指出尽管国际法委员会对"有效控制"给出了相当长而且含有大量例证的评注,但却没有明确"有效控制"的定义。由于这一概念源自国际司法机构的判例④,而且是有争论的问题,因此有必要明确国际组织有效控制其所支配的机关或

---

① "General Assembly, Responsibility of International Organizations, Comments and Observations Received from International Organizations", U.N. Doc. A/CN.4/545, p.18.

② 国际法委员会:《国际组织的责任,从各国政府收到的评论和意见》,U.N. Doc. A/CN.4/637, pp.19-20.

③ 国际法委员会:《国际组织的责任,从各国政府收到的评论和意见》增编,U.N. Doc. A/CN.4/636/Add.1, pp.9-11.

④ 此处具体指1986年国际法院关于"尼加拉瓜军事与准军事活动案",以及前南斯拉夫国际刑事法庭关于"塔迪奇案"。

代理人所适用的具体标准。

（5）英国

在对《草案》进行最后讨论阶段，英国指出诸多评论与实践集中于由国际组织授权的军事行动，在此背景下，这一特殊的情势是否允许将《草案》第七条更广泛地适用于其他类型的活动中。此外，考虑到欧洲人权法院在对"贝赫拉米案"作出最终判决后的司法实践，英国强调相对于欧洲人权法院提出的"最终授权与控制"，需要阐明"有效控制"的标准。①

（6）法国

法国在英国提议基础上指出，在多大程度上有效控制的标准构成一种事实性评估，优先的方法应该是个案分析。同时，不仅仅应该考虑深入分析有效控制的标准适用于联合国维和行动背景下的行为，而且应该考虑在维和行动框架之外其他国际组织及其有关行为的适用问题。②

2. 对以上相关国家与国际组织意见的总结

以上主要国际组织和国家在关于《草案》第七条内容上，尤其针对"有效控制"原则提出了各种具体的意见，其共同点在于：

（1）"有效控制"的标准需根据个案具体判断适用；

（2）《草案》第七条所规定的"有效控制"原则目前主要的国家与国际组织实践集中于联合国维和行动领域，缺乏形成国际习惯法意义上广泛的国家实践与心理确信的基本构成要素，该条更多是一种前进国际法的表述，反映可能形成的国际法。

（3）国际法委员会需要在接下来的工作中阐明"有效控制"原则的具体定义以及适用标准。

---

① 联合国大会第六十六届会议正式记录，U.N. Doc. A/C.6/66/SR.19。
② 联合国大会第六十六届会议正式记录，U.N. Doc. A/C.6/66/SR.20, para.53。

三、适用"有效控制"原则的典型案例剖析

为进一步理解"有效控制"原则,笔者根据相关案件中司法机关作出的判决,将此类案件分为两大类,以便归纳出"有效控制"在司法实践中如何具体地运用及其实践标准。

(一)维和行动中不法行为归责于联合国的案例分析

1. 欧洲人权法院"贝赫拉米案"

(1)基本案情

在1998年到1999年在塞尔维亚和阿尔巴尼亚之间发生了严重的武装冲突的背景下,联合国在前南斯拉夫撤军前提下向该地区派出维和部队。① "1999年6月安理会通过了1244号决议,旨在建立由成员国和相关国际组织组成的科索沃维和部队(KFOR)"②,这实际上主要由北约部队组成,接受联合国统一的指挥、控制与资助。③ 联合国将维和部队分成四个团,分别负责一定区域,各团由一个领导国负责指挥。法国负责东北部米特罗维察。安理会1244号决议同时还决定在南斯拉夫联盟共和国建立临时政府(UNMIK)。④ 临时政府主要负责包括人道主义援助以及警察司法行政、民政、民主和机构建设等工作。⑤

---

① Behrami and Beharami v. France, Application Number 71412/01, Grand Chamber Decision, 2 May 2007, para.2.

② The Kosovo Force (KFOR) is a North Atlantic Treaty Organisation-led international peacekeeping force which was responsible for establishing a secure environment in Kosovo.

③ Behrami and Beharami v. France, Application Number 71412/01, Grand Chamber Decision, 2 May 2007, para.3.

④ United Nations Interim Administration Mission in Kosovo.

⑤ Behrami and Beharami v. France, Application Number 71412/01, Grand Chamber Decision, 2 May 2007, para.4.

2000年原告贝赫拉米（Behrami）对法国因没有有效履行在其指定区域标注并清理残留地雷而导致人员伤亡的行为，依据《欧洲人权公约》第二条的规定向欧洲人权法院提起诉讼。在该诉讼中，还涉及第三方，即联合国。2007年5月2日，欧洲人权法院最终判决"北约在科索沃维和行动引起的法律责任由授权该行动的联合国承担，北约和成员国都不承担法律责任"[①]。

（2）法院的最终判决理由分析

欧洲人权法院基于原被告以及第三方的主张，最后认为，联合国安理会1244号决议产生了本案中维和行动一系列的指挥系统。安理会对维和行动拥有最终的权威和控制，并将这种权力授予北约来建立在科索沃的维和部队及对其行使行动性指挥。北约通过一系列的指挥系统来行使其指挥任务。尽管多国部队（Multinational Brigade）是由来自维和部队主要派出国的官员来指挥，但这些指挥官是在科索沃维和部队指挥官的直接指挥之下的。多国部队的行动是根据北约制定的一项行动计划来进行并且由科索沃维和部队的指挥官以科索沃的名义来运作。

尽管维和部队派遣国对其分遣队在事实上行使刑事管辖权以及相关纪律方面的权力，但法院认为，无论从实际层面或者组织结构层面，维和部队派遣国对其分遣队的权力（牵连）并不影响北约有效的行动指挥。法院并未发现任何派遣国对于当前行动事项的干涉证据。因为部队派遣国的派遣本身从法律上是自愿的，持续的国家部署同样也是如此。派遣国对其部队实质性的规定并未对北约的行动性控制产生相关影响。[②]

由此，法院认为联合国安理会拥有对维和部队最终的权威和控制，并且北约对于相关的行动事项行使了有效的指挥与控制。在此

[①] Behrami and Beharami v. France, Application Number 71412/01, Grand Chamber Decision, 2 May 2007, p.31.

[②] Ibid., para.139.

种情形下，法院认为科索沃维和部队合法行使了《联合国宪章》第七章中安理会授予的权力，由此北约在科索沃维和行动引起的不法行为责任在原则上归责于联合国。①

2. 海牙法院审理的"斯雷布雷尼察案"（Srebrenica case）

（1）基本案情

该案源于斯雷布雷尼察在波斯尼亚与黑塞哥维那冲突期间的局势。安理会于1993年7月4日根据《联合国宪章》第七章通过第836号决议，规定由各成员国以及地区组织派遣的维和部队须在安理会的指挥下，同时与联合国秘书长合作。荷兰在1995年派遣了军事分遣队，作为联合国维和部队部署在斯雷布雷尼察，以保护此地平民的安全。本案中，荷兰维和分遣队事实上没有有效保护其负责区域波斯尼亚人的安全，这些平民在维和区域遭到了杀害。由此本案原告向海牙地区法院提起诉讼，要求荷兰政府赔偿因其失职行为给遭杀害的平民家属的损失。荷兰则认为，"荷兰维和分遣队是在联合国的授权下行动，因此此类不法行为应归责于联合国"②。

（2）案件判决分析

海牙法院在其一审中支持了荷兰政府的立场，认为不法行为应归责于联合国。其判决首先分析了本案原告主张的因荷兰维和分遣队对平民不充分的保护所造成的荷兰当局的不法行为是否成立，其次进一步分析荷兰维和分遣队的作为和不作为。③法院认为联合国对荷兰分遣队拥有"行动上的指挥和控制"。该判决所关注的焦点在于是否有明显的证据证明荷兰维和分遣队的行为在任何程度上打断联合国的命令④。法院认为依据《联合国宪章》第七章参加维和行动暗

---

① Behrami and Beharami v. France, Application Number 71412/01, Grand Chamber Decision, 2 May 2007, p.31, pp.27-29.

② Ibid., paras.2.1-2.19.

③ *Mothers of Srebrenica,* District Court of The Hague, LJN: BF0187 (10 September 2008), para.4.3.

④ Ibid., para.4.7.

示了对维和部队的"行动性指挥与控制"转移给了联合国,这种转移不包括,或者至少不是必须包括部队人员事项以及部署的分遣队的后勤保障,或者部队是否撤退的决定。① 该分析思路与欧洲人权法院在"贝赫拉米案"的最后判决分析是一致的。本案中原告所指责的荷兰维和分遣队未尽到充分保护平民义务无法将荷兰政府对于其分遣队在人事事项上的权力相容忍。② 如法院判决所述:"如果荷兰分遣队接受荷兰政府的指令而无视或者直接违反联合国命令,并且依照荷兰政府的指令采取行动,则归责于联合国的事实基础便受到动摇。"③ 在本案中,法院并未发现任何证据证明荷兰分遣队违背了联合国的指挥系统,因而最后法院认为该不法行为归责于联合国,联合国应对荷兰维和分遣队的不法行为承担赔偿责任。判决作出后,本案原告因不满判决结果,向荷兰上诉法院提起上诉。

3. 荷兰上诉法院审理的"斯雷布雷尼察上诉案"

2011年7月5日,荷兰上诉法院受理该案,上诉法院在其判决中认为,海牙地区法院做出的决定是错误的。④ 其判决中援引《草案》第七条,认为判断不法行为是否归责于国际组织的标准是"有效控制"。法院在考虑哪一方对于荷兰维和分遣队行使有效控制时指出:"该问题的判定必须依据本案的具体情形。这不仅暗示了行为是否由联合国或者荷兰发出特定指示的问题的重要性,也涉及如果不存在这种特定指示,联合国或者荷兰是否拥有组织此类行动的权力。而且,法院将通常得到承认的超过一方行使'有效控制'的可能性作为考虑的起点,这意味着法院不能排除适用此种标准而导致归责于

---

① *Mothers of Srebrenica,* District Court of The Hague, LJN: BF0187 (10 September 2008), para.4.9.

② Ibid., para.4.10.

③ *Mothers of Srebrenica,* District Court of The Hague, LJN: BF0187 (10 September 2008), para.4.14.

④ Hasan Nuhanovic v. The State of the Netherlands, Court of Appeal of The Hague, 5 July 2011, LJN: BR0133.

多方的可能性。由此，法院只考察了荷兰是否对于被指控的行为行使了有效控制，而不考虑联合国是否也行使'有效控制'的问题。"①

在将"有效控制"适用于本案的过程中，法院考察了专门针对被指控行为的因素。这包括被指控的荷兰维和分遣队行为的发生在多大程度上不同于联合国支配下部队通常的行动，斯雷布雷尼察已经沦陷，毫无疑问荷兰维和分遣队将会继续或者恢复维和任务。法院亦将荷兰高级指挥官与联合国指挥官的会谈置于重要考虑因素，认为撤退荷兰维和分遣队与难民是基于共同协定。由此法院得出，如果当时候能够认识到该行为，荷兰政府本能够阻止被指控行为的发生却未阻止。因此荷兰拥有对被指控的荷兰维和分遣队的有效控制。

（二）维和行动中不法行为归责于维和部队派出国的案例分析

1. 英国上议院"艾尔·吉达案"

（1）基本案情

因伊拉克人艾尔·吉达被怀疑是一名参与了伊拉克境内武器走私与爆炸袭击事件以及其他一系列相关活动的恐怖组织一员，英国派驻伊拉克境内的部队对艾尔·吉达实行了拘禁。而艾尔·吉达则称英国对其拘禁行为违反了《欧洲人权公约》第五条，该条规定，"应当保证受逮捕或拘禁的人运用司法程序受到公正审判的权利"②。英国上议院在本案中需判定英国对艾尔·吉达的拘禁行为具体应该归责于哪一方，联合国还是英国。英国上议院最终认定不法行为归责于英国。

---

① Hasan Nuhanovic v. The State of the Netherlands, para.5.9.

② R. (on the Application of AI-Jedda) v. Secretary of State for Defence, UK HL.58 (2007), para.1.

（2）判决分析

法院在判决中细致回顾了2007年欧洲人权法院对"贝赫拉米案"的判决内容，亦认同欧洲人权法院在该案中的推理。但相比较而言，英国上议院认为"本案中英国军队与联合国之间的关系明显不同于'贝赫拉米案'"①。在该案中最关键的是，并非安理会将英国军队部署至伊拉克境内，同时安理会并未将任何权力授权给英国军队，英国派驻伊拉克的军队亦不是联合国的分支机构。由此，英国上议院决定，"鉴于本案与'贝赫拉米案'的事实相差甚远，因此有关归责性的问题不能参考欧洲人权法院的决定来解决"②，"由英国军队实施的不法行为只能归责于英国而非联合国。"③

2. 欧洲人权法院审理的"艾尔·吉达上诉案"

在英国上议院做出最后决定两天后，欧洲人权法院于2011年7月7日受理并审理了"艾尔·吉达上诉案"。欧洲人权法院驳回了英国政府的上诉，全体一致认为拘禁归责于英国，而非联合国。

欧洲人权法院在最后判决中指出，判断对原告的拘禁行为归责于英国还是联合国，有必要去检视案件中的特定事实，这包括在案件发生期间形成于伊拉克安全政权架构的联合国安理会的措辞。在履行这项职责的时候，法院认为寻求对《联合国宪章》以及其他国际条约条款意义的权威定义并非本法院的职责。④ 它"同意英国上议院大多数观点，即联合国在2004年维持伊拉克安全和在1999年维持科索沃地区安全中扮演的角色是不同的"⑤。因此，欧洲人权法院认为，该不法行为应当归责于英国。

---

① R. (on the Application of Al-Jedda) v. Secretary of State for Defence, para.124.
② Ibid., para.24.
③ Ibid., para.24.
④ Ibid., para.76.
⑤ Ibid., para.83.

(三)适用"有效控制"的案例总结

以上五个案例涉及三个维和行动,案件整体背景均在联合国维和行动机制下展开,涉及因维和部队在维和任务区出现不法行为时的归责问题。后四个案例在其判决中均不同程度地参考与适用了欧洲人权法院在"贝赫拉米案"中所得出的"最终有效控制标准"。笔者认为该法院总结出的判定是否为"有效"控制的标准较为符合联合国维和行动中不法行为归责的特点,但其得出的"最终"有效控制当中的"最终"则显得较为牵强。该案中判定科索沃维和行动中引起的当地人员伤亡而产生的法律责任最后归因于联合国,原因在于安理会依据《联合国宪章》第七章通过的决议给予了维和行为最终的授权,这与将维和人员具体的不法行为归责于国际组织的联系过远,无法充分论证出归责于联合国的关联性。因而接下来笔者在此基础上进一步分析前南斯拉夫国际刑事法庭审理"塔迪奇案"中提出的"整体控制"的标准,尝试为维和行动中不法行为归责中具体确定"有效控制"的标准提供启发。

四、对"有效控制"的修正与替代——"塔迪奇案"

前南斯拉夫国际刑事法庭于1995年审理的"塔迪奇案"中,法庭认为,在判定武装冲突是否为国际性质时,国际人道法并未包含将一个不具有一国正式官方身份的个人行为归因于该国的法律。因而需要检视一般国际法,即国家责任相关的法律。[①]而国家责任相关的法律关于此种情形的规定需通过控制的标准进行具体判定。上诉分庭在回顾该案关于"有效控制"的标准后认为"确定一国的国家责任不同于建立个人刑事责任"[②],且"代表国家行事但没有特定指

---

① Prosecutor v. Tadić, ICTY-94-1-A (1999) 38 ILM, para.98.
② Ibid., para.103.

示的个人不同于那些由个人组成的有组织和结构层级的团体,如军事单位"①。此外,国际法院在"尼加拉瓜诉美国案"中得出的"有效控制"标准在此后的司法和国家实践中存在不一致的情况。②

  在此基础上,上诉分庭得出:"由于本案可归责的主体是一个准军事组织,即一个有组织的团体,而非一个国家,因此'尼加拉瓜诉美国案'所确立的'有效控制'标准在本案中不能适用。当存在一个由个人组成的武装部队或者军事团体,即有组织或有层级的团体时,归责标准应当是国家的整体控制(Overall Control)。"③在本案中,考虑到该团体的组织性,其对一系列活动的控制程度达到了"整体控制"的要求,法庭进一步总结出"整体控制"需要满足的条件,满足"为武装团体提供资金和装备,同时参与行动的计划、管理和监督"④。"整体控制"不要求特定军事指挥命令的发出与提供相应证明。由此可见,与国际法院所确立的"有效控制"标准相比,"整体控制"标准对于控制的程度要低很多。结合上文分析所指出的当代联合国授权下的维和行动中大国也参与派遣维和部队以及维和行动本身指挥控制机制的复杂性的现实,相比适用"尼加拉瓜诉美国案"中所确定的"有效控制"标准,本案中所确定的"整体控制"更符合联合国维和行动中不法行为归责的现实需要。但同时为保证维和指挥机制的连贯性与归责标准的确定性,维和行动的不法行为归责标准应摒弃本案中所确定的"整体"控制不要求特定军事指挥命令的发出与提供相应证明的做法。如此,才能真正保证联合国维和行动的中立与公正。

---

① Prosecutor v. Tadić, ICTY-94-1-A (1999) 38 ILM, para.120.
② Ibid., para.124.
③ Ibid., paras.125,146.
④ Ibid., para.156.

五、结 论

(一) 联合国对维和行动"有效控制"的现状总结

在联合国维和行动中,尽管如上文所述,每个维和部队派出国在一定程度上拥有对其派出部队的控制,但这种控制并未破坏维和分遣队处于联合国维和架构以及控制链条中的特性。安理会强调"作为一项首要指导原则,联合国维和行动应该处于联合国行动性控制之下。"[①] 因此联合国对于维和部队的行为行使有效控制,以《国际组织责任条款草案》第七条的规定,只要联合国有能力通过统一的控制链条指挥与控制处在其支配下的国家分遣队,即使维和分遣队基于其所在国指挥官发出的指令行动,其也是在执行联合国的指令。而且,维和分遣队与联合国组织性的关联并未破坏派出国对其部队享有的特定权力。因为只要部队有效地处于联合国指挥链条中,分遣队与其母国之间的关联只与联合国与派出国之间关系有关。

从组织化角度考虑,联合国对于维和部队行为有效控制的行使不需要涵盖分遣队所有的方面,维和分遣队可以显示出一定程度的规范性或者组织自主性,但仍需要在职能性质上处于维和行动统一的控制链条中。问题的关键在于联合国是否持续地保持对于维和分遣队所执行维和任务的指挥与控制。只有在联合国失去对于部队的军事控制以及派出国重新控制其维和分遣队的情况下,其不法行为才不可归责于联合国。

从目前的联合国维和实践看,两种情形下处于联合国支配下的维和部队的行动会跳出联合国的指挥链条。其一,维和部队派遣国单方决定将其维和分遣队从联合国指挥机制中抽离出来,直接指示其部队人员采取某项特定行为。2010年12月由布鲁塞尔一审法院作

---

① U.N. Doc. S/PRST/1994/22.

出的一个判决中指出，联合国卢旺达援助行动①中比利时分遣队指挥官作出的事实上放弃位于基加利（卢旺达首都）难民营的决定是在比利时的支持而非联合国卢旺达援助行动的指挥下进行的。②其二，联合国整个指挥链条瓦解，从而维和分遣队别无选择只能在紧急情况下做出决定，而此时，其中出现的不法行为也只能归责于派出国。上文中分析的荷兰上诉法院审理的"斯雷布雷尼察案"中的情况即如此。

（二）对于"有效控制"具体适用标准的改进建议

综合以上对《草案》第七条起草与讨论过程的整理、适用"最终有效控制"标准的五个案例以及"塔迪奇案"提出的"最终控制"标准的分析，笔者认为：

《草案》第七条提出的"有效控制"，其标准是针对具体个案情形，或者说事实情形，且目前主要的国家与国际组织实践集中于联合国维和行动背景下，尤其针对联合国授权的维和行动。

《草案》第七条项下的"有效控制"的适用标准应包括两方面要素："整体"（Overall）与"有效"（Effective）。"整体"即："提供资金和训练方面的资助、军事援助、军事装备以及行动上的支持"；参与"军事行动的组织、协调或计划工作。"③同时，对于《草案》第七条中"有效"的解释应不同于国际法院在相关案件中适用的标准。此处"有效"应指联合国安理会通过决议开展维和行动时形成具体的维和行动指挥链条，该指挥链条在实践中没有证据证明被明显地违反。而该未被违反的指挥链条则应依据联合国维和行动部对于"行动性指挥"的定义来确定，即由联合国成员国授予维和部队军事

---

① U.N. Assistance Mission for Rwanda (UNAMIR).
② G. Gaja, "Eighth report on responsibility of international organizations", U.N. Doc. A/CN.4/640, 14, para.34.
③ Stefan Talmon, "The Responsibility of Outside Powers for Acts of Secessionist Entities", *International and Comparative Law Quarterly*, Vol.58, No.3, 2009, p.506.

指挥官权威以指挥分派的部队，使其得以根据特定的维和指令，在特定时间、地点部署军事人员或者相关团体，并对这些团体以及人员指派战术性指挥或控制。[①] 基于对以上两个要素标准的适用，来具体判断联合国是否对于维和任务区特定维和人员的行为行使了有效控制，从而确定特定维和人员的不法行为是否应归责于联合国。

联合国维持和平行动已经进入更新的领域，维和行动性质和范围方面的变化涉及许多重要的国际法问题。为了保持联合国维和行动的公信力和普遍可接受性，基于以上结论，笔者希望能够有助于形成《草案》第七条所规定的"有效控制"原则在实践层面的适用标准，为维和行动中不法行为的归责提供有益参考。

[①] U.N. Department of Peacekeeping Operations, Department of Field Support, "Authority, Command and Control in U.N. Peacekeeping Operations" (Policy, February 2008, Ref. 2008.4), p.4, para.9.

构建"一带一路"规则导向型争端解决机制模式研究

孙 舒[*]

摘要："一带一路"合作机制已经全面展开，争端的出现不可避免，学界对"一带一路"争端解决机制的构建展开了广泛的研究。本文在分析现有争端解决机制构建模式后，认为中国可以吸收三大争端解决机制构建模式的优势，创新性地构建符合"一带一路"特点的，以双边轴辅模式为架构和以规则导向模式为具体运转形式的争端解决机制。

关键词：一带一路 争端解决 模式

一、引　言

自中国国家主席习近平在2013年提出"一带一路"合作倡议以来，中国与"一带一路"沿线国和相关国家展开了深入全面的合作。截至2017年9月我国已经与74个国家/国际组织签署了"一带一路"合作文件。[①] "一带一路"合作的主要领域是投资和贸易。2016年12月商务部发布的《中国对外投资合作发展报告（2016）》显示，2015

---

[*] 孙舒，外交学院2017级博士研究生。
[①] 双边文件，中国一带一路网，https://www.yidaiyilu.gov.cn/info/iList.jsp?cat_id=10008，2017年11月25日登录。

年中国对"一带一路"沿线的50个国家进行了直接投资,投资流量快速增长,是对全球投资增幅的2倍。①2016年,中国与沿线国家贸易总额为9535.9亿美元,占中国与全球贸易额的25.7%,中国与沿线52国贸易顺差与12国贸易逆差,中国是沿线主要贸易国的第一进口市场。②

  研究"一带一路"建设的学者认为在"一带一路"如此庞大的合作体系中,投资或贸易争端是无法避免的,能否构建"一带一路"争端解决机制是"一带一路"参与国共同面临的问题。中国作为"一带一路"合作体系的倡导国,应该同"一带一路"建设国一起构建符合"一带一路"建设需要的争端解决机制。那么,"一带一路"争端解决机制应该采用何种模式?针对这一问题,学界主要给出了两种解答。一些学者认为,当前建立一个全新的综合性的"一带一路"争端解决机制难度较大,它既不符合现阶段的国际国内现实也不符合争端解决专门化的分类管理需要。较为现实的办法是利用现有的双边、多边、区域或全球争端解决机制。③另有一些学者认为,"一带一路"合作范围内现有的争端解决机制存在适用主体、领域的缺位或冗余问题,这样就难免会出现争端无相应机制管辖或管辖权冲突问题;④这些学者还认为"一带一路"所倡导的全新合作模式很难与基于传统国际合作模式而建立的争端解决机制相匹配,需要建立

---

① 《中国对外投资合作发展报告(2016)》,中国一带一路网,第92页,https://www.yidaiyilu.gov.cn/zchj/qwfb/14395.htm,2017年11月24日登录。

② 《大数据解读:"一带一路"成国际贸易新引擎》,中国一带一路网,https://www.yidaiyilu.gov.cn/xwzx/gnxw/10787.htm,2018年3月28日登录。

③ 张天奎:《"一带一路"框架下投资争端多边解决机制新思路》,《法制博览》,2017年第10期;刘敬东:《构建公正合理的"一带一路"争端解决机制》,《太平洋学报》,2017年第5期。

④ 蒋圣力:《论"一带一路"战略背景下的国际贸易争端解决机制研究》,《云南大学学报法学版》,2016年第1期;张超、张晓明:《"一带一路"战略的国际争端解决机制研究》,《南洋问题研究》,2017年第2期;黄韵:《"一带一路"背景下国际贸易争端解决机制》,《重庆社会科学》,2017年第6期。

新的适于"一带一路"合作框架的争端解决机制,但此种机制在短期内无法实现统一体制,需要循序渐进构建。① 本文试图通过分析现有争端解决机制的构建模式和"一带一路"建设特点,探讨构建"一带一路"规则导向型争端解决机制的路径。

二、现有国际争端解决机制模式分析

自1899年第一次海牙和会确立了和平解决国际争端的"海牙精神"以来,国际争端解决机制构建发展迅速。据统计,现今约4000个双边或多边条约有仲裁或司法解决国际争端的条款,国际司法机构100多个。②

国际法主体间关于法律权利或政治利益观点或主张上的矛盾、分歧和对立,均构成国家间或国家与其他公认的国际法主体间的争端。一般国际法理论认为,国际争端因其可适用的解决方法的不同而区分为法律争端和政治争端。即争端的法律性和政治性取决于争端所适用的规范的性质。③ 相应地,争端所适用的规范即争端解决手段也分为政治手段和法律手段。政治手段包括谈判、磋商、调停、调查、和解等国际争端解决方法,这种方法被称为反法律方法,它依赖于当事方的同意和善意。法律手段主要指仲裁和司法判决,现当代国际争端的解决机制呈现出较为明显的司法化倾向。而在具体的国际争端中,由于争端当事方特点和争议焦点的多元性等,争端

---

① 吴灏文:《"一带一路"倡议争端解决机制的模式选择与构建》,《深圳大学学报》,2017年第5期;刘敬东:《"一带一路"法治化体系构建研究》,《政法论坛》,2017年第5期;庞超然:《"一带一路"国家间投资争端解决机制探析》,《经济观察》,2017年第11期;张晓君、陈喆:《"一带一路"区域投资争端解决机制的构建》,《学术论坛》,2017年第3期;管俊兵:《"一带一路"语境下的中国区域贸易争端解决机制的模式选择》,《前沿》,2015年第4期。

② 蒋德翠:《国际争端解决机制的新发展——CAFTA争端解决机制的法律与实践》,《云南行政学院学报》,2012年第6期,第118页。

③ 叶兴平:《再论国际争端的性质》,《法学评论》,1993年第10期,第30页。

有关国家对争端的定性多存在分歧。在实际的国际争端解决过程中,政治手段和法律手段不是分割开来而是放在一起综合使用,政治手段往往被优先使用。

在综合使用政治手段和法律手段解决国际争端的实践进程中又形成了"实力导向型"和"规则导向型"两种争端解决类型。"实力导向型"是指争端的解决依据当事方的实力而非争端的是非曲直,并且对法律规则及其统一、多边解释具有弱化作用,虽然具有灵活性和适用范围广的优点,但是争端解决的结果往往缺乏稳定性和可预测性。[①]"规则导向型"是指不仅具有成型的争端解决制度设计,而且更关注制度设计的指向是否引导争端当事方以一种"稳定性和可预见性"的方式解决争端,[②]这种设计可以增加当事方的信心,但同时也存在耗时长和费用高等缺点。目前,国际争端解决的发展方向是"规则导向型"模式。

一百多年的和平解决国际争端历史发展出了不同形式的国际争端解决模式。为便于讨论,本文按照主体数量来划分现有国际争端解决机制的模式,主要分为双边争端解决机制模式、区域争端解决机制模式和全球性争端解决机制模式三大类。这三大模式在争端解决手段的选择和"规则导向"的偏好程度等方面有很大的差异,由此形成了各具特色的争端解决机制模式。

(一)双边争端解决机制模式分析

1. 构建机制用时短

双边争端解决机制的构建通常包含在双方签订的合作协议中,即双边合作达成之时双边争端解决机制也已构建完成。这种模式的

[①] 戴兴泓:《国际争端解决机制现状与展望》,《社会科学家》,2012年第6期,第81页,第82页。

[②] 孙志煜:《CAFTA争端解决机制初论》,《湖南科技学院学报》,2013年第5期,第125页。

争端解决机制构建时间成本较低。根据我国商务部条法司统计,中国自1982年与瑞典签订第一份双边投资协定后,截至2016年12月我国对外已签订104个双边投资协定。① 仅投资领域,其数量以平均每年3.05份的速率增长。这主要是因为双边争端解决机制脱胎于某一具体领域的双边合作,参与主体少、争端范围明确和履约的信用高等特点,使得构建争端解决机制的谈判更容易在短时间内达成合意。

2. 双边关系友好程度影响争端解决机制模式构建

双边关系越好的国家越倾向于选择政治方法解决争端,因为法律方法太过敏感容易影响双边友好关系,② 如《中华人民共和国政府和坦桑尼亚联合共和国政府关于促进和相互保护投资协定》第12条"缔约双方间的争议解决"第1款规定:"缔约双方对本协定的解释或适用所产生的任何争议,应尽可能通过外交途径协商解决。"③ 此外,关系友好的双方更倾向于构建"规则导向型"争端解决机制,因为关系较好的两国通常具备较好的遵约体系,更愿意关注制度的设计从而遵循可预见的稳定的争端解决机制。这样的争端解决模式有利于增强双方的合作信心,实现良性合作循环。

3. 缔约方经济形势的情况影响争端解决机制模式构建

当经济形势恶劣时,缔约方政府自主性很弱,难以从自己的偏好出发通过缔结"规则导向型"争端解决机制模式来改善经济形

---

① 我国对外签订双边投资协定一览表(Bilateral Investment Treaty),中华人民共和国商务部网站,http://tfs.mofcom.gov.cn/article/Nocategory/201111/20111107819474.shtml,2018年3月28日登录。

② 陈兆源、田野、韩冬临:《双边投资协定中争端解决机制的形式选择——基于1982—2013年中国签订双边投资协定的定量研究》,《世界经济与政治》,2015年第3期,第129—130页。

③ 《中华人民共和国政府和坦桑尼亚联合共和国政府关于促进和相互保护投资协定》,中华人民共和国商务部网站,http://tfs.mofcom.gov.cn/article/Nocategory/201111/20111107819474.shtml,2018年8月1日登录。

势。① 因为经济形势不好，民众通常不愿支持政府让渡更多的主权给国际机制，而政府即使知道"规则导向型"争端解决机制更稳定更具有可预测性，也只能放弃这一模式而追求国内稳定。通过对比《中华人民共和国政府和坦桑尼亚联合共和国政府关于促进和相互保护投资协定》和《中华人民共和国政府和加拿大政府关于促进和相互保护投资的协定》可以发现，中坦双边投资保护协定第12条至第17条就双方争端解决做了规定但没有关于第三方和公众参与的规定，中加双边投资保护协定第15条至第33条严格规定了双方争端解决办法，其中第27条规定了"非争端缔约方：文件和参与"，第28条规定了"审理与文件的公众参与"。② 可见，一国经济形势越好越倾向于"规则导向型"争端解决机制，争端解决的信息透明度越高。

4. 缔约方国内制度影响争端解决机制模式构建

一方的国内法治程度越低，政权持续时间越短，行政人员约束程度越低，越难构建"规则导向型"争端解决机制模式。③ 这类国家独立自主意识强，更加看重争端解决过程中的自主性，不愿轻易让渡权力给国际机制。不难看出，国际争端解决机制的构建与国内制度呈相互补充关系。《中华人民共和国政府和加拿大政府关于促进和相互保护投资的协定》第15条至第33条分别就缔约双方之间争端、拒绝授予利益、法律、法规与政策的透明度、磋商、诉请提请仲裁的前提条件、仲裁员任命的同意、非争端缔约方文件和参与等议题

---

① Norbert Horn, "Arbitration and the Protection of Foreign Investment: Concepts and Means", in Nobert Horn, et al., *Arbitrating Foreign Investment Disputes: Procedural and Substantive Legal Aspects*, The Hague: Kluwer Law International, 2004, pp.21-22.

② 《中华人民共和国政府和加拿大政府关于促进和相互保护投资的协定》，中华人民共和国商务部网站，http://tfs.mofcom.gov.cn/article/Nocategory/201111/20111107819474.shtml，2018年8月1日登录。

③ Norbert Horn, "Arbitration and the Protection of Foreign Investment: Concepts and Means", in Nobert Horn, et al., *Arbitrating Foreign Investment Disputes: Procedural and Substantive Legal Aspects*, The Hague: Kluwer Law International, 2004, p.147.

全面规定了争端解决事项及流程,① 是典型的"规则导向型"争端解决机制模式。

(二) 区域组织争端解决机制模式分析

1. 构建时间滞后于合作开始时间

区域组织争端解决机制的构建一般晚于区域组织成立的时间,构建工作多在一系列争端出现之后,且需要在新的争端问题出现后不断完善已建立的争端解决机制。区域组织争端解决机制的构建更符合需求构建动因而不是提供构建动因,这一类型的争端解决机制是在争端解决的过程中形成、发展和完善的,存在争端解决机制与争端解决的供求不同步问题。

2. 成员国的数量影响争端解决机制的构建模式

区域组织的成员国越少越容易构建"规则导向型"争端解决机制。因为成员越少越容易达成合意,构建确定的争端解决规则,争端解决更具确定性和可预测性。北美自由贸易组织(NAFTA)争端解决机制的构建就是典型的"规则导向型",而中国—东盟自贸组织(CAFTA)争端解决机制的构建采取的是"实力导向型",虽然CAFTA争端解决机制更具自主性和灵活性,但"规则导向型"争端解决机制仍是其未来发展方向。

3. 成员国同质性程度影响争端解决机制的构建模式

区域组织成员国的同质性越强越容易构建"规则导向型"争端解决机制。这里的同质性主要强调政治制度和经济发展水平两个方面,政治制度相似的国家之间更容易产生信任;经济发展水平相当的国家之间谈判杠杆相同,更容易遵守规则,实现争端解决的可预测性。欧盟争端解决机制的构建即为"规则导向型",其成员国在政

---

① 《中华人民共和国政府和加拿大政府关于促进和相互保护投资的协定》,中华人民共和国商务部网站, http://tfs.mofcom.gov.cn/article/Nocategory/201111/20111107819474.shtml, 2018年8月1日登录。

治制度上和经济发展水平上都有极强的同质性。

4. 成员国的机制偏好影响争端解决机制的构建模式

若区域组织成员国多为战后实现民主独立的国家,则这类国家更倾向于构建"实力导向型"的自主灵活的争端解决机制,需要让渡部分国家权力的"规则导向型"争端解决机制则不符合它们的偏好。比较典型的是CAFTA项下的争端解决机制,CAFTA争端解决机制虽有"规则导向"的法律文本作为其表现形式,但在实践过程中仍以传统的外交手段作为其主要的争端解决方式,存在仲裁制度的失位。[1]

(三)全球性争端解决机制模式分析

1. 构建时间成本最长

因为全球性争端解决机制的构建涵盖对象广泛复杂,相应构建的机制也要多元全面,难免要投入大量时间做制度设计,相应的制度完善工作也不可或缺。关贸总协定成立于1948年,经历了从1990年布鲁塞尔部长会议的"多边贸易组织协定"谈判到1993年和1994年的乌拉圭回合谈判,1995年1月1日世界贸易组织才正式成立,其相应的争端解决机制也才得以构建。

2. 多为"规则导向型"争端解决机制

全球性争端解决机制在构建过程中必须要考虑的一个问题是成员的多样性和复杂性,这一特点决定了机制构建过程中不能过多地考虑成员的自主性和争端解决的灵活性。全球性争端解决机制的构建是以争端解决为目的,为了实现争端的有效解决,必须采取确定性和可预测性较强的"规则导向型"争端解决机制模式,否则这一机制将形同虚设。目前国际上比较权威的争端解决机制都是采取"规则导向型"模式或者朝着"规则导向型"模式改革。

---

[1] 孙志煜:《区域经济组织争端解决模式研究——以EU、NAFTA、CAFTA为中心》,博士学位论文,西南政法大学,2011年3月,第2页。

3. 管辖权问题突出

全球性争端解决机制很难避免与双边争端解决机制和区域争端解决机制产生管辖权冲突问题，管辖权规则设定也要归入争端解决机制的设计当中。要协调好不同争端体系间的管辖权问题，这给全球性争端解决机制的构建提出了新的挑战。以WTO为代表的全球性争端解决机制就经常与区域贸易协定（RTAs）产生管辖权冲突，出现管辖权冲突的根本原因是当事方先后向不同的争端解决机构申请了申诉。[1]

（四）几大争端解决机制模式的评价与思考

1. 双边争端解决机制模式的利与弊

双边争端解决机制构建模式的优势在于构建用时短，双方更易于根据本国需要有针对性地构建确定的可预期的"规则导向型"争端解决机制，但双边机制的敏感性比较大，一旦出现争端很容易影响两国的关系使得合作出现停顿。若要实现长久合作，双方要建立共识：不追求相对收益优势，看重绝对收益。在解决双方争端时，双方在遵循规则的同时兼顾双方的长期收益，不计较某一次裁决结果的绝对公正而追求长期结果的公正平衡。

2. 区域组织争端解决机制模式的利与弊

区域组织争端解决机制构建模式的特点在于机制构建以区域组织的存在为基础，区域组织的成员具有确定性和地域相关性特点，且不同背景的区域组织形成了不同的争端解决机制模式。欧盟形成了"规则导向型"和以法律手段为主的争端解决模式，东盟形成了灵活的以外交手段为主的争端解决模式，北美自贸区形成了多元的"规则导向型"和以外交手段和法律手段相结合的争端解决模式。各个区域组织的争端解决模式的构建离不开背后的历史和文化要素，

---

[1] 陈默：《RTAs与WTO争端解决机制管辖权博弈研究》，硕士学位论文，安徽大学，2015年4月，第1页。

相互之间无法进行直接的借鉴和转变。

3. 全球性争端解决机制模式的利与弊

全球性争端解决机制模式的构建都是经历了漫长的筹划、设计、谈判、妥协阶段后最终成立了争端解决机制，很难就发现的新问题再做修改，这一争端解决机制存在耗时长和僵化的缺点。此外，全球性争端解决机制为新加入成员设置了严苛的条件，很多国家往往在加入过程中望而却步。这样就导致全球性争端解决机制模式下，新成员加入难老成员欲逃离的困境。中国自1986年正式提出加入关税与贸易总协定到2001年成为世界贸易组织的一员，经历了15年的艰苦谈判才实现入世目标。[①]

三、"一带一路"规则导向型争端解决机制的构建设想

"一带一路"国际合作是一个协商发展倡议，地区各国"通过形成发展共识，共同创造发展的软硬条件，以实现共同发展"。就合作机制而言，"一带一路"不追求基于条约和高度规则化和制度化的深度一体化，没有走"制度先行、承诺先行"的老路，而是通过平等协商，以合作项目的方式来推进，走了一条"项目先行"的务实道路，避免了参与方"在开放承诺上的压力"。[②] 共建"一带一路"是构建包容、普惠和开放的区域和全球经济体系的过程，合作主要集中在以投资和贸易为主的经济领域。"一带一路"建设过程中的争端焦点多在经济领域，争端的性质偏法律方面。

---

① 焦世新：《利益的权衡：美国在中国加入国际机制中的作用》，博士学位论文，复旦大学，2007年4月，第88页。
② 秦亚青、魏玲：《新型全球治理观与"一带一路"合作实践》，《外交评论》，2018年第2期，第8页。

(一)"一带一路"合作机制的特点

1. "一带一路"参与建设成员国存在跨区域性、多元性且数量庞大的特点

"一带一路"合作倡议提出四年来,"一带一路"沿线国家和与中国签订"一带一路"相关合作协议的国家数量已达到70个,[①] 这70个国家横跨亚非欧大陆,覆盖了大约14个多边对话机制。[②] 各建设成员国的政治体制、经济发展水平和文化传统千差万别,同质性水平较低。

2. "一带一路"合作领域集中在经济和文化领域,具有去政治性特点

2015年3月28日,国家发展改革委、外交部、商务部联合发布了《推动共建丝绸之路经济带和21世纪海上丝绸之路的愿景与行动》,该文件指出"一带一路"合作建设领域集中在基础设施建设、投资、贸易和文化交流等经济、文化领域。我国与"一带一路"建设国签订的合作文件中,制造业占40.00%、建筑业占12.00%、金融

[①] 这70个国家是:新加坡、马来西亚、印度尼西亚、缅甸、泰国、老挝、柬埔寨、越南、文莱、菲律宾、伊朗、伊拉克、土耳其、叙利亚、约旦、黎巴嫩、以色列、巴勒斯坦、沙特阿拉伯、也门、阿曼、阿联酋、卡塔尔、科威特、巴林、埃及、印度、巴基斯坦、孟加拉国、阿富汗、斯里兰卡、马尔代夫、尼泊尔、不丹、哈萨克斯坦、乌兹别克斯坦、土库曼斯坦、塔吉克斯坦、吉尔吉斯斯坦、俄罗斯、乌克兰、白俄罗斯、格鲁吉亚、阿塞拜疆、亚美尼亚、摩尔多瓦、波兰、立陶宛、爱沙尼亚、拉脱维亚、捷克、斯洛伐克、匈牙利、斯洛文尼亚、克罗地亚、波黑、黑山、塞尔维亚、阿尔巴尼亚、罗马尼亚、保加利亚、马其顿、巴拿马、摩洛哥、埃塞俄比亚、新西兰、东帝汶、蒙古国、南非、韩国。参见中国一带一路网,https://www.yidaiyilu.gov.cn/info/iList.jsp?cat_id=10037,2018年8月1日登录。

[②] 这14个对话机制是:二十国集团、亚太经合组织、上海合作组织、金砖国家、澜沧江—湄公河合作、大湄公河次区域、中亚区域经济合作、中国—东盟、东盟与中日韩、东亚峰会、亚洲合作对话、中国—中东欧国家合作、中国—阿盟、中国—海合会。《推动丝绸之路经济带和21世纪海上丝绸之路能源合作愿景与行动》,中国一带一路网,https://www.yidaiyilu.gov.cn/zchj/qwfb/13745.htm,2018年8月1日登录。

业占10.00%、信息技术服务占10.00%、房地产业占8.00%、交通能源等领域占20.00%。以上数据表明,"一带一路"合作具有去政治性的特点。

3. "一带一路"合作机制具有开放包容性,成员国加入门槛低且无附加要求

共建"一带一路"致力于亚欧非大陆及附近海洋的互联互通,建立和加强沿线各国互联互通伙伴关系,构建全方位、多层次、复合型的互联互通网络,实现沿线各国多元、自主、平衡和可持续发展。[①]"一带一路"合作机制的理念给共建成员国的自主性是空前的,这使得"一带一路"建设具有很强的吸引力和活力。

(二)"一带一路"争端解决面临的问题

1. "一带一路"合作机制不具备构建专门的区域组织争端解决机制条件

"一带一路"合作体系已经扩展到跨越亚欧非的70个国家,这一体系涵盖了多个区域组织却又没有被现存的区域组织完全覆盖。体系成员的跨区域性和多元性决定了"一带一路"争端解决机制无法直接利用现有区域组织争端解决机制。而"一带一路"的建设国致力于建设一个开放的共商、共建、共享的合作平台,且"一带一路"的建设国数量庞大、地理位置分散,所以"一带一路"合作机制不可能构建出自己的区域组织争端解决机制。

2. 现有的全球性争端解决机制无法完全满足"一带一路"争端解决需要

在现有的全球性争端解决机制中,最具代表性的且符合"一带一路"争端解决需求的是WTO争端解决机制和ICSID争端解决机

---

① 《推动共建丝绸之路经济带和21世纪海上丝绸之路的愿景与行动》,中华人民共和国商务部网站,http://www.mofcom.gov.cn/article/i/jyjl/m/201601/20160101243348.shtml,2018年8月1日登录。

制,因为"一带一路"合作的重点领域是贸易和投资。而在70个"一带一路"沿线国和与中国签订"一带一路"合作协议的国家中,非WTO成员国的数量为17个;① 未加入《华盛顿条约》的国家约有11个,另有三个签署但未批准生效的国家。② 因此"一带一路"合作机制也无法直接匹配现有的全球性的争端解决机制。

3. "一带一路"建设潜在争端问题突出

"一带一路"合作重点在经济领域,合作更容易展开且合作体量庞大,与此同时出现争端的风险也更高。仅2017年1月至10月,我国企业共对"一带一路"沿线的58个国家进行了非金融类直接投资111.8亿美元;对外承包工程方面,我国企业与"一带一路"沿线国家新签对外承包工程项目合同5946份,新签合同额1020.7亿美元。③ 如此大的合作体量之下争端随时可能出现,而争端解决缺位问题还没有得到解决。

4. "一带一路"参与国的争端解决模式偏好冲突

"一带一路"参与国多为经济发展水平较低的发展中国家,一方面,这些国家多不愿让渡国家主权,倾向于选择以政治手段为主的"实力导向型"争端解决方式。这是因为发展中国家由于历史的原因更加珍惜国家的独立自主地位,因此不愿选择具有一定强制性的"规则导向型"争端解决模式。另一方面,发展中国家认为政治手段比法律手段更灵活,且相对而言时间和金钱成本较低。这就造成了

---

① 这17个国家是:东帝汶、阿富汗、不丹、伊朗、伊拉克、黎巴嫩、叙利亚、巴勒斯坦、塞尔维亚、波黑、乌兹别克斯坦、土库曼斯坦、吉尔吉斯斯坦、白俄罗斯、阿塞拜疆、埃塞俄比亚、蒙古。世界贸易组织网站,http://www.wto.org/english/thewto_e/whatis_e/tif_e/org6_e.htm,2018年8月1日登录。

② 未加入《华盛顿条约》的11个国家是:越南、老挝、缅甸、印度、马尔代夫、不丹、阿联酋、伊朗、巴勒斯坦、波兰、塔吉克斯坦;三个签署但未批准生效的国家是:俄罗斯、泰国、吉尔吉斯斯坦。世界银行网站,https://icsid.worldbank.org/en/Pages/about/Database-of-Member-States.aspx,2018年8月1日登录。

③ 2017年1—10月中国对"一带一路"沿线国家投资合作情况,中国一带一路网,https://www.yidaiyilu.gov.cn/xwzx/gnxw/36130.htm,2018年8月1日登录。

"一带一路"参与国在争端解决问题上各持己见,各取所需的现状。

(三)"一带一路"争端解决机制的构建模式

综上分析,"一带一路"合作框架的创新性使得其无法简单直接借鉴现有争端解决机制的构建模式,但是"一带一路"争端解决机制的构建可以吸收现有模式中适用的规范,创新地构建符合"一带一路"建设特点的争端解决机制。笔者认为"一带一路"争端解决机制的构建应以双边轴辅模式为架构,以"规则导向"模式为具体运转形式。

1. 模式解读:"一带一路"争端解决机制的双边轴辅框架和"规则导向"运转形式

(1)双边轴辅框架。"一带一路"合作机制的实质是以中国为主的经济强国向沿线各国提供投资援助项目的合作平台,且"一带一路"合作体系无法完全直接适用现有争端解决机制。为了填补现有争端解决体系的空白,"一带一路"争端解决可以针对"一带一路"合作特点,创建以中国为轴心、以广大"一带一路"参与方为轴边、以现有争端解决机制体系为轴辅圈的"一带一路"双边轴辅争端解决机制。这一机制包括两个部分:中国与"一带一路"成员国分别建立的争端解决机制;现有的可用于"一带一路"成员国间争端的双边争端解决机制、区域争端解决机制和全球争端解决机制。首先,要强调的是双边轴辅争端解决机制是平等的机制,不存在等级,各成员方在参与"一带一路"争端解决过程中地位平等;其次,中国作为"一带一路"合作的倡议国同每个参与国都建立了合作关系,也更容易和每个参与国建立双边争端解决机制;最后,在地理位置上,中国位于"一带一路"合作圈的中间位置,也是这一公共产品的提供者,由中国设立相关合作领域专门的争端解决机构也更合理。

(2)"规则导向"运转形式。"一带一路"建设国的多元性与复杂性导致很难建立统一普遍适用的争端解决规则,回顾一百多年国际争端解决的历史,不难发现,在具体的争端解决过程中,争端解决手段可以根据具体争端和当事方的偏好来选择,但是国际争端解决运转形式是统一朝着"规则导向型"模式发展的。"一带一路"争端解决的"规则导向型"模式,一方面可以给争端方确定的可预测的争端解决预期,另一方面可以促进"一带一路"争端解决机制朝着规范化方向发展。"一带一路"争端解决机制"规则导向"运转形式应重点纳入以下规则:第一,争端解决选择的终局限制,即争端当事方在同一时间只能选择一个机构来解决争端,这样既可以解决管辖权冲突问题又可以避免平行诉讼问题;第二,争端解决时间限制,即争端解决要保证效率,这样更符合经济合作的高效要求;第三,裁决执行期限制,即争端当事方必须在规定的时间内执行裁决,一方面可以提高成员国对"一带一路"争端解决机制的信心,另一方面可以使机制实现良性运转;最后,设立"一带一路"规则导向争端解决基金,奖励按规则解决争端的当事方,降低争端解决的费用。

2. 模式构建原则

为了消除"一带一路"参与国的疑虑,在具体设计"一带一路"争端解决模式前要先明确几大原则:

(1)"一带一路"争端解决机制是开放的模式。这一模式最大程度地维护了争端当事方的意思自治权,当事方可以根据自己的意愿选择争端解决机构。一方面可以填补现有争端解决机制的空白,另一方面当事方也可以采取已有的适用的争端解决方式。意思自治观念从罗马法肇始至今,经过几个世纪的沿革,已经成为国际法领域解决法律适用问题的一项重要原则。[1]

(2)"一带一路"争端解决机制的构建以参与国的同意为前提,满足各成员方的共同利益。"一带一路"坚持和平、发展、协作和互

---

[1] 闫薛涛:《国际商事仲裁中的意思自治和司法审查——以合意变更为核心》,硕士学位论文,哈尔滨工业大学,2011年6月,第6页。

利原则，奉行双赢哲学，摒弃零和博弈。① "一带一路"争端解决也应以当事方非零和博弈为目标。一方面可以有效保障争端方的合法权益，另一方面可以维持稳定的合作关系。这一模式可以实现"一带一路"建设国利益最大化。

（3）"一带一路"争端解决模式要求成员国具备善意的参与心态。一方面经济发展水平较高的国家要主动承担更多的机制构建的责任，另一方面其他参与国要抱有积极的履约意识。只有这样才能保证"一带一路"合作实现良性运转。1966年至1972年，法国在法属波利尼西亚莫鲁洛亚珊瑚岛上的核试验场进行了数次核试验，澳大利亚和新西兰离核试验场很近，共同反对法国的核试验，但法国并没有做出让步。两国分别向国际法院提出诉讼，澳大利亚在其起诉书中要求"裁定并宣判在南太平洋大气层继续进行核武器试验违背了相关国际法的规定，并要求法国不得再进行任何类似核试验"。它们还申请禁止令，但根据《关于和平解决国际争端的一般规定》和法国接受国际法院管辖的明确声明（该声明包含一条保留条款，即"有关国家防御活动的争议"除外），法国认为法院无司法管辖权，同时也拒绝出庭答辩。尽管如此，法院还是以微弱多数判令法国在辩论和最终裁决前"避免进行可能导致核放射尘埃降落到澳大利亚领土上的核试验"。法国对裁决拒不理睬，照样进行了试验，但当国际法院在六个月后进入案件实质性审理阶段时，它定案的依据是一份声明，由法国总统和总理宣布法国已经满足了大气实验阶段的需要，因此不需要再进行此类实验的声明。国际法院以九比六的表决裁定诉讼争议已不存在。这个例子反映出这样一个事实：双方认识到如果对履行正式的手续不给予足够的尊重，那么就会对各方长远

---

① Dr. Fan Yang, "Silk Road Opportunities for Business, Practitioners and Stakeholders in Malaysia and Elsewhere", Redefining ADR: Asia and Beyond, Kuala Lumpur International ADR Week, May 15-17, 2017, Souvenir Booklet, p.40.

的利益造成不利影响。①

3. 模式可行性分析

第一,时间成本低。"一带一路"争端解决机制在保留现有争端解决机制的基础上,通过构建双边争端解决机制填补机制空白。以最省时的办法搭建了覆盖整个"一带一路"合作区的争端解决机制。自"一带一路"倡议提出至今,不到五年的时间里,参与国间的合作呈急剧增长态势。但是,政治、人文、经济基础等多方面的差异导致"一带一路"项目在建设国实施时出现"水土不服"现象,经贸争端时有发生,且有些争端可能从未在其他仲裁或仲裁相关的诉讼中出现过。② 这一优势解决了在"一带一路"合作快速展开的过程中出现争端,而无相应争端解决机制的被动局面。

第二,符合各参与国的利益。"一带一路"争端解决机制不仅在争端解决的机制选择问题上维护了参与国的意思自治权,而且致力于通过"规则导向"引导当事方按照协议解决争端和履行裁决。这一模式可以促进"一带一路"建设过程中的合作、争端、争端解决、执行裁决和再合作的良性循环。机制的权威性需要依靠各参与方对裁决的有效执行,相应参与国的利益也会得到机制的保障。

第三,机制构建的科学性。纵观现有的区域争端解决机制和全球性争端解决机制,无不以"规则导向"为改革发展方向。比较典型的是WTO争端解决机制,最初的1947年关贸总协定对争端解决问题规定得较为简单,尽管协定第22条、第23条规定了磋商,还规定了在必要时可将争端提交至关贸总协定缔约方。早年间,争端常常被提交至工作组,不久之后,一个更加以规则为导向的机制开

---

① 万鄂湘、王贵国、冯华健主编:《国际法:领悟与构建——W. 迈克尔·赖斯曼论文集》,北京:法律出版社,2007年版,第108—111页。
② Shamlan Al Sawalehi, "Reconciling Arbitral Regimes along The Silk Road", Redefining ADR: Asia and Beyond, Kuala Lumpur International ADR Week, May 15-17, 2017, Souvenir Booklet, p.37.

始形成，在实践中发展成为将争端提交至专家组的做法。① "一带一路"规则导向争端解决机制的构建符合国际争端解决机制的科学发展方向。

四、结　语

"一带一路"合作机制是在中国的倡导下吸引了来自欧亚非的70个国家共同参与的经济共建平台，"一带一路"特有的合作模式无法完全直接适用于现有的争端解决机制。在分析对比现有的争端解决模式后，根据"一带一路"建设的特点和争端解决需要，笔者提出构建以双边轴辅模式为架构和以"规则导向"模式为具体运转形式的"一带一路"争端解决机制。这一争端解决机制模式的构建时间成本低、符合各国的利益、可以填补现有争端解决体系的空白，更可以引导"一带一路"建设成员国树立争端解决的"规则导向"意识，符合国际争端解决的发展方向。"一带一路"双边轴辅和规则导向型争端解决机制的构建，必然可以同"一带一路"建设相辅相成，实现共同发展。

---

① ［英］J.G.梅里尔斯：《国际争端解决》（第五版），韩秀丽、李燕纹、林蔚、石珏译，北京：法律出版社，2013年版，第250页。

综 述

2017年中国法律外交实践综述

宋 岩 焦 阳 李子钰 刘燕彬[*]

一、领土与海洋

(一)南海问题

1. 落实《南海各方行为宣言》的第14次高官会议成功举行

2017年5月17日至18日,中国与东盟国家于中国贵州省贵阳市举行落实《南海各方行为宣言》第14次高官会和第21次联合工作组会,中国与东盟十国外交部高官出席了会议。会议审议通过了"准则"框架。达成"准则"框架具有积极意义,这也是整个"准则"磋商的重要阶段性成果。此次会议还审议通过了《建立三个技术委员会步骤非文件》、外交高官热线平台试运行结果,并更新了2016—2018年工作计划。2017年是《南海各方行为宣言》签署的第15年,各方应继续坚持全面、有效落实《宣言》,共同维护南海和平稳定,致力于"将南海建设成为和平之海、友谊之海、合作之海"。[①]

---

[*] 宋岩,外交学院国际法系讲师;焦阳,外交学院国际法系讲师;李子钰,外交学院国际法系2014级本科生;刘燕彬,外交学院国际法系2014级本科生。

[①] 《落实〈南海各方行为宣言〉第14次高官会举行》,中华人民共和国外交部网站,http://www.fmprc.gov.cn/nanhai/chn/wjbxw/t1463132.htm,2018年4月1日登录。

2. 中国—菲律宾南海问题双边磋商机制第一次会议取得丰硕成果

为落实2016年10月菲律宾总统杜特尔特访华期间和中国国家主席习近平有关友好对话精神，经中菲双方商定，2017年5月19日中国—菲律宾南海问题双边磋商机制第一次会议在贵州省贵阳市举行。中国外交部副部长刘振民和菲律宾驻华大使罗马纳分率各自代表团出席。根据2016年10月发布的《中华人民共和国与菲律宾共和国联合声明》，双方承诺在南海采取行动方面保持自我克制，以免使争议复杂化、扩大化和影响和平与稳定，双方认为建立双边磋商机制是有成效的，并在2017年1月的双方外交部磋商中进行了双边磋商机制《职责范围》的讨论。本次会上，双方代表团团长在该机制《职责范围》文件上签字。双方同意该机制将作为双方建立信任措施和促进海上合作与海上安全的平台；该机制由来自中菲两国外交部和海上事务负责机构的相同数量官员组成；依照此机制，每六个月在两国交替举行会议。① 中菲两国能够直接进行磋商，互相保持克制，友好对话，有利于地区的和平稳定发展及争议的妥善解决。

（二）中印边界越界问题

依据1890年中国和英国签订的《中英会议藏印条约》，中国西藏地方和锡金之间的边界在洞朗地区与锡金地区之间。洞朗地区位于边界线中国一侧，是无可争议的中国领土。2017年6月18日，印度边防部队270余人携带武器，及2台推土机，在多卡拉山口越过锡金段边界线100多米，进入中国境内阻挠中方正在进行的修路活动，引发局势紧张。6月19日，中方通过外交途径紧急向印方提出严正交涉，对印方非法越界行为予以强烈抗议和谴责。从以前两国的外

---

① 《中国—菲律宾南海问题双边磋商机制第二次会议》，中华人民共和国外交部网站，http://www.fmprc.gov.cn/web/wjbxw_673019/t1534825.shtml，2018年4月1日登录。

交照会中可以看出双方都已承认和继承了《中英会议藏印条约》，因此该条约确定的边界受国际法保护，我国的领土主权神圣不可侵犯。

外交部发表《印度边防部队在中印边界锡金段越界进入中国领土的事实和中国的立场》，表明我国就印度边防部队越界的强硬态度：中国进行施工的活动正当合法，目的是为了改善当地的交通。中国修路活动没有越过边界线，而且中方出于善意，已提前通过边防会晤机制两次向印方作了通报，印方均未做任何反馈。而后印方提出种种"借口"，允许其边防部队侵入他国领土，是严重违反国际法基本原则的行为，极不利于中印边境地区的和平与安定。中国虽然试图通过中印双边机制解决问题，但由于印方的不合作态度，遭遇阻碍。① 此后，8月15日，中国边防部队在对中印边境西段班公湖地区实控线中方一侧进行正常巡逻时，受到印度边防部队阻挠。其间，印方采取激烈动作，冲撞中方人员并与中方发生肢体接触，造成中方人员受伤。印方此举违反双方就维护边境地区和平安宁达成的有关共识，危及中印边境西段局势。② 中印两国同作为亚洲大国，有长达4000多公里的边界线，维持边界和平稳定，不仅对两个国家而言，对亚洲地区而言都有重要意义。中印双方应当采取减少争议，而非扩大争议的方式进行磋商，避免在新的区域产生纠纷，尽可能地有效使用边防会晤机制，互相尊重领土主权。

二、司法协助与引渡

（一）国际司法协助立法

2017年12月22日，第十二届全国人大常委会第三十一次会议审

---

① 《印度边防部队在中印边界锡金段越界进入中国领土的事实和中国的立场》，中华人民共和国外交部网站，http://www.fmprc.gov.cn/web/zyxw/P020170802541371281020.pdf，2018年4月1日登录。

② 2017年8月21日外交部发言人华春莹主持例行记者会，http://www.fmprc.gov.cn/web/fyrbt_673021/t1486239.shtml，2018年4月1日登录。

议了国际刑事司法协助法草案，对我国向外国、外国向我国提出调查取证请求的事项和程序作出规定。①

我国已经批准和加入了包括《联合国反腐败公约》和《联合国打击跨国有组织犯罪公约》等多项有刑事司法协助内容的国际公约，批准了54件有关刑事司法协助的双边条约。制定一部内容较为完备、行之有效的国际刑事司法协助法的时机已经成熟。

国际司法协助法的立法有利于规范和完善我国刑事司法协助体制，填补刑事司法协助国际合作的法律空白，完善追逃追赃有关法律制度，为推进全面依法治国、全面从严治党做出应有贡献。

国际司法协助法草案在全面总结过去30多年开展刑事司法协助工作实践经验的基础上，着眼于为我国与外国的国际刑事司法协助提供必要的法律依据，以解决合作中的实际问题为导向，以服务反腐败国际追逃追赃为目的，对刑事司法协助请求的提出、接收和处理，送达文书，调查取证，安排证人作证或者协助调查，涉案财物的查封、扣押、冻结，违法所得的没收、返还和分享，刑事诉讼结果通报等做出规范。

同时草案还规定了开展协助的原则、依据、对外联系机关、主管机关和办案机关，规定了经费保障和费用承担等问题。②

（二）司法协助与引渡条约的签署

2017年9月12日，中国驻荷兰大使吴恳代表中国政府签署了《选择法院协议公约》（以下简称《公约》）。该《公约》于2005年6月30日由海牙国际私法会议第二十次外交大会通过，2015年10月1日生效。《公约》保障国际民商事案件当事人排他性选择法院协议的

---

① 《我国拟立法对国际刑事司法协助调查取证作出规定》，中国人大网，http://www.npc.gov.cn/npc/lfzt/rlyw/2017-12/23/content_2034563.htm，2018年4月1日登录。
② 《我国拟立法促进反腐败国际追逃追赃合作》，中国人大网，http://www.npc.gov.cn/npc/lfzt/rlyw/2017-12/23/content_2034557.htm，2018年4月1日登录。

有效性，被选择法院所作出的判决应当在缔约国得到承认和执行，这对加强国际司法合作、促进国际贸易与投资具有积极作用。

中国作为海牙国际私法会议成员国，全程参与了《公约》谈判并发挥了积极作用。签署《公约》后，中国将加紧研究公约批准事宜，以期《公约》早日对中国生效，为中国在民商事判决承认与执行领域开展对外合作提供新的法律基础。①

（三）司法协助与引渡条约的批准

第十二届全国人民代表大会常务委员会第二十八次、三十次会议决定分别通过了三项双边司法协助及引渡条约：2017年6月27日，批准了2013年5月10日在布宜诺斯艾利斯签署的《中华人民共和国和阿根廷共和国引渡条约》；② 2017年11月4日，批准了2015年3月25日由中华人民共和国代表在北京签署的《中华人民共和国和亚美尼亚共和国关于刑事司法协助的条约》③ 以及2014年5月4日由中华人民共和国代表在亚的斯亚贝巴签署的《中华人民共和国和埃塞俄比亚联邦民主共和国关于民事和商事司法协助的条约》。④

此外，根据外交部相关信息，我国于2012年9月10日签署的

---

① 《中国签署〈选择法院协议公约〉》，中华人民共和国外交部网站，http://www.fmprc.gov.cn/web/wjb_673085/zzjg_673185/tyfls_674667/xwlb_674669/t1492306.shtml，2018年4月1日登录。

② 《全国人大常委会批准〈中华人民共和国和阿根廷共和国引渡条约〉》，中国政府法制信息网，http://www.chinalaw.gov.cn/art/2017/6/28/art_24_205538.html，2018年4月1日登录。

③ 《全国人大常委会关于批准〈中华人民共和国和亚美尼亚共和国关于刑事司法协助的条约〉的决定（2017年11月4日第十二届全国人民代表大会常务委员会第三十次会议通过）》，中国政府法制信息网，http://www.chinalaw.gov.cn/art/2017/11/6/art_24_206583.html，2018年4月1日登录。

④ 《全国人大常委会关于批准〈中华人民共和国和埃塞俄比亚联邦民主共和国关于民事和商事司法协助的条约〉的决定（2017年11月4日第十二届全国人民代表大会常务委员会第三十次会议通过）》，中国政府法制信息网，http://www.chinalaw.gov.cn/art/2017/11/6/art_24_206582.html，2018年4月1日登录。

《中华人民共和国和伊朗伊斯兰共和国引渡条约》自2017年1月14日起生效;与塔吉克斯坦于2014年9月13日签署的《中华人民共和国和塔吉克斯坦共和国引渡条约》自2017年1月18日起生效。①

引渡属于广义的刑事司法协助领域,签署引渡条约和司法协助条约是开展双边刑事司法协助的基础。我国近年来加快与发达国家签署引渡条约的步伐,逐步构建起更广阔的刑事司法协助网络。

二、反恐与反洗钱合作

(一)第72届联大会议中关于反恐与反暴力的立场声明

我国代表在第72届联合国大会中表示坚决反对恐怖主义和暴力极端主义。全球安全治理的重大突出难题之一便是应对恐怖主义威胁。尽管过去几年内国际反恐斗争取得积极进展,但全球恐怖活动多发频发态势并未根本扭转,国际反恐形势依然复杂脆弱。

为了解决这一问题,总体而言,国际社会应综合治理,标本兼治,不应将恐怖主义与特定的国家、民族或宗教相联系。继续加强反恐合作,全面落实安理会相关决议及联合国《全球反恐战略》,联合国及其安理会应在国际反恐合作中发挥中心协调作用,不断凝聚共识,加强统筹协调,推动国际反恐形成更大合力。中方支持国际社会加强协调合作,切断恐怖组织获取资金等外部支持的渠道。

而当务之急则是要坚决遏制恐怖主义意识形态和极端思想通过网络和社交媒体在全球扩散,制定行业标准和行动指南,加强国际合作,严厉打击网络恐怖主义。②

---

① 《我国对外缔结司法协助及引渡条约情况》,中华人民共和国外交部网站,http://www.fmprc.gov.cn/web/ziliao_674904/tytj_674911/wgdwdjdsfhzty_674917/t1215630.shtml,2018年4月1日登录。

② 《第72届联合国大会中方立场文件》,中华人民共和国外交部网站,http://www.fmprc.gov.cn/web/ziliao_674904/tytj_674911/zcwj_674915/t1488207.shtml,2018年4月1日登录。

（二）上海合作组织成员国元首关于共同打击国际恐怖主义的声明

我国作为上海合作组织成员国，关心国际恐怖主义持续对全球和平、安全和国家主权构成的严重威胁。

2017年6月9日，上海合作组织成员国元首在阿斯塔纳就共同打击国际恐怖主义的问题发表声明，强烈谴责一切形式和表现的恐怖主义，并强调打击国际恐怖主义、开展国际反恐合作应发挥联合国及其安理会的核心协调作用，严格遵循《联合国宪章》宗旨和原则，恪守国际法准则，呼吁所有国家全面执行联合国大会及安理会相关决议和《联合国全球反恐战略》。

各国重申在其他多边机制框架内和通过双边渠道开展合作以有效打击国际恐怖主义的共同决心，决定进一步发展上合组织地区反恐怖机构框架内的合作并拓展各国在政治层面、特勤部门以及各部委之间打击恐怖主义领域的务实合作，将促进上合组织成员国境内的稳定。[1]

（三）二十国集团领导人反恐声明

2017年7月7日，二十国集团领导人在德国汉堡发布反恐声明，强烈谴责在全球范围内发生的所有恐怖袭击，团结一致坚决打击恐怖主义及恐怖融资。

声明表示，恐怖主义是全球性灾祸，必须予以打击，消除世界任何地方的恐怖主义避风港。二十国集团将团结一致，落实国际承诺和加强合作，打击恐怖主义融资和消除导致恐怖主义的极端化和

---

[1] 《上海合作组织成员国元首关于共同打击国际恐怖主义的声明（全文）》，中华人民共和国外交部网站，http://www.fmprc.gov.cn/web/ziliao_674904/1179_674909/t1469144.shtml，2018年4月1日登录。

打击网络恐怖主义。①

（四）2017年我国与他国双边反洗钱与反恐怖融资合作文件签署情况

恐怖主义融资是国际恐怖组织资金来源的重要渠道之一，是恐怖组织和恐怖分子保障其生存、发展、壮大和从事恐怖主义活动的资金基础和关键来源。恐怖组织不仅需要隐瞒、掩饰非法收益的性质和来源，而且需要掩盖、混淆有关资金流向的恐怖主义目的，使之成为貌似合法的资金流动。

恐怖组织和洗钱具有天然联系，恐怖主义犯罪属于洗钱罪的上游犯罪，恐怖活动获得的利益通过洗钱漂白，掩盖犯罪目的；而洗钱又成为恐怖主义犯罪的融资手段。因此，反恐要取得成功，必须遏制和消除恐怖融资行为和洗钱行为。

2017年，我国反洗钱监测分析中心与他国相关机构所签的反洗钱备忘录共七项：2017年2月和阿富汗金融交易报告分析中心（FinTRACA）完成了《关于反洗钱和反恐怖融资金融情报交流合作谅解备忘录》的签署工作；②2017年6月与斯洛文尼亚反洗钱办公室（OMLP）完成了《关于反洗钱和反恐怖融资金融情报交流合作谅解备忘录》的签署工作；③2017年6月20日，在参加国际金融行动特别工作组（FATF）全会期间，分别与意大利、芬兰金融情报机构在西班牙瓦伦西亚签署了《关于反洗钱和反恐怖融资金融情报交流合作

---

① 《二十国集团领导人反恐声明》，中华人民共和国外交部网站，http://www.fmprc.gov.cn/web/zyxw/t1476586.shtml，2018年4月1日登录。

② 《中阿金融情报机构签署反洗钱反恐怖融资金融情报交流合作谅解备忘录》，中国反洗钱监测分析中心，http://www.camlmac.gov.cn/com/info.do?action=detail&id=456，2018年4月1日登录。

③ 《中国反洗钱监测分析中心与斯洛文尼亚反洗钱办公室签署反洗钱反恐怖融资金融情报交流合作谅解备忘录》，中国反洗钱监测分析中心，http://www.camlmac.gov.cn/com/info.do?action=detail&id=457，2018年4月1日登录。

谅解备忘录》;①2017年7月，与斯里兰卡金融情报机构完成了《关于反洗钱、反恐怖融资及相关犯罪金融情报交流合作谅解备忘录》的签署工作;②2017年9月，与厄瓜多尔金融经济分析组（Financial and Economic Analysis Unit-UAFE Ecuador）完成了《关于反洗钱和反恐怖融资金融情报交流合作谅解备忘录》的签署工作;③2017年11月，与纳米比亚金融情报中心完成了《关于反洗钱和反恐融资金融情报交流合作谅解备忘录》的签署工作。④

以上事实表明，2017年中国进一步加强了反洗钱与反恐怖融资金融情报交流合作力度，分别与阿富汗、斯洛文尼亚、意大利、芬兰、斯里兰卡、厄瓜多尔和纳米比亚签署了反洗钱和反恐怖融资金融情报交流合作谅解备忘录。至此，中国反洗钱监测分析中心与境外金融情报机构签署了共49份合作文件，与多个境外金融情报机构基于互惠原则在涉嫌洗钱、恐怖融资及其他相关犯罪的信息收集、研判和互协查方面开展合作。

这一类合作对于打击恐怖主义有着非同凡响的意义。第一，有效控制洗钱是预防和打击恐怖主义的重要手段；第二，反洗钱的基本制度和措施，如洗钱行为刑罚化、建立内部控制制度、识别客户身份、报告可疑交易、保存交易记录等，对于发现和打击恐怖融资活动具有积极作用。

---

① 《中国人民银行与意大利、芬兰金融情报机构签署反洗钱金融情报交流合作谅解备忘录》，中国反洗钱监测分析中心，http://www.camlmac.gov.cn/com/info.do?action=detail&id=461，2018年4月1日登录。

② 《中国反洗钱监测分析中心与斯里兰卡金融情报机构签署反洗钱反恐怖融资金融情报交流合作谅解备忘录》，中国反洗钱监测分析中心，http://www.camlmac.gov.cn/com/info.do?action=detail&id=463，2018年4月1日登录。

③ 《中国反洗钱监测分析中心与厄瓜多尔金融经济分析组签署反洗钱反恐怖融资金融情报交流合作谅解备忘录》，中国反洗钱监测分析中心，http://www.camlmac.gov.cn/com/info.do?action=detail&id=464，2018年4月1日登录。

④ 《中国反洗钱监测分析中心与纳米比亚金融情报中心签署反洗钱反恐融资金融情报交流合作谅解备忘录》，中国反洗钱监测分析中心，http://www.camlmac.gov.cn/com/info.do?action=detail&id=465，2018年4月1日登录。

因此，为了有效预防和打击非法转移资产活动，在下大力气健全和完善我国反洗钱法制并加大查处工作的力度的同时，也应当加强反洗钱领域合作、对洗钱犯罪的打击并及时通过刑法处置，与反恐进程相互促进，有助于抑制洗钱全球化的趋势，打击恐怖主义的融资渠道。

三、反腐败国际合作

（一）我国代表在国际会议上就反腐败问题发言

2017年11月6日，外交部部长助理钱洪山率中国代表团出席在奥地利维也纳开幕的《联合国反腐败公约》第七届缔约国大会。在大会一般性辩论中，钱洪山指出，十九大以来，中国共产党坚持反腐败无禁区、全覆盖、零容忍，坚持重遏制、强高压、长震慑。中国采取的一系列反腐措施，不仅在国内获得民众的拥护和支持，在国际上也产生良好反响，包括完善国内反腐败法规制度，推进政府机构改革和职能转变，及促进反腐败全球合作治理，如推动国际组织建立反腐败合作机制，为履约审议机制、国际反腐败学院提供捐款等。中国代表团还提出了三点建议，包括："兼顾各方利益"，改善现有履约审议机制；"克服制度差异"，共建资产追回机制；"在查找、调查、引渡、遣返和起诉腐败犯罪嫌疑人，以及追踪、冻结、追缴和返还腐败犯罪资产方面开展相互协作"。[①]

（二）中国—东盟领导人会议发表《中国—东盟关于全面加强有效反腐败合作联合声明》

2017年11月，第二十次中国—东盟领导人会议发表了《中国—

---

① 《外交部部长助理钱洪山率团出席〈联合国反腐败公约〉第七届缔约国大会》，中华人民共和国外交部网站，http://www.fmprc.gov.cn/web/wjb_673085/zygy_673101/qhs_673167/xgxw_673169/t1508278.shtml，2018年4月1日登录。

东盟关于全面加强有效反腐败合作联合声明》。这是中国—东盟领导人会议首次在反腐败领域发表联合声明,开启了本地区携手治理腐败的新篇章。作为党的十九大后我国推动通过的首个反腐败国际合作文件,联合声明再次向国际社会表明了中国坚定不移惩治腐败的决心和态度。该《声明》的发表再一次表明了中国在反腐败全球治理中"朋友圈"的扩大,通过将反腐败纳入地区合作内容,充实了中国—东盟战略伙伴关系的内涵。此次联合声明涉及的合作领域包括腐败相关洗钱行为信息的收集、分析和分享;提高预防及侦查腐败相关洗钱案件效率,为各领域反腐败官员提供专门的培训项目;建立腐败诉讼案件中证人保护机制等。①

(三)2017年我国海外追逃追赃成果

"天网"行动是中央反腐败协调小组于2015年4月部署开展的针对外逃腐败分子的重要行动,通过综合运用警务、检务、外交、金融等手段,集中时间、集中力量抓捕一批腐败分子,清理一批违规证照,打击一批地下钱庄,追缴一批涉案资产,劝返一批外逃人员。"天网"行动得到美国、澳大利亚、新加坡、柬埔寨等国家和地区政府的协助,成效显著,向腐败分子发出断其后路的强烈信号,形成了强大的震慑效果。

2017年2月10日,"百名红通人员"第67号王诚建从美国回国投案自首。②2017年3月9日,"百名红通人员"第40号王佳哲从美国回国投案自首。③2017年4月17日,"百名红通人员"第75

---

① 《中国—东盟全面加强反腐败有效合作联合声明》,中国纪检监察报,http://csr.mos.gov.cn/content/2017-11/14/content_55491.htm,2018年4月1日登录。

② 《"百名红通人员"王诚建回国投案自首》,中华人民共和国监察部网站,http://www.ccdi.gov.cn/special/ztzz/ztzzjxs_ztzz/201703/t20170306_95138.html,2018年4月1日登录。

③ 《"百名红通人员"王佳哲回国投案自首》,中华人民共和国监察部网站,http://www.ccdi.gov.cn/special/ztzz/ztzzjxs_ztzz/201703/t20170309_95464.html,2018年4月1日登录。

号李世乔从加拿大回国投案自首。①2017年6月20日,"百名红通人员"袁梅回国投案。②2017年7月29日,第92号"百名红通人员"任标回国投案。③2017年7月31日,外逃美国19年的"百名红通人员"黄红回国投案。④2017年8月31日,第19号"百名红通人员"刘常凯回国投案。⑤2017年9月17日,"百名红通人员"第95号王林娟回国投案。⑥2017年9月25日,"百名红通人员"第91号徐雪伟回国投案。⑦2017年10月8日,"百名红通人员"第27号郭欣回国投案。⑧2017年10月12日,"百名红通人员"第46号孔广生投案自首。⑨2017年11月7日,"百名红通人员"第68号贺俭回国投

---

① 《"百名红通人员"李世乔回国投案自首》,中华人民共和国监察部网站,http://www.ccdi.gov.cn/special/ztzz/ztzzjxs_ztzz/201704/t20170417_97427.html,2018年4月1日登录。

② 《外逃15年"百名红通人员"袁梅主动回国投案》,中华人民共和国监察部网站,http://www.ccdi.gov.cn/special/ztzz/ztzzjxs_ztzz/201706/t20170621_101411.html,2018年4月1日登录。

③ 《"百名红通人员"任标回国投案》,中华人民共和国监察部网站,http://www.ccdi.gov.cn/special/ztzz/ztzzjxs_ztzz/201708/t20170801_104000.html,2018年4月1日登录。

④ 《"百名红通人员"黄红回国投案》,中华人民共和国监察部网站,http://www.ccdi.gov.cn/special/ztzz/ztzzjxs_ztzz/201708/t20170801_104001.html,2018年4月1日登录。

⑤ 《"百名红通人员"刘常凯回国投案》,中华人民共和国监察部网站,http://www.ccdi.gov.cn/yaowen/201708/t20170831_149302.html,2018年4月1日登录。

⑥ 《"百名红通人员"王林娟回国投案》,中华人民共和国监察部网站,http://www.ccdi.gov.cn/special/ztzz/ztzzjxs_ztzz/201709/t20170917_107259.html,2018年4月1日登录。

⑦ 《"百名红通人员"徐雪伟回国投案》,中华人民共和国监察部网站,http://www.ccdi.gov.cn/special/ztzz/ztzzjxs_ztzz/201709/t20170925_107819.html,2018年4月1日登录。

⑧ 《"百名红通人员"郭欣回国投案》,中华人民共和国监察部网站,http://www.ccdi.gov.cn/special/ztzz/ztzzjxs_ztzz/201710/t20171009_108429.html,2018年4月1日登录。

⑨ 《"百名红通人员"孔广生归案》,中华人民共和国监察部网站,http://www.ccdi.gov.cn/special/ztzz/ztzzjxs_ztzz/201710/t20171013_108803.html,2018年4月1日登录。

案。① 2017年12月1日,"百名红通人员"周骥阳被缉捕归案,② 2017年12月6日,"百名红通人员"第28号李文革回国投案。③

2017年4月27日,在"百名红通人员"公开曝光两周年之际,中央反腐败协调小组国际追逃追赃工作办公室发布了关于部分外逃人员藏匿线索的公告,首次公布了涉嫌职务犯罪的外逃国家工作人员和失踪不知去向的国家工作人员的人数,同时向社会通报了根据举报梳理出来的22名外逃人员的藏匿线索。

数据反映了2017年中国在反腐败国际追逃追赃工作方面取得的丰硕成果:截至2017年10月底,我国共从90多个国家和地区追回外逃人员3587人,其中国家工作人员701人,追赃95.41亿元。党的十九大后仅一个多月,"百名红通人员"已有3人相继归案,截至2017年底到案51人,超过半数。④ 这标志着我国追逃追赃工作取得重要阶段性成果,为国际反腐败日写下了隆重的一笔,为国际反腐败事业贡献了中国智慧、提供了中国方案。这也充分说明中国在国际反腐败谈判能力、国际司法合作能力、对世界反腐败秩序的影响力等方面的大幅度提升。⑤

---

① 《"百名红通人员"贺俭回国投案》,中华人民共和国监察部网站,http://www.ccdi.gov.cn/toutiao/201711/t20171107_126214.html,2018年4月1日登录。

② 《"百名红通人员"半数落网——浙江成功抓获"百名红通人员"周骥阳》,中华人民共和国监察部网站,http://www.ccdi.gov.cn/toutiao/201712/t20171205_126356.html,2018年4月1日登录。

③ 《"百名红通人员"李文革回国投案》,中华人民共和国监察部网站,http://www.ccdi.gov.cn/special/ztzz/ztzzjxs_ztzz/201712/t20171206_113336.html,2018年4月1日登录。

④ 《"百名红通人员"何以归案过半?——写在第14个国际反腐败日来临之际》,中华人民共和国监察部网站,http://www.ccdi.gov.cn/special/bwzp/wqhg_bwzp/201712/t20171207_113416.html,2018年4月1日登录。

⑤ 《2017国际追逃追赃步伐加速》,人民网,http://fanfu.people.com.cn/n1/2017/1208/c64371-29693347.html,2018年4月1日登录。

四、禁毒领域国际合作

(一) 我国代表在国际会议上就禁毒问题发言

2017年3月13日,中国国家禁毒委员会常务副秘书长梁云在联合国麻醉品委员会第60届会议上表示,中国坚决维护现行国际禁毒机制,并积极推进国际禁毒合作。梁云指出,中国坚定巩固三大公约(即《1961年麻醉品单一公约》《1971年精神药物公约》和《1988年联合国禁止非法贩运麻醉药品和精神药物公约》)的基石作用,坚持麻醉品委员会的政策制定主导地位。这也表明中国坚持责任共有共担,坚持秉承合作与信任的精神,有助于加强命运共同体意识,将应对毒品问题与实现2030年可持续发展议程有机融合,推动禁毒事业的发展。①

(二) 中老越三国在云南江城建立禁毒联络协调机制

2017年6月20日,云南江城边境禁毒联络官办公室揭牌仪式在云南省普洱市江城县举行。国家禁毒委员会、云南省公安厅,越南、老挝和联合国毒罪办等部门参加了揭牌仪式。这是中、老、越三国乃至本地区成立的第一个三方边境联络官办公室,为推动边境地区禁毒合作创造了一种新的合作模式。同时,包括江城联络办在内的10个中方与老、越、缅等国的边境联络官办公室也将被纳入联合国边境管控项目框架,接受联合国技术、设备及规范支持,以更好地增强中方与周边国家的跨境禁毒合作。

2002年以来,中国分别与缅甸、老挝、越南等接壤国家建立了10个边境禁毒联络官办公室,基本覆盖了毒情严重的边境地区,为开展跨境缉毒执法合作搭建了良好平台。执法合作包括定期会谈会

---

① 《中国官员:坚决维护现行禁毒机制并推进国际合作》,中国禁毒网,http://www.nncc626.com/2017-03/15/c_129509790.htm,2018年4月1日登录。

晤、交流互涉情报线索、联合扫毒行动、递解犯罪嫌疑人等多种形式,加强了我与相关国家边境地区的禁毒执法合作,破获了一批涉毒大案,抓获了数名毒贩,并先后移交了邓明珠、邓文龙、罗文吨等重大毒品犯罪嫌疑人。①

(三)原则通过《金砖国家禁毒工作组工作规则》

2017年8月16日,第三届金砖国家禁毒工作组会议在山东威海召开。来自中国、南非、巴西、俄罗斯、印度五国禁毒主管部门共计20余名代表参加会议。各方一致决定加强金砖框架下和双边的禁毒合作,并就建立金砖禁毒工作组联络机制、情报交流和缉毒执法合作、国际禁毒政策协调、人员培训和经验交流等达成一系列共识。会议原则通过了《金砖国家禁毒工作组工作规则》,并签署了《第三届金砖国家禁毒工作组会议纪要》。②

五、加入和批准多边条约情况

据外交部不完全统计,2017年中国对外缔结的国家间、政府间和政府部门间的双边条约、协定及其他具有条约、协定性质的文件约267项。

就多边条约而言,2017年中国参加了七项多边条约。由全国人大常委会批准的共两项,包括2017年4月27日批准的《上海合作组织成员国边防合作协定》,2017年6月27日批准的《关于成立中亚区域经济合作学院的协议》;由国务院核准、决定加入或接受的共两项,包括2017年7月13日接受的《关于暂准进口的公约》附约B.2

---

① 《中老越三国在云南江城建立禁毒联络协调机制》,中国禁毒网,http://www.nncc626.com/2017-06/20/c_129636970.htm,2018年4月1日登录。
② 《第三届金砖国家禁毒工作组会议在山东威海召开》,中国禁毒网,http://www.nncc626.com/2017-08/17/c_129682829.htm,2018年4月1日登录。

《关于专业设备的附约》和附约 B.3《关于集装箱、托盘、包装物料、样品及其他与商业运营有关的进口货物的附约》,2017 年 10 月 24 日接受的《亚太贸易协定第二修正案》;此外,我国还签署了三项多边条约,包括 2017 年 6 月 9 日签署的《上海合作组织反极端主义公约》,2017 年 9 月 12 日签署的《选择法院协议公约》,2017 年 10 月 17 日签署的《关于建立澜沧江—湄公河综合执法安全合作中心的谅解备忘录》。此外,还有外交部未统计的《实施税收协定相关措施以防止税基侵蚀和利润转移的多边公约》。

(一)签署《上海合作组织反极端主义公约》

2017 年 6 月 9 日,上海合作组织成员国元首理事会第十七次会议在哈萨克斯坦首都阿斯塔纳召开,会上成员国发表了就反极端主义问题共同的声明。八国领导人共同签署了《上海合作组织反极端主义公约》,团结协作,携手应对挑战,通过合作共同打击"三股势力",进行区域性反恐怖主义、反极端主义建设。2009 年上海合作组织成员就曾签署《上海合作组织反恐怖主义公约》,成员国通过上合组织在安全领域提升协调能力和行动水平,有利于有效遏制恐怖、极端主义势力的蔓延。

(二)签署《实施税收协定相关措施以防止税基侵蚀和利润转移的多边公约》

2017 年 6 月 7 日,67 个国家和地区的政府代表在法国巴黎的经合组织总部共同签署了《实施税收协定相关措施以防止税基侵蚀和利润转移的多边公约》。[①] 该《公约》的起草是 2013 年 9 月 G20 领导人在圣彼得堡峰会上决定实施的,后由经合组织牵头。中国在该《公约》的起草工作组中曾任第一副主席国,积极参与《公约》谈判与

---

① 《我国签订的多边税收条约》,国家税务总局网站,http://www.chinatax.gov.cn/n810341/n810770/index.html,2018 年 4 月 1 日登录。

研究制定工作，做出了重要贡献。中国国家税务总局局长王军代表中国政府签署了该公约并指出该公约实现了"税收协定历史上规模最大、范围最广的一次多边合作与协调，标志着二十国集团（G20）国际税改取得重大成果"。①

（三）批准《关于成立中亚区域经济合作学院的协定》

2017年6月27日十二届全国人大常委会第二十八次会议决定批准《关于成立中亚区域经济合作学院的协定》。中亚区域经济合作学院是由中亚区域经济合作机制11个成员国共同发起设立、共同管理的知识合作机构。在中方倡议下，中亚区域经济合作机制成员国一致同意将中亚区域经济合作学院明确为政府间国际组织。该协定旨在通过提供知识产品和能力建设，提升中亚区域经济合作质量，从而实现加快本地区经济增长的目标。②

（四）《关于建立澜沧江—湄公河综合执法安全合作中心的谅解备忘录》

2017年12月28日，澜沧江—湄公河综合执法安全合作中心在云南省昆明市举行启动仪式，老挝国防部副部长温西、柬埔寨内政部副国务秘书云春立、缅甸内政部副部长昂梭、泰国国安院司长卡塞姆、越南公安部副部长裴文南出席仪式并致辞。这标志着澜沧江—湄公河流域第一个综合性执法安全合作政府间国际组织正式启动运行。③ 澜湄执法中心的建立在流域执法安全合作领域具有里程碑式意

---

① 《深化国际税收合作 促进经济包容发展——国家税务总局局长王军代表中国政府签署〈BEPS多边公约〉》，国家税务总局网站，http://www.chinatax.gov.cn/n810219/n810729/c2663455/content.html，2018年4月1日登录。

② 《中国批准〈关于成立中亚区域经济合作学院的协定〉》，中华人民共和国政府网站，http://www.gov.cn/xinwen/2017-06/27/content_5206095.htm，2018年4月1日登录。

③ 《总述》，澜沧江—湄公河综合执法安全合作中心，http://www.lm-lesc-center.org/pages_75_180.aspx，2018年4月1日登录。

义，是各国政府积极应对地区安全问题和潜在风险的智慧结晶。在尊重各成员国主权和法律的基础上，该中心致力于统筹协调本地区"预防、打击跨国违法犯罪，融合交流情报信息，开展专项治理联合行动，加强执法能力建设，为各成员国执法部门提供优质、高效的服务"，有利于区域国家间取长补短，提高协作能力和风险应对能力。①

（五）批准《上海合作组织成员国边防合作协定》

《上海合作组织成员国边防合作协定》是由上海合作组织成员国于2015年7月10日乌法峰会上，为了加强各方在保卫国界和维护边境地区安全领域里的合作，采取有效措施应对边防威胁，维护共同利益而签署的。②该协定致力于打击边境地区恐怖主义、极端主义和分裂主义，非法贩运武器、弹药、爆炸物和有毒物品及放射性材料，走私麻醉药品、精神药物及前体，以及非法移民和其他跨国犯罪活动。③2017年4月27日，第十二届全国人民代表大会常务委员会第二十七次会议通过了批准《上海合作组织成员国边防合作协定》的决定。该协定涉及的合作方向主要是联合边防活动及建立有效的情报交流框架，包括就地区情势、管理经验等举行定期例行会议或专家会晤等。

---

① 《澜沧江—湄公河综合执法安全合作中心启动》，云南警方网，http://www.ga.yn.gov.cn/jwxw/gonganyaowen/201712/t20171229_669356.html，2018年4月1日登录。

② 《全国人大常委会关于批准〈上海合作组织成员国边防合作协定〉的决定》，人民网，http://paper.people.com.cn/rmrb/html/2017-04/28/nw.D110000renmrb_20170428_13-04.htm，2018年4月1日登录。

③ 《上海合作组织成员国边防合作协定》，中国人大网，http://www.npc.gov.cn/npc/xinwen/2017-04/27/content_2020884.htm，2018年4月1日登录。

六、人权法和人道主义

（一）中国关于人权问题的立场

我国代表在第72届联合国大会中表达对人权问题的相关立场，主张人权事业必须根据本国国情和人民需求加以推进，而不以不存在的放之四海而皆准的人权模式要求各个国家。各国应在平等和相互尊重基础上开展建设性对话与合作，加强交流互鉴，妥善处理分歧，摒弃将人权政治化做法。与此同时，人权理事会等联合国人权机构应以公正、客观和非选择性方式开展工作，为推动国际人权事业健康发展做出贡献。

就发展中国家而言，我国强调，和平与发展是最大的人权，民主和民生是人权的两个面，国际社会应优先帮助其消除饥饿和贫困，实现生存权和发展权。[①]

（二）中国关于难民和移民问题的立场

我国代表在第72届联合国大会中表达关于难民和移民问题的相关立场，认为导致难民问题产生的原因错综复杂，其根源是地区不稳定和发展不平衡。

难民问题的解决要综合施策、标本兼治。当务之急是保障难民的生存、安全和基本尊严，缓解人道主义危机，但同时更要加大力度治本，坚持和平解决争端，避免引发新的动荡和冲突，帮助冲突和战乱地区恢复和平稳定，促进经济发展，为难民返乡创造良好条件。我国表达了对推进《难民问题全球契约》谈判的美好期望，同时认为各国应充分考虑难民问题的历史经纬及各国国情、承受能力

---

① 《第72届联合国大会中方立场文件》，中华人民共和国外交部网站，http://www.fmprc.gov.cn/web/ziliao_674904/tytj_674911/zcwj_674915/t1488207.shtml，2018年4月1日登录。

等因素分配责任。

就移民问题,我国肯定移民对发展的推动作用,认为应当加强合作,共享全球移民带来的发展红利。各国应拓展合法移民渠道,帮助移民融入当地社会,消除对移民的歧视和排外,携手打击人口贩运、偷渡等有组织犯罪行为,同时帮助发展中国家实现经济发展,减少被动移民的产生。我国同时肯定了《移民问题全球契约》谈判的重要性,能够促进全球人口有序流动、实现各国共同发展与繁荣。①

(三)世界粮食计划署与中国五年战略合作计划

2017年3月28日,联合国世界粮食计划署在北京与中国农业部和其他合作伙伴发布五年战略合作计划,共同推进全球可持续发展目标。

五年计划体现了世界粮食计划署和中国于2016年3月签署的《谅解备忘录》精神——加强伙伴关系以消除全球饥饿、促进发展,为中国和其他发展中国家消除贫困和提高粮食安全水平的合作提供了清晰的战略框架。

国别战略计划与中国国家发展重心相契合,并与"2030年可持续发展议程"相一致,特别是可持续发展目标2:"消除饥饿,实现粮食安全,改善营养状况和促进可持续农业。"以及可持续发展目标17:"加强执行手段,重振可持续发展全球伙伴关系。"

在国别战略计划的框架下,世界粮食计划署积极建立广泛的伙伴关系,通过南南合作和三方合作促进发展中国家"互帮互助",在中国国内开展可复制可推广的小型创新试点项目以支持中国进一步

---

① 《第72届联合国大会中方立场文件》,中华人民共和国外交部网站,http://www.fmprc.gov.cn/web/ziliao_674904/tytj_674911/zcwj_674915/t1488207.shtml,2018年4月1日登录。

推进提升粮食安全水平。①

（四）紧急人道主义援助

中国与世界卫生组织、联合国世界粮食计划署等国际组织展开合作，积极应对当前世界面临的人道主义危机，为全球公共卫生事业以及和平发展做出积极贡献。

2017年1月18日，为积极落实中国政府人道主义援助承诺，在习近平主席见证下，中国商务部高虎城部长与世界卫生组织总干事陈冯富珍签署了中国政府向世卫组织提供难民救援现汇援助协议，用于向叙利亚难民及流离失所者提供人道主义医疗卫生援助。②

2017年2月10日晚，菲律宾南部城市苏里高遭受百年来最强地震，造成百余人伤亡，机场、道路等基础设施损毁。为帮助菲律宾政府和人民应对突发灾害，中国政府向菲律宾政府提供100万美元紧急人道主义援助，用于帮助菲方开展救灾工作。③

2017年3月，非洲、中东地区有关国家面临严重饥荒威胁，中国政府高度关注灾情和受援国需求，决定通过联合国世界粮食计划署向索马里、南苏丹、尼日利亚、也门及肯尼亚提供紧急人道主义粮援。④

2017年5月，随着旱情不断加剧，索马里南部和东北部地区粮

---

① 《世界粮食计划署与中国发布五年战略合作计划 携手共建零饥饿世界》，联合国世界粮食计划署网站，http://cn.wfp.org/news/news-release/世界粮食计划署与中国发布五年战略合作计划—携手共建零饥饿世界，2018年4月1日登录。

② 《中国政府与世界卫生组织签署援助协议 积极落实人道主义援助承诺》，中华人民共和国商务部网站，http://www.mofcom.gov.cn/article/ae/ai/201701/20170102503372.shtml，2018年4月1日登录。

③ 《中国政府向菲律宾政府紧急提供100万美元应对地震灾害》，中华人民共和国商务部网站，http://www.mofcom.gov.cn/article/ae/ai/201702/20170202516385.shtml，2018年4月1日登录。

④ 《中国政府将通过联合国世界粮食计划署向有关国家提供紧急人道主义援助》，中华人民共和国商务部网站，http://www.mofcom.gov.cn/article/ae/ai/201703/20170302539217.shtml，2018年4月1日登录。

食安全严重无保障。索马里全国一半人口——其中包括3.63万名五岁以下严重营养不良的儿童——需要紧急援助。2017年6月2日,中国为索马里提供的紧急援粮从上海启运,此次援粮为2821.75吨大米,以及中国政府捐赠的高粱和营养补充剂。这是"一带一路"高级别会议之后,中国向有关国家启运的第一批援粮,也是世界粮食计划署第一次使用中国提供的现汇援助在中国购买粮食用于人道主义援助行动。世界粮食计划署将为索马里18个受旱灾影响地区的近22.35万民众提供为期四个月的救济。①

2017年9月,非洲中部国家刚果民主共和国爆发了严重的霍乱疫情,截至目前,疫情已扩散至刚全国18个省份,死亡人数已超过500人,感染人数超过2.4万人,感染人数仍在持续上升。为表达中国政府和人民对刚果民主共和国政府和人民的友好情谊和支持,中国政府立即启动了紧急人道主义救援应急响应机制,向刚果民主共和国提供紧急人道主义援助。②

七、外交关系

(一)建立外交关系

2017年6月13日,外交部长王毅同巴拿马共和国副总统兼外长德圣马洛在北京举行会谈并签署《中华人民共和国和巴拿马共和国关于建立外交关系的联合公报》,两国自公报签署之日起相互承认并建立大使级外交关系。公报表示,两国政府同意在互相尊重主权和领土完整、互不侵犯、互不干涉内政、平等互利、和平共处的原

---

① 《落实"'一带一路'会议"承诺 中国为非洲启运援粮》,联合国世界粮食计划署网站,http://cn.wfp.org/news/news-release/WFP-deliver-Chinese-rice-to-Somalia,2018年4月1日登录。

② 《商务部援外司负责人就中国政府将向刚果民主共和国政府提供应对霍乱疫情紧急人道主义援助发表谈话》,中华人民共和国商务部网站,http://www.mofcom.gov.cn/article/ae/ag/201709/20170902652477.shtml,2018年4月1日登录。

则基础上发展两国友好关系。同时,巴拿马共和国政府承认世界上只有一个中国,中华人民共和国政府是代表全中国的唯一合法政府,台湾是中国领土不可分割的一部分。①

(二)联合声明

1. 中华人民共和国和沙特阿拉伯王国联合声明

应中华人民共和国主席习近平邀请,沙特阿拉伯王国国王萨勒曼·本·阿卜杜勒-阿齐兹·阿勒沙特陛下于2017年3月15日至18日对中国进行了国事访问。习近平主席同萨勒曼国王举行了双边会谈,就发展中沙全面战略伙伴关系深入交换了意见,还探讨了共同关心的地区和国际问题,并就这些问题达成重要共识。国务院总理李克强、全国人大常委会委员长张德江分别会见了萨勒曼国王。双方签署了多项协议和谅解备忘录,这将进一步丰富两国关系内涵,并推动这一关系不断向纵深方向发展,服务两国的利益②。

2. 中华人民共和国和智利共和国联合声明

应中华人民共和国主席习近平邀请,智利共和国总统米歇尔·巴切莱特于2017年5月12日至13日对中国进行国事访问。访问期间,两国元首举行了富有成果的会谈,就双边关系及共同关心的问题广泛深入交换意见。双方高度评价习近平主席2016年11月对智利进行国事访问期间两国建立全面战略伙伴关系的重要意义,并就进一步深化双方各领域互利友好合作达成重要共识。2017年5月13日,两国发表联合声明。双方一致同意加强互联互通建设,推进信息通信、天文等高科技领域合作,推动双方企业就开展连接中智两国的跨太平洋海底光缆可行性研究保持沟通,并认为两国在国际和

---

① 《中华人民共和国和巴拿马共和国建交》,中华人民共和国外交部网站,http://www.fmprc.gov.cn/web/zyxw/t1469751.shtml,2018年4月1日登录。

② 《中华人民共和国和沙特阿拉伯王国联合声明(全文)》,中华人民共和国外交部网站,http://www.fmprc.gov.cn/web/ziliao_674904/1179_674909/t1446787.shtml,2018年4月1日登录。

地区事务中拥有广泛共同利益，一致同意加强协调与配合，共同维护多边主义。访问期间，双方签署了经贸、农业、质检、南极等领域合作文件。①

3. 中华人民共和国和阿根廷共和国联合声明

应中华人民共和国主席习近平邀请，阿根廷共和国总统毛里西奥·马克里于2017年5月14日至18日来华出席"一带一路"国际合作高峰论坛并进行国事访问。访问期间，两国元首举行了富有成果的会谈，就双边关系及共同关心的问题广泛深入交换意见，就在相互尊重、平等互利、合作共赢原则基础上进一步深化中阿各领域交流合作达成重要共识。2017年5月17日，两国发表联合声明，双方一致认为，中阿互为重要农业合作伙伴；承诺加强动植物检验检疫合作；将加强空间活动、天文观测、南极、信息通信、生物技术等领域交流合作，以及加强旅游合作。双方一致同意将继续密切在国际事务中的沟通与协作，维护两国及广大发展中国家的共同利益。访问期间，双方签署了政治、经贸、文化、教育、农业、质检、基础设施建设、金融、足球等领域合作文件。②

4. 中华人民共和国和哈萨克斯坦共和国联合声明

应哈萨克斯坦共和国总统努尔苏丹·纳扎尔巴耶夫邀请，中华人民共和国主席习近平于2017年6月7日至9日对哈萨克斯坦共和国进行国事访问。2017年6月8日，为继续加强政治互信和互利合作，加深两国人民相互了解和友谊，促进地区和世界和平与可持续发展，两国发布联合声明。

双方强调，中方倡议的"一带一路"建设和哈萨克斯坦"光明

---

① 《中华人民共和国和智利共和国联合声明》，中华人民共和国外交部网站，http://www.fmprc.gov.cn/web/ziliao_674904/1179_674909/t1461711.shtml，2018年4月1日登录。

② 《中华人民共和国和阿根廷共和国联合声明》，中华人民共和国外交部网站，http://www.fmprc.gov.cn/web/ziliao_674904/1179_674909/t1462819.shtml，2018年4月1日登录。

之路"新经济政策相辅相成,将促进两国全面合作深入发展。双方将以此为契机进一步加强产能与投资合作,同时在当前国际形势复杂深刻的背景下,加强在多边机制内的协调与合作,共同应对全球和区域性挑战,维护两国共同利益,保障本地区乃至世界的和平与安全。

双方将在生产协作、核能及油气田等能源开发加工、地质信息交流、军工军贸、航天等领域加强合作,促进科技、信息技术和创新;在金融领域与金融服务、农产品准入、农业和林业、跨境交通等方面加强合作,促进经贸、投资发展;还将在教育、卫生、体育、旅游等领域加强合作,促进人文交流;在双边和多边框架内开展密切合作,深化防务和执法部门在情报交流、共同打击"三股势力"和跨国有组织犯罪、大型活动安保等方面的合作。①

5. 中越联合声明

应越南共产党中央委员会总书记阮富仲、越南社会主义共和国主席陈大光邀请,中国共产党中央委员会总书记、中华人民共和国主席习近平于2017年11月10日至13日对越南社会主义共和国进行国事访问并出席亚太经合组织第二十五次领导人非正式会议。

访问期间,习近平总书记、国家主席分别同阮富仲总书记、陈大光国家主席举行会谈,并会见了越南政府总理阮春福、国会主席阮氏金银。两党两国领导人相互通报了各自党和国家情况,就双边关系及共同关心的国际地区问题深入交换意见,并就新形势下进一步深化中越全面战略合作伙伴关系达成了重要共识。2017年11月13日,两国在河内发表联合声明。

双方认为,中越友谊是两国人民的共同宝贵财富,双方应共同继承、维护和发扬好。中越互为重要邻国和合作伙伴,均处在改革

---

① 《中华人民共和国和哈萨克斯坦共和国联合声明(全文)》,中华人民共和国外交部网站,http://www.fmprc.gov.cn/web/zyxw/t1468844.shtml,2018年4月1日登录。

发展的关键阶段,两国发展互为机遇。双方要切实发挥两党高层会晤、中越双边合作指导委员会等两党两国间交流合作机制的统筹协调作用,重点推动防务和执法安全,经贸、产能与投资、基础设施、货币金融、农业、水资源、环境、科技、交通运输,文化、媒体、卫生、民间等领域的合作。并将继续加强在联合国、世界贸易组织、亚太经合组织、亚欧会议、中国—东盟、澜沧江—湄公河合作等国际和地区框架内的配合,共同维护地区乃至世界的和平、稳定和繁荣。

访问期间,双方签署了《中越国防部边防合作协议》《共建"一带一路"和"两廊一圈"合作备忘录》《电力与可再生能源合作谅解备忘录》《2017年中越产能合作项目清单的谅解备忘录》《核安全合作谅解备忘录》《加快推进中越跨境经济合作区建设框架协议谈判进程的谅解备忘录》《关于成立电子商务合作工作组的谅解备忘录》《确定2017—2021年中越经贸合作五年发展规划重点合作项目清单的谅解备忘录》《关于人力资源合作开发谅解备忘录》《关于使用中方援款开展建设传统医药学院项目可行性研究的换文》《银行监管信息交流谅解备忘录》《关于文化产业合作的谅解备忘录》《中越卫生合作执行计划》《中国社科院同越南社科院学术交流合作协议》《中国外文出版发行事业局同越南国家政治真理出版社2017—2022年合作框架协议》《全国新闻工作者协会同越南记者协会新闻交流合作协议》《中国共产党广西壮族自治区委员会同越南共产党广宁、谅山、高平、河江省委员会关于开展干部培训合作的协议》,以及一些企业和金融机构间的合作协议。①

6. 中老联合声明

应老挝人民革命党中央委员会总书记、老挝人民民主共和国主席本扬·沃拉吉邀请,中国共产党中央委员会总书记、中华人民共

---

① 《中越联合声明》,中华人民共和国外交部网站,http://www.fmprc.gov.cn/web/ziliao_674904/1179_674909/t1510069.shtml,2018年4月1日登录。

和国主席习近平于2017年11月13日至14日对老挝人民民主共和国进行国事访问。

访问期间，习近平总书记、国家主席同本扬总书记、国家主席举行会谈，分别会见了老挝政府总理通伦·西苏里和国会主席巴妮·雅陶都。两党两国领导人相互通报了各自党和国家的情况，就两党两国关系及共同关心的国际和地区问题深入交换意见，达成了重要共识。2017年11月14日，两国于万象发表联合声明。

双方政治互信不断加深，各领域互利合作成果丰硕，促进了各自国家社会主义和党的建设事业，给两国人民带来了实实在在的利益。双方同意，保持高层互访的优良传统，继续加强外交、国防和执法安全领域交流合作，并从战略高度重视和深化中老发展合作，进一步深挖合作潜力，提升合作水平。双方还将进一步扩大文化、教育、科技等领域交流合作。

访问期间，双方签署了《中老两国外交部关于加强新形势下合作的协议》《关于共同推进中老经济走廊建设的谅解备忘录》《关于加强"数字(网上)丝绸之路"建设合作的谅解备忘录》《中老政府间科技合作协定》《关于联合开展老挝国家水资源信息数据中心示范建设项目和老挝南乌河、南屯河流域综合规划项目合作的谅解备忘录》《关于共同建设中老现代化农业产业合作示范园区的谅解备忘录》《关于加强基础设施领域合作的谅解备忘录》《关于开展未来三年援助合作的谅解备忘录》《关于人力资源开发合作的谅解备忘录》《援老挝工贸部信息系统项目立项换文》《关于实施怀博莱水电站项目的优惠贷款框架协议》《关于建立电力合作战略伙伴关系的谅解备忘录》《关于金融支持老挝中小企业发展合作的协议》《怀博莱水电站项目优惠贷款协议》《老挝115千伏输变电线路扩建与综合改造项目贷款协议》《关于万象至万荣高速公路项目合资协议》《老挝

500/230KV万象环网项目贷款协议》等合作文件。①

7. 中华人民共和国政府和菲律宾共和国政府联合声明

应菲律宾共和国总统罗德里戈·罗亚·杜特尔特邀请，中华人民共和国国务院总理李克强于2017年11月15日至16日对菲律宾进行正式访问。访问期间，两国领导人就中菲关系及地区和国际问题交换意见。

2017年11月16日两国发布联合声明，认为在双方共同努力下，两国关系实现转圜并取得积极进展。同时双方更加同意，在相互尊重、真诚、平等和互惠互利原则基础上，推动中菲关系持续健康发展。双方认识到，海上争议问题不是中菲关系的全部。双方同意继续商谈建立信任措施，提升互信和信心，并承诺在南海保持自我克制，不采取使争议复杂化、扩大化及影响和平与稳定的行动。

双方将进一步加强各方面的合作：在共同关心的重大问题上保持密切沟通，相互给予支持；实施好《中菲经贸合作六年发展规划》，在基础设施、产能与投资、经贸、农业、民生发展、社会人文等重点领域推进合作，共同编制和落实《中菲工业园区合作规划》，加快相关程序，加速实施有关合作项目；探讨在包括海洋油气勘探和开发等其他可能的海上合作领域开展合作的方式；双方还将为两国企业赴对方国家投资提供良好环境，加强农渔业合作，也将在教育、文化、卫生、旅游、体育等人文领域加强合作，加强旅游基础设施开发合作；同时，还将加强防务及执法安全领域合作。②

8. 中华人民共和国和巴拿马共和国联合声明

2017年11月17日，中华人民共和国主席习近平和巴拿马共和国总统胡安·卡洛斯·巴雷拉在北京实现两国元首首次历史性会晤，

---

① 《中老联合声明》，中华人民共和国外交部网站，http://www.fmprc.gov.cn/web/ziliao_674904/1179_674909/t1510505.shtml，2018年4月1日登录。

② 《中华人民共和国政府和菲律宾共和国政府联合声明》，中华人民共和国外交部网站，http://www.fmprc.gov.cn/web/ziliao_674904/1179_674909/t1511205.shtml，2018年4月1日登录。

并发表联合声明。双方一致主张,坚持一个中国原则是国际社会的广泛共识,也是中巴建立和发展关系的根本前提和政治基础。巴拿马政府将严格恪守一个中国原则,坚决反对任何有悖这一原则的行为,积极支持中国的和平统一进程。

中巴建立和发展关系的根本出发点与落脚点是促进共同发展、增进民生福祉。双方一致同意加强治国理政经验交流,携手追求以人民为中心的发展。双方将在南南合作框架内深化人力资源合作,提升自主、创新、协调发展能力。双方将拓展教育、文化、旅游等领域交流,加强执法、安全、扶贫、移民等关乎人民切身利益的合作,增强两国社会在中巴关系发展中的获得感。双方一致倡导国际关系民主化,主张以对话解决争端、以协商化解分歧,推动建设开放型世界经济。

两国元首在会晤后共同见证双方签署共建"一带一路"以及经贸、投资、海运、铁路、人力资源、产业园区、农业、质检、民航、旅游等领域十余项合作文件。[①]

(三)联合公报

1. 中华人民共和国和柬埔寨王国联合新闻公报

应中华人民共和国国务院总理李克强邀请,柬埔寨王国首相洪森于2017年5月13日至17日对中国进行正式访问。访问期间,国家主席习近平会见了洪森首相,国务院总理李克强同洪森首相举行会谈,全国人大常委会委员长张德江、全国政协主席俞正声分别会见了洪森首相。2017年5月17日,两国发表联合新闻公报。双方同意继续加强外交、国防和执法安全领域交流合作;将深化基础设施、交通、农业、科技、海洋、旅游等领域合作;同意继续加强在联合

---

① 《中华人民共和国和巴拿马共和国联合声明(全文)》,中华人民共和国外交部网站,http://www.fmprc.gov.cn/web/ziliao_674904/1179_674909/t1511687.shtml,2018年4月1日登录。

国、中国—东盟合作、澜沧江—湄公河合作等多边框架下的协调配合。

访问期间,双方签署了《共同推进"一带一路"建设合作规划纲要》《关于加强基础设施领域合作的谅解备忘录》《关于交通运输领域能力建设合作谅解备忘录》《关于旅游合作的谅解备忘录实施方案(2017—2020)》《关于共建中柬联合海洋观测站的议定书》等13份合作文件。①

2. 中阿巴联合新闻公报

2017年6月24日至25日,王毅外长应邀访问阿富汗、巴基斯坦。访问期间,三方对近日发生在阿巴两国的恐怖袭击表示强烈谴责,并向遇难者表示哀悼,向伤者和遇难者家属表示慰问。三方就阿富汗局势、阿巴关系和中阿巴三方合作等深入交换意见。中阿巴三方致力于共同维护地区和平稳定,加强区域互联互通和经济合作,促进共同安全和共同发展。阿巴双方均表示,愿积极改善相互关系,增进政治互信,加强包括反恐在内的各领域合作,共同应对安全挑战。中方希望看到稳定和良好的阿巴关系,愿根据双方需要为此提供必要协助。②

3. 中华人民共和国和马尔代夫共和国联合新闻公报

应中华人民共和国主席习近平邀请,马尔代夫共和国总统阿卜杜拉·亚明·阿卜杜尔·加尧姆于2017年12月6日至9日对中国进行国事访问。访问期间,国家主席习近平同亚明总统举行会谈,国务院总理李克强、全国人大常委会委员长张德江分别会见亚明总统。双方在亲切友好的氛围中就巩固中马传统友谊、深化两国友好合作深入交换意见,达成广泛共识。2017年12月8日,两国发表联合新

---

① 《中华人民共和国和柬埔寨王国联合新闻公报》,中华人民共和国外交部网站,http://www.fmprc.gov.cn/web/ziliao_674904/1179_674909/t1462712.shtml,2018年4月1日登录。

② 《中阿巴联合新闻公报》,中华人民共和国外交部网站,http://www.fmprc.gov.cn/web/ziliao_674904/1179_674909/t1473019.shtml,2018年4月1日登录。

闻公报。

双方就促进贸易和投资交换了意见,并同意深化海洋环境、渔业和旅游等领域合作,并进一步加强在联合国等多边组织中的协调配合,密切在气候变化等全球问题上的沟通合作。访问期间,双方签署了关于"一带一路"、自由贸易、经济技术合作、人力资源开发、海水淡化、固废资源化利用、卫生、气象、金融等领域合作协议。①

4. 中华人民共和国、俄罗斯联邦和印度共和国外长第十五次会晤联合公报

中华人民共和国、俄罗斯联邦和印度共和国外长于2017年12月11日在印度新德里举行第十五次会晤,就共同关心的国际和地区问题进行了讨论,并发表联合公报。此次会晤是在中东和北非政治形势继续演变、世界经济复苏面临重重挑战以及日益上升的恐怖主义风险、跨国有组织犯罪、贩毒、自然和人为灾难、食品安全和气候变化等问题引发严重关切的背景下举行的。

三国重视金砖国家战略伙伴关系与合作、上海合作组织内合作,并欢迎印度参加亚太经合组织活动。外长们强调需要在各地区论坛和组织中开展协调与合作,共同为维护地区和平稳定、促进地区发展繁荣做出贡献。三国外长们对一切形式和表现的恐怖主义予以谴责,并认为应当放置外空军备竞赛。三国外长们还就阿富汗问题、巴以冲突问题、也门问题、伊拉克问题、利比亚问题以及朝核问题交换了意见。就经济问题,三国强调,建设开放包容的世界经济对于让所有国家和人民分享经济全球化的益处具有重要作用,重申努力建立公平、现代化的全球税收体系。对于实现可持续发展和环境

---

① 《中华人民共和国和马尔代夫共和国联合新闻公报》,中华人民共和国外交部网站, http://www.fmprc.gov.cn/web/ziliao_674904/1179_674909/t1517887.shtml, 2018年4月1日登录。

问题，三国也达成了共识。①

（四）伙伴关系

1. 与以色列国关于建立创新全面伙伴关系

应中华人民共和国国务院总理李克强邀请，以色列国总理内塔尼亚胡于2017年3月19日至22日对中国进行正式访问。访问期间，双方领导人就双边关系、各领域合作和共同关心的国际和地区事务交换了意见。

2017年3月21日，两国发布联合声明建立创新全面伙伴关系，这不仅是对中以关系发展深刻内涵和重要意义的充分肯定，更体现了双边关系多元、紧密和重要的特点，明确了两国关系今后发展的目标和途径。双方决定密切高层交往，加强在能源和环保领域、高技术领域、基础设施领域内的合作，充分发挥创新对促进两国经济和社会发展的积极作用。同时，双方还将继续通过多种方式开展社会文化交往。通过文化、教育、科技、旅游、体育领域的合作及人才交流，进一步加强民间交往。②

2. 与芬兰共和国建立和推进面向未来的新型合作伙伴关系

应芬兰共和国总统绍利·尼尼斯托的邀请，中华人民共和国国家主席习近平于2017年4月4日至6日对芬兰共和国进行国事访问。访问期间，习主席同尼尼斯托总统举行会谈，分别同西比莱总理、洛赫拉议长举行会见。两国领导人回顾了中芬自1950年建交以来双边关系的长足发展和长久友谊。

2017年4月5日，双方一致认为，中芬关系与时俱进、富有活

---

① 《中华人民共和国、俄罗斯联邦和印度共和国外长第十五次会晤联合公报》，中华人民共和国外交部网站，http://www.fmprc.gov.cn/web/ziliao_674904/1179_674909/t1518872.shtml，2018年4月1日登录。

② 《中华人民共和国和以色列国关于建立创新全面伙伴关系的联合声明（全文）》，中华人民共和国外交部网站，http://www.fmprc.gov.cn/web/zyxw/t1447466.shtml，2018年4月1日登录。

力，确认共同建立中芬面向未来的新型合作伙伴关系，进一步加强政治互信，不断扩大和深化合作，造福两国人民。双方一致认为，相互尊重、平等互利是双边关系的坚实基础。中芬面向未来的新型合作伙伴关系是中国欧盟全面战略伙伴关系的补充。在此基础上，双方一致同意，共同致力于打造中欧和平、增长、改革、文明四大伙伴关系。双方将积极落实两国元首就中芬伙伴关系达成的重要共识，加强国家层面的政治引领和全面协调，不断扩大和深化在贸易与投资、创新、环保、城镇化等领域的务实合作。双方将共同努力，提升双向投资水平，鼓励本国企业相关行动，深化创新交流与合作、人文交流，并且进一步深化在循环经济、资源利用效率、可持续发展领域，新型城镇化和绿色生态智慧城市建设领域，林业，交通运输和信息通信技术，法治、社会、体育等领域的合作。①

3. 与匈牙利建立全面战略伙伴关系

匈牙利总理欧尔班·维克多于2017年5月12日至16日应邀来华出席"一带一路"国际合作高峰论坛，并对华进行正式访问。5月13日，习近平主席会见欧尔班·维克多总理。访问期间，李克强总理同欧尔班·维克多总理举行会谈，全国人民代表大会常务委员会委员长张德江会见欧尔班·维克多总理。

2017年5月13日，双方认为，进一步深化中匈关系符合两国利益，一致同意建立全面战略伙伴关系。双方尊重对方主权和领土完整、核心利益和重大关切，尊重彼此根据各自国情选择的发展道路和内外政策。致力于在中国提出的"丝绸之路经济带"和"21世纪海上丝绸之路"（以下简称"一带一路"）和匈方提出的"向东开放"政策框架下共同推动双边合作，并将进一步密切各层级、各领域的交流与合作，进一步加强两国金融、文化、教育、体育、旅游等人

---

① 《中华人民共和国和芬兰共和国关于建立和推进面向未来的新型合作伙伴关系的联合声明》，中华人民共和国外交部网站，http://www.fmprc.gov.cn/web/zyxw/t1451490.shtml，2018年4月1日登录。

文领域的合作。①

4. 与俄罗斯联邦进一步深化全面战略协作伙伴关系

应俄罗斯联邦总统弗·弗·普京邀请，中华人民共和国主席习近平于2017年7月3日至4日对俄罗斯联邦进行国事访问，在莫斯科举行会晤。习近平主席还会见了俄罗斯联邦政府总理德·阿·梅德韦杰夫。

2017年7月4日在莫斯科，双方决定进一步深化全面战略协作伙伴关系。双方将致力于进一步发展和巩固平等信任、相互支持、共同繁荣、世代友好的中俄全面战略协作伙伴关系，推动深化政治互信、务实合作、安全合作、人文交流、国际协作。双方还将适应新形势下落实《中俄睦邻友好合作条约》和进一步发展两国全面战略协作伙伴关系的需要，制定《〈中华人民共和国和俄罗斯联邦睦邻友好合作条约〉实施纲要（2017年至2020年）》，两国元首予以批准。②

5. 与塔吉克斯坦共和国建立全面战略伙伴关系

应中华人民共和国主席习近平邀请，塔吉克斯坦共和国总统埃莫马利·拉赫蒙于2017年8月30日至9月1日对中华人民共和国进行国事访问。

2017年8月31日，基于当前中塔关系发展的现实需要和两国继续积极推进各领域合作的愿望，双方决定建立全面战略伙伴关系。双方将继续在涉及国家主权、安全和领土完整等核心利益问题上相互支持，进一步加强两国领导人互访以及各层级、各部门之间的交流和磋商，加大相互支持力度，保持中塔关系在高水平运行，继续

---

① 《中华人民共和国和匈牙利关于建立全面战略伙伴关系的联合声明（全文）》，中华人民共和国外交部网站，http://www.fmprc.gov.cn/web/zyxw/t1461257.shtml，2018年4月1日登录。

② 《中华人民共和国和俄罗斯联邦关于进一步深化全面战略协作伙伴关系的联合声明（全文）》，中华人民共和国外交部网站，http://www.fmprc.gov.cn/web/ziliao_674904/zt_674979/dnzt_674981/xzxzt/xjpzxztol_690022/zxxx_690024/t1475443.shtml，2018年4月1日登录。

加强在联合国、上海合作组织等多边框架内的相互支持与合作，就重大国际和地区问题及时交换意见，协调立场，共同应对全球性和区域性挑战。

双方全力支持并积极参与"一带一路"倡议，欢迎签署并认真落实中塔合作规划纲要。双方商定开展"一带一路"建设同塔吉克斯坦"2030年前国家发展战略"对接合作，实现优势互补和共同发展繁荣。同时，双方还将在文化、教育、卫生、体育和旅游等方面进一步加强合作，扩大教育科研机构、新闻媒体、民间友好组织、文艺团体和青年组织友好交往。①

八、金融、贸易与投资

（一）世贸组织《贸易便利化协定》正式生效

2013年12月，世贸组织巴厘部长级会议上通过了《贸易便利化协定》。2014年11月底，世贸组织通过有关议定书，交由各成员履行国内核准程序。经国务院批准，我国于2015年9月4日向世贸组织提交批准书。2017年2月22日，卢旺达、阿曼、乍得和约旦等四个世贸成员向世贸组织递交了《贸易便利化协定》的批准文件。至此，批准《贸易便利化协定》的成员已达112个，超过协定生效所需达到的世贸成员总数三分之二的法定门槛，协定正式生效并对已批准协定的成员正式实施。

根据世贸规则，批准协定的成员将自协定生效之日起，履行在政策法规透明度、管理措施现代化以及口岸管理部门协同合作等方面的承诺。我国于2015年9月批准接受《贸易便利化协定》。对我国而言，除在单一窗口、确定和公布平均放行时间、出境加工货物免

---

① 《中华人民共和国和塔吉克斯坦共和国关于建立全面战略伙伴关系的联合声明（全文）》，新华网，http://www.xinhuanet.com/2017-08/31/c_1121580938.htm，2018年4月1日登录。

税复进口、海关合作等少量措施设定了过渡期外,包括简化单证手续、规范进出口费用等方面的措施将立即付诸实施。①

从全球范围看,《贸易便利化协定》的生效和实施意味着在国际贸易程序将更趋简化和协调,货物流动、放行和结关速度将进一步加快,势将推动全球贸易和经济增长。根据WTO秘书处的测算,《贸易便利化协定》实施将使全球贸易成本平均降低14.3%,为全球带来一万亿美元的出口增长。同时,作为世贸组织成立20年来达成的首个多边货物贸易协定,《贸易便利化协定》是多哈回合谈判启动以来取得的重要成果,其顺利实施更将增强各方对世贸组织多边谈判功能的信心。

对我国而言,作为世界第一大货物贸易国,协定的生效和实施同样具有显著积极意义。一方面,实施协定将有助于我国口岸综合治理体系现代化,提高我国产品竞争力和改善吸引外资环境;另一方面,《协定》实施还将普遍提高我国贸易伙伴的贸易便利化水平,为我产品出口营造便捷的通关环境,使企业广泛受益。②

(二)"韩国安城公司诉中国政府投资争端案"中国胜诉

3月9日,国际投资争端解决中心(ICSID)项下的仲裁庭就"韩国安城公司诉中国政府投资争端案"发布裁决,驳回安城公司的仲裁请求。

据安城公司诉称,2006年,安城与江苏省射阳县相关部门签订关于在当地建造运营高尔夫球场的合同;地方政府承诺分两期提供3000亩土地给安城建造27洞高尔夫球场及俱乐部,并保证不在相关

---

① 《商务部世贸司负责人解读〈贸易便利化协定〉条款》,中华人民共和国商务部网站,http://www.mofcom.gov.cn/article/zhengcejd/bl/201703/20170302530476.shtml,2018年4月1日登录。
② 《世贸组织〈贸易便利化协定〉正式生效 助力全球贸易与经济增长》,中华人民共和国商务部网站,http://www.mofcom.gov.cn/article/ae/ai/201702/20170202521961.shtml,2018年4月1日登录。

地区为其他企业颁发建造高尔夫球场的许可。在该公司建成18洞球场后，地方政府拒绝提供第二期的1500亩土地。此外，地方政府还未能制止一家中国企业在没有许可的情况下在附近地区建造高尔夫球场的行为。在球场无法实现盈利的情况下，安城公司于2011年10月以120万美元的低价将所有权利转让给某中国企业，从中国撤资。

ICSID公约第41（5）条规定，在仲裁庭组成后30天内、第一次会议举行之前，被申请人可以提出申请人的诉请在法律上明显没有道理的异议；仲裁庭应当在第一次会议上或之后迅速就异议做出决定。本案中，中方依据《公约》第41（5）条提出异议的理由是，安城公司至迟在2011年10月之前已经知悉或应当知悉其受到损失，而2014年11月4日ICSID立案之时已经超出了三年仲裁时效。

关于三年期限的起始日，仲裁庭指出，基于安城公司仲裁申请书中的相关表述，例如"2011年10月，安城不得不出售其在射阳县的全部投资，以避免进一步损失"，"2011年10月，安城公司别无选择，只能以远低于投资的价格将球场转让给一个中国买家"等，安城公司在2011年10月之前已经知悉其遭受损失。就三年仲裁期限的截止时间而言，仲裁庭认为，"提起请求"在本案中指的是向ICSID提起仲裁请求。一方面，安城公司主张的其于2011年5月向中国政府提交仲裁意向通知这一时间点不构成"提起请求"。仲裁庭最终认定的"提起请求"日期为安城公司向ICSID提交仲裁申请书的2014年10月7日（电子版）或8日（纸质版）。鉴于安城公司于2011年10月之前已知悉其受到损失，而到2014年10月7日才提出仲裁申请，仲裁庭裁决其请求超出了三年时效。[①]

我国商务部条约法律司负责人就此发表谈话并指出，"安城案"是中国政府作为当事方首个进入仲裁阶段的国际投资争端，仲裁庭

---

① Ansung Housing Co., Ltd. v. People's Republic of China (ICSID Case No. ARB/14/25), https://icsid.worldbank.org/en/Pages/cases/casedetail.aspx?CaseNo=ARB/14/25, 2018-4-1.

在涉及仲裁时效、最惠国待遇条款的适用范围等重要法律问题上支持了中方立场。中方对仲裁庭的条约解释和最终裁定表示欢迎。

该负责人进一步表示，中国政府将继续坚定地维护自身在国际条约项下的权利。与此同时，中国政府也致力于扩大对外开放，完善法治化、国际化、便利化的贸易环境，努力保护外国投资者的合法权益。[①]

（三）世贸组织公布"中国诉美国反倾销措施案"上诉机构报告

2017年5月22日，世贸组织通过了该案上诉机构报告，裁定美方在反倾销调查中导致我企业被裁高额反倾销税率的两大方面问题违反世贸规则：一是美国商务部在对油井管等四起反倾销调查中有关目标倾销归零的做法；二是美国商务部在对晶体硅光伏电池等13起反倾销调查中拒绝给予中国企业分别税率的做法。美方负有义务执行上述世贸组织裁决。[②] 此前，本案专家组已裁定美对华发起的13起反倾销措施在目标倾销、拒绝给予分别税率等方面的做法违反世贸规则，美方未提出上诉。

我国商务部条约法律司负责人指出，上诉机构报告推翻了专家组结论，裁定美国滥用不利事实计算高额反倾销税率的做法构成一项普遍适用的措施，澄清了相关世贸规则，中方对此表示欢迎。但由于专家组对此措施未做全面分析，上诉机构不能完成该措施是否

[①] 《商务部条约法律司负责人就安城公司诉中国政府投资争端案中方胜诉发表谈话》，中华人民共和国商务部网站，http://www.mofcom.gov.cn/article/ae/ag/201703/20170302531322.shtml，2018年4月1日登录。

[②] 《关于中国诉美国反倾销措施世贸争端案（DS471）涉及的美对中国油井管等13种产品反倾销措施后续执行工作的通知》，中华人民共和国商务部网站，http://tfs.mofcom.gov.cn/article/bc/201706/20170602597439.shtml，2018年4月1日登录。

违反世贸规则的法律分析,中方对此表示遗憾。①

(四)世贸组织公布中国诉欧盟禽肉关税配额管理措施案专家组报告

2017年3月28日,世贸组织公布了中国诉欧盟禽肉关税配额管理措施案专家组报告。我国商务部条约法律司负责人就此发表谈话表示,专家组支持了中方核心诉讼请求,认定欧盟对鸭肉产品的关税配额分配违反世贸规则,中方对此表示欢迎。对于中方主张的有关鸡肉的配额分配,专家组未予支持,对此中方表示遗憾。该负责人指出,本案涉及的中国禽肉产业,为满足对欧出口要求,近年来已累计投入28亿元,用于改造养殖场和更新加工设备,产业涉及就业近五万人。中方敦促欧方尊重世贸组织裁决,尽快改正有关鸭肉产品关税配额分配中的错误做法,营造中国企业公平竞争的国际贸易环境。②

九、朝核问题

(一)中华人民共和国外交部和俄罗斯联邦外交部关于朝鲜半岛问题的联合声明

2017年7月4日,朝鲜民主主义人民共和国宣称发射弹道导弹。俄罗斯外交部与中国外交部对此表示严重关切,于同日做出联合声明。双方以中方关于朝鲜暂停核导活动和美韩暂停大规模联合军演"双暂停"倡议、实现朝鲜半岛无核化和建立半岛和平机制"双轨并

---

① 《商务部条约法律司负责人就世贸组织公布中国诉美国反倾销措施案上诉机构报告发表谈话》,中华人民共和国商务部网站,http://www.mofcom.gov.cn/article/ae/ag/201705/20170502573842.shtml,2018年4月1日登录。

② 《商务部条约法律司负责人就世贸组织公布中国诉欧盟禽肉关税配额管理措施案专家组报告发表谈话》,中华人民共和国商务部网站,http://www.mofcom.gov.cn/article/ae/ag/201703/20170302542235.shtml,2018年4月1日登录。

行"思路以及俄方解决朝鲜半岛问题分步走设想为基础,提出共同倡议。

双方建议,朝鲜作出自愿政治决断,宣布暂停核爆试验和弹道导弹试射,美韩相应暂停举行大规模联合军演。对立各方同步开启谈判,确定相互关系总体原则,包括不使用武力,不侵略,和平共处,愿致力于实现半岛无核化目标,一揽子解决包括核问题在内的所有问题。在谈判进程中,有关各方以均可接受的方式推动建立朝鲜半岛和东北亚和平安全机制,最终实现有关国家关系的正常化。

双方呼吁国际社会支持上述倡议,为解决朝鲜半岛问题开辟现实途径。双方重申,朝鲜的合理关切应得到尊重。其他国家应为复谈作出相应努力,共同营造和平互信氛围。

(二)外交部就朝鲜再次进行核试验发表声明

2017年9月3日,朝鲜民主主义人民共和国不顾国际社会普遍反对,再次进行核试验。此前安理会在第2371(2017)号决议中就表示"最强烈地谴责朝鲜公然违反并无视安理会决议",整个国际社会都对朝鲜核不扩散问题保持严重关切。维护核不扩散体系,维护东北亚和平也是国际社会的共同意愿。外交部对朝鲜无视国际社会意愿,不遵循安理会的要求,表示强烈谴责。中方一直希望实现半岛无核化,建立半岛和平机制。外交部声明中也呼吁朝鲜切实履行安理会决议,尽快回到对话轨道,妥善处理朝鲜核问题。

十、"一带一路"

"一带一路"(The Belt and Road)是"丝绸之路经济带"和"21世纪海上丝绸之路"的简称,是促进共同发展、实现共同繁荣的合作共赢之路,是增进理解信任、加强全方位交流的和平友谊之路。中国政府倡议,秉持和平合作、开放包容、互学互鉴、互利共赢的理念,全方位推进务实合作,打造政治互信、经济融合、文化包容的利益共同体、命运共同体和责任共同体。① 截至2017年底，中方已经同86个国家和组织签署"一带一路"合作协议。② 这标志着"一带一路"合作范围不断扩大，合作领域更为广阔，不仅给参与各方带来了实实在在的合作红利，也为世界贡献了应对挑战、创造机遇、强化信心的智慧与力量。③

（一）各省市建设进展

自"一带一路"倡议提出，中央各单位以及31个省市区纷纷从自身主要业务、特色产业出发积极响应，在政策制定、方案对接、经贸合作、人文交流等各项工作中均取得长足发展。④

陕西是古代"一带一路"的起点，而现在，陕西也主动融入"一带一路"大格局，以打造内陆改革新高地为目标，统筹推进"一带一路"建设工作，积极打造"一带一路"的五个中心：交通商贸物流中心、国际产能合作中心、科技教育中心、国际旅游中心以及国际金融中心。⑤

以"面向南亚、东南亚的辐射中心"为目标的云南本着共商、共建、共享的原则，以政策沟通、设施联通、贸易畅通、资金融通、民心相通为重点积极参与"一带一路"建设。在政策沟通方面，云南着力发展与世界各国的友好合作关系，先后与38个国家的75个

---

① 《授权发布：推动共建丝绸之路经济带和21世纪海上丝绸之路的愿景与行动》，新华网，http://www.xinhuanet.com/finance/2015-03/28/c_1114793986.htm，2018年4月1日登录。

② 《"一带一路"国际合作高峰论坛专题报道》，中国一带一路网，https://www.yidaiyilu.gov.cn/ydylhzgy.htm，2018年4月1日登录。

③ 《正确认识"一带一路"》，人民网，http://theory.people.com.cn/n1/2018/0226/c40531-29834263.html，2018年4月1日登录。

④ 《一带一路在这里》，中国一带一路网，https://www.yidaiyilu.gov.cn/yidaiyiluathere.htm，2018年4月1日登录。

⑤ 《"一带一路"在这里：陕西打造内陆改革开放新高地》，中国一带一路网，https://www.yidaiyilu.gov.cn/xwzx/dfdt/13313.htm，2018年4月1日登录。

省和城市缔结了友好关系,积极参与孟中印缅、中南半岛、大湄公河次区域合作,为云南在"一带一路"建设中创造了良好的政策环境;在设施联通方面,云南在打造路网、航空网、能源保障网、水网、互联网五大基础设施网络上取得突破;在贸易畅通方面,云南拥有25个国际口岸,合作伙伴遍及全球;在资金融通方面,云南是中国两个沿边综合金融改革区之一;在民心相通方面,云南不断深化与周边国家的交流合作,地面数字传输境外示范点建成,建立海关、警务等专业培训的合作项目。[①]

不仅是云南,全国各省市都在政策沟通、设施联通、贸易畅通、资金融通、民心相通五个方面加强"一带一路"建设。吉林打通对外开放大通道,[②] 山东也依托地理区位、基础设施、产业基础、海洋科技、传统文化等综合优势,践行丝路精神,全面参与"一带一路"建设,海尔、浪潮、潍柴动力等大批企业走出国门,寻求国际合作。[③] 作为全国最重要的老工业基地和欧亚大陆桥东部最重要的陆海节点,辽宁充分发挥区位、交通、产业以及人文优势,积极融入"一带一路"倡议,构建对外开放新格局。[④]

"一带一路"建设成效显著,对外贸易和利用外资结构优化、规模稳居世界前列……十八大以来,中国开放取得亮眼的成果,也用实际行动兑现着"中国开放的大门不会关闭,只会越开越大"的

[①]《"一带一路"在这里:云南主动融入和服务"一带一路"建设》,中国一带一路网,https://www.yidaiyilu.gov.cn/xwzx/dfdt/15419.htm,2018年4月1日登录。

[②]《"一带一路"在这里:吉林打通对外开放大通道》,中国一带一路网,https://www.yidaiyilu.gov.cn/xwzx/dfdt/15020.htm,2018年4月1日登录。

[③]《"一带一路"在这里:文化为基、设施先行、产业转型 山东发展加速度》,中国一带一路网,https://www.yidaiyilu.gov.cn/xwzx/dfdt/13573.htm,2018年4月1日登录。

[④]《"一带一路"在这里:辽宁深耕"一带一路"构建对外开放新格局》,中国一带一路网,https://www.yidaiyilu.gov.cn/xwzx/dfdt/14387.htm,2018年4月1日登录。

承诺。①

(二)"一带一路"国际合作高峰论坛

2017年5月14日至15日,中国在北京主办"一带一路"国际合作高峰论坛。这是各方共商、共建"一带一路",共享互利合作成果的国际盛会,也是加强国际合作,对接彼此发展战略的重要合作平台。高峰论坛期间及前夕,各国政府、地方、企业等达成一系列合作共识、重要举措及务实成果,中方对其中具有代表性的一些成果进行了梳理和汇总,形成高峰论坛成果清单。清单主要涵盖政策沟通、设施联通、贸易畅通、资金融通、民心相通五大类,共76大项、270多项具体成果。②

2017年5月15日,"一带一路"国际合作高峰论坛圆桌峰会在北京举行。会后发布了《"一带一路"国际合作高峰论坛圆桌峰会联合公报》。《联合公报》指出"一带一路"倡议能够在挑战和变革中创造机遇,能够加强亚欧互联互通,同时对非洲、拉美等其他地区开放,为各国深化合作提供了重要机遇,取得了积极成果,未来将为各方带来更多福祉。《联合公报》强调在"一带一路"倡议下的合作将遵循平等协商、互利共赢、和谐包容、市场运作、平衡和可持续的原则,共具体提出了14项措施,包括推动在公路、铁路、港口、海上和内河运输、航空、能源管道、电力、海底电缆、光纤、电信、信息通信技术等领域务实合作,欢迎新亚欧大陆桥、北方海航道、中间走廊等多模式综合走廊和国际骨干通道建设,逐步构建国际性基础设施网络等基础设施方面的共建及为构建稳定、公平的国际金融体系做贡献;通过推动支付体系合作和普惠金融等途径,促进金融

---

① 《"一带一路"建设成效显著 全面开放将迈向更高水平》,中国网,http://www.china.com.cn/lianghui/news/2018-03/10/content_50695261.shtml,2018年4月1日登录。

② 《"一带一路"国际合作高峰论坛成果清单》,中华人民共和国外交部网站,http://www.fmprc.gov.cn/web/zyxw/t1461873.shtml,2018年4月1日登录。

市场相互开放和互联互通；鼓励金融机构在有关国家和地区设立分支机构；推动签署双边本币结算和合作协议，发展本币债券和股票市场等金融方面的合作。①

5月15日下午，为落实习近平主席在"一带一路"国际合作高峰论坛开幕式上宣布的系列援助举措，中国商务部副部长兼国际贸易谈判副代表俞建华会见出席高峰论坛的联合国开发计划署等14个国际组织的负责人，并代表中国政府与上述国际组织签署系列合作协议。俞建华指出，"一带一路"倡议与联合国2030年可持续发展议程高度契合，此次签署协议并共同开展项目合作，将有助于"一带一路"沿线国家实现2030年可持续发展目标。同时他还强调，中国的对外援助属于南南合作范畴，是发展中国家之间的相互帮助，与有关国际组织开展合作、共同帮助其他发展中国家发展是中国对外援助的重要内容。②

"一带一路"建设的全面推进，体现了中国对国际合作和全球治理新模式的积极探索，意味着我国对外开放实现战略转变。在世界形势瞬息万变的现在，"一带一路"倡议的提出以及建设展现了中国在区域乃至世界扮演的角色愈来愈举足轻重，与周边国家的战略性合作伙伴关系体现了中国的大国担当。正如习近平主席在"一带一路"国际合作高峰论坛上的主旨演讲所说，"一带一路"建设是开放包容的发展平台，各国都是平等的参与者、贡献者、受益者。坚持在开放中合作，在合作中共赢，对话化解分歧，协商解决争端，共同维护地区安全稳定。

---

① 《"一带一路"国际合作高峰论坛圆桌峰会联合公报（全文）》，中华人民共和国外交部网站，http://www.fmprc.gov.cn/web/ziliao_674904/1179_674909/t1461817.shtml，2018年4月1日登录。

② 《商务部代表中国政府与出席"一带一路"国际合作高峰论坛的14个国际组织签署合作协议》，中华人民共和国商务部网站，http://www.mofcom.gov.cn/article/ae/ai/201705/20170502575743.shtml，2018年4月1日登录。

(三) 2017 "一带一路" 媒体合作论坛

2017年9月19日,"一带一路"媒体合作论坛在甘肃省敦煌市召开。126个国家和国际组织、265家外国媒体的代表出席论坛。[①] 高端政要、商界领袖、权威专家和全球两百多家主流媒体齐聚敦煌,加强交流对话,推动互利合作,以"一带一路"为绢帛、以创新合作为笔墨、以共谋发展为气韵,共绘合作共赢新画卷。

自2014年"一带一路"媒体合作论坛首次举办以来,"一带一路"媒体合作论坛已连续举办四届,以"一带一路"为中心的媒体合作论坛希望借助国际媒体间的合作,构筑信息"高速路",拆除情感"隔离带",扩大合作"朋友圈",扩展文化"同心圆",是由中国主流媒体举办的规模最大、参与国家和国际组织最多、参会外国媒体最多、最具代表性和影响力的全球媒体盛会。[②]

在往届论坛的基础上,这一届论坛从六个方面进一步推进媒体合作。一是发布"一带一路"媒体合作蓝皮书;二是成立人民日报社国际问题研究中心;三是启动人民日报社"一带一路"新闻合作中心及"一带一路"跨境联合采访;四是成立"一带一路"区域合作联盟;五是成立"一带一路"文化中心;六是出版中英文版"丝路华章——'一带一路'建设成就报告"丛书。

(四) 丝绸之路(敦煌)司法合作国际论坛

2017年9月26日上午9点,来自16个国家的300多名高层次法官代表云集于敦煌国际会展中心,出席由最高人民法院主办的丝绸之路(敦煌)司法合作国际论坛。此次在敦煌举办的司法合作国际论坛,是最高人民法院与"一带一路"沿线各国最高法院间举办的

---

① 《2017 "一带一路"媒体合作论坛在甘肃敦煌召开》,新华网,http://www.xinhuanet.com/politics/2017-09/19/c_1121690845.htm,2018年4月1日登录。
② 《2017一带一路媒体合作论坛开幕式侧记》,国务院新闻办公室网站,http://www.scio.gov.cn/31773/35507/35510/Document/1564117/1564117.htm,2018年4月1日登录。

首次大型司法合作国际论坛,开创了中国同世界各国司法交流合作的新篇章。①

在论坛开幕前,9月25日,周强院长还在甘肃敦煌会见前来出席丝绸之路(敦煌)司法合作国际论坛的"一带一路"沿线各国的法院代表:哈萨克斯坦最高法院院长马米·凯拉特、苏丹最高法院首席大法官海德尔·艾哈迈德·达法拉、塔吉克斯坦最高法院院长谢尔穆罕默德·绍希延、俄罗斯最高法院第一副院长谢尔科夫、埃及最高法院第一副院长赛米尔·阿布德尔万哈布、吉尔吉斯斯坦最高法院副院长埃森卡诺夫·卡奇克、摩尔多瓦最高法院副院长塔吉娅娜·维埃鲁、葡萄牙最高法院第一副院长若泽·萨拉查·卡萨诺瓦和土耳其最高法院第一副院长阿卜杜勒哈里克·伊尔迪兹。下午,我国最高人民法院院长周强、甘肃省委书记林铎和出席论坛的各国嘉宾参观了丝绸之路(敦煌)司法文化专题展。②

论坛开幕式上,周强在致辞中说,中国和"一带一路"沿线国家法院要大力弘扬丝路精神,进一步深化司法交流合作,不断拓展合作领域,协力应对挑战,为促进中国和"一带一路"沿线国家经济社会共同发展及"一带一路"建设顺利实施提供有力司法服务和保障。③

在与各国交流司法工作经验时,中国最高人民法院表示重视与"一带一路"沿线各国的司法合作,希望在司法改革、信息化建设、案例研究、法官培训以及共同打击跨国犯罪等方面加强联系交流,

---

① 《开创司法交流合作新篇章——丝绸之路(敦煌)司法合作国际论坛侧记》,中国甘肃网,http://gansu.gscn.com.cn/system/2017/09/27/011816380.shtml,2018年4月1日登录。

② 《周强会见出席丝绸之路(敦煌)司法合作国际论坛部分国家代表团》,中华人民共和国最高人民法院网站,http://www.court.gov.cn/zixun-xiangqing-61682.html,2018年4月1日登录。

③ 《开创司法交流合作新篇章——丝绸之路(敦煌)司法合作国际论坛侧记》,中国甘肃网,http://gansu.gscn.com.cn/system/2017/09/27/011816380.shtml,2018年4月1日登录。

开展更加务实有效的合作，推动各国司法工作更加深入有效开展，为中国与"一带一路"沿线各国共同繁荣发展提供更加有力的司法保障和服务。①

加强司法协作与合作，共同致力于打击国际恐怖主义，进行司法改革，"一带一路"战略的不断铺开离不开司法的保障和服务，中国与"一带一路"沿线国家一起协同合作，能够推动构建公正、合理、透明的国际司法新体系，也能为世界法治文明发展贡献中国智慧、提供中国方案。

---

① 《周强会见出席丝绸之路（敦煌）司法合作国际论坛部分国家代表团》，中华人民共和国最高人民法院网站，http://www.court.gov.cn/zixun-xiangqing-61682.html，2018年4月1日登录。

史海采风

纪念我们的父亲[*]

梅小侃　梅小璈[**]

一

先父梅汝璈，字亚轩，1904年11月7日出生在江西省南昌市朱姑桥梅村。与湖广江浙相比，江西新风迟开。然而，我们的祖父，一位头脑清醒、识见高超的开明士绅，毅然将长子——即先父——送进了彼时彼地尚不多见且不受推崇的新式学校——江西省模范小学。1916年，先父12岁，在祖父的坚决支持下考取了设在北京的清华学校。先父远离家乡，毫无背景，当时连官话（普通话）都讲不好。对他而言，求学清华遇到的困难着实不小。半军事化的作息制度必须严格遵守，西式体育锻炼必须积极参加，任何一门功课都不能马虎，否则便有留级甚至被开除的危险。不少外籍教师用英语授课，多数同学都具备一定的英语基础，而先父听不懂英语，几乎无法听课。怎么办？他决心从头学起，迎头赶上。

那时，每当晨曦初露，清华园内的荷花池畔，在"水木清华"匾额下，便会出现两个少年的身影。他们口中念念有词，时而一问

---

[*] 转载声明：本文转载于梅小侃、梅小璈所著《东京审判研究丛书（3）：梅汝璈东京审判文稿》，上海：上海交通大学出版社，2013年版。感谢作者与原出版社授权。

[**] 梅小侃，梅汝璈之女，毕业于北京大学法律系，上海交通大学东京审判研究中心研究员；梅小璈，梅汝璈之子，毕业于北京师范学院中文系，上海交通大学东京审判研究中心研究员。

一答，时而各自吟诵，由生涩而流利，由简单而复杂。这便是先父和我们的叔祖——只比先父大4岁、同期从江西老家考入清华学校的梅旸春——在一起补习英语。叔侄二人起早贪黑，英语水平迅速提高。扫除了语言障碍，其他课程的学习得到了促进。八年之中，梅氏叔侄以优异的学业成绩，令老师和同学刮目相看。梅旸春后来成为著名的工程师，主持过南京长江大桥等重要桥梁的设计和施工。

升入高年级以后，先父视野日益开阔，兴趣逐渐广泛。他担任过清华校刊的主编，还与施滉、冀朝鼎、徐永煐等同学一起组织过名叫"超桃"的进步团体。施滉、冀朝鼎、徐永煐均为中国共产党早期党员。施滉英年遇难，冀朝鼎、徐永煐长期从事革命工作，在20世纪50—60年代曾担任重要领导职务。1924年，先父赴美国留学。他先后就读于斯坦福大学和芝加哥大学，于1928年底获得芝加哥大学法学博士学位。身居海外，他始终关注着祖国的命运。为响应国民革命军"打倒北洋军阀"的北伐行动，他与先后赴美的施滉、冀朝鼎、徐永煐等同学发起成立"中山主义研究会"，在留学生乃至更大范围中积极宣传革命主张。

1929年，在欧洲游历伦敦、巴黎、柏林、莫斯科之后，他回到了阔别将近五年的父母之邦。

二

从学成归国到二战结束后出任国际法庭法官，大约十六年间，先父先后任教于山西大学、南开大学、武汉大学，讲授民法概论、刑法概论、英美法、国际法、政治学等课程，还在复旦大学、中央政治学校以及司法部法官训练所兼职授课。从1934年起，他成为国民政府立法院委员，参与若干立法工作，并曾代理立法院外交委员会委员长。他还兼任中山文化教育馆副主任和《时事类编》（半月刊）主编，撰写、翻译、编辑了大量法学、外交和国际政治方面的文章。

先父这一时期的著述，内容涉及英美法、大陆法、中西法学思想、中国宪法和刑法等领域，多数发表在专业刊物和各大学学报上，如《盎格鲁—撒克逊法制之研究》《拿破仑法典及其影响》《苏俄革命法院之历史及组织》《现代法学的历史、派别与趋势》《中国旧制下之法治》《宪法初稿中"宪法保障编"之批评》《对于刑法修正案初稿之意见》，等等。视野开阔，论题宽广，道器并重，成果丰硕，是其学术研究的特点。正是长期的教学、调研、阅读和写作，奠定了他在法学理论和法律实务两方面的坚实基础，客观上为日后执法东京做了充分准备。

基于法律学者的眼光，先父明确指出，国民党"一党专政"的政治体制，"党权是高于一切，政府只须本乎党义做事，对党负责，无须与人民缔约，对人民负责。换句话说，就是党对人民只有权利，没有义务。"（《训政与约法》）针对法律被当成权势者的工具、法治精神无法光大的现实，先父尖锐地发问："现在摧残人民自由和剥削人民权利的，是真正的法律，抑或是法律以外的'官力''武力'和'暴力'？"（《宪法草案初稿修正案评议》）

另外，可能是根据教学实践中的观察，先父对当时的法律教育持激烈的批评态度。法学、法律本来是严肃的，"然在中国则法律变成一种最浅薄而最无聊的货物"，越来越多的所谓法律教学实际上是"鬼混"，主办混学费，学员混文凭，导致"社会上总把法律当作一种'混饭吃'或'打把戏'的工具技能，而不把它当作一种学术或科学看待。中国法治之所以不能昌明，法律事业之所以被人蔑视，原因虽多，而法律教育之腐败，实为其中主要者之一"。（《关于英美法课程的教本与参考书之商榷》）

以上所举，管窥而已，虽不能彰先父法学观点之万一，但在今天也许仍具启发意义。（引文均见《梅汝璈法学文集》，中国政法大学出版社，2007年版。）

彼时的中国，山河破碎，民生多艰。先父本为一介书生，想到年事渐高的父母和诸多亲友正为躲避日本侵略者的追击颠沛流离，想到中国军民正在前线浴血奋战,想到敌占区同胞正在侵略者的铁蹄下痛苦挣扎,又看到某些政府官员大发国难财,"前方吃紧,后方紧吃",他的心情就像山城重庆上空的浓雾一般阴郁、灰暗。与此同时,马寅初先生对战时经济的精辟分析,《新华日报》《大公报》发表的一篇篇闪烁着真知灼见的评论文章,都给他留下了深刻印象。尽管现实世界的状况极其严峻,然而,作为中国法学家,先父心中公平正义的理想绝不会泯灭,所需要的,只是时机。

三

中国人民和全世界爱好和平的人民一起,经过惨烈抗争,付出了高昂的代价,终于赢得了反法西斯战争的胜利。战争结束以后,国际社会在德国纽伦堡和日本东京设立军事法庭,德日两国的重要战争责任者分别在这两个法庭上受到审判。1946年2月,盟军最高统帅部根据各同盟国政府的提名,任命了远东国际军事法庭("东京法庭")的九名法官(后增加到11名)。经有关人士推荐,先父受命代表中国,坐上了庄严的审判席。

从1946年3月到1948年底,先父在近三年东京法庭法官任期内的业绩和生活,被宣传较多者,盖有"同胞赠剑""座次折冲""力主死刑""临海明誓"等"桥段"。在本书[①]所收《远东国际军事法庭》(未完成稿)第二章中,先父较为详细地介绍了开庭前发生的法官座次之争,并揭示了这场争执对维护国家利益和民族尊严的意义。至于量刑问题上的激烈争辩,从本书首次公布的《东京审判期间的部分函电》中可见端倪("经长久讨论,热烈争辩……况经过复杂奇离,非片言可尽,且此际亦未便泄露"云云)。十分可惜的是,由于"文革",先父未能完成《远东国际军事法庭》一书的写作,后人已

[①] 指《东京审判研究丛书(3):梅汝璈东京审判文稿》,下文的"本书"均指代此书。

无法详细知晓当时法官们宣誓保密的量刑讨论情况。

本书还包括先父从起程奔赴东京到开庭后数日共五十多天的日记。他一向有写日记的习惯。在这五十多天的日记后面，他写了一行字——"（1946年5月）14日起见另册"。"另册"经"文革"已杳无踪影。仅从上述篇幅不大的日记中，我们也可以部分地感受到他当时的心境。他受过系统的法学训练，明了英美法系中法官和检察官的严格分工，熟悉无罪推定、控辩平等、法官中立、有利被告等诉讼原则。看到向哲濬检察官为收集证据、草拟起诉书昼夜奔忙，他不但不能施以援手，还得注意避嫌，向别人解释法官和检察官之间的工作关系，这让他感慨不已。

实际上，东京法庭既是法律场合，又是政治、外交场合，不能将它等同于普通法庭。各国利益诉求不同，世界格局发生变化，都不可能不影响东京法庭的审判。同时，这里也存在着类似"实体正义"与"程序正义"那样的纠葛。无论是"法官倾向"问题，还是"死刑存废"问题，教科书阐述的一般原则和学术讨论中出现的某些观点，不宜作为评判情况特殊的东京审判之标准。

对日本社会的观察与思考，对祖国命运的担忧与祝福，是先父在东京法庭从事审判工作的同时从未停止过的。他敏锐地看到，战后日本经济的状况并不像他们宣传的那样糟糕，他们有可能在"装穷装苦"。他在日记中写道："我真奇怪为什么麦帅总部还天天替日人叫粮食恐慌，为他们无微不至地打算，这样的战败国也可算是'天之骄子'式的战败国了。比起我们多劫多难的战胜国，我们真不能不自叹弗如！"（1946年5月2日）"然而宽大之外，我们应该警惕！……我最关切的是他（麦克阿瑟）统治日本的政策是否有损于我祖国的利益或妨碍我祖国的发展——这个问题今天一直盘旋着在我脑筋里。"（1946年4月12日）

尽管先父受的是西方教育，中国知识分子传统的家国情怀在他心中仍然根深蒂固。"处身外国的人，对自己国家不争气最感痛苦。"（1946年4月9日）"'止谤莫如自修'，中国还得争气才行。"（1946

年4月26日)"各国派来的都是有经验有地位的老法官,我得兢兢业业郑重将事,决不马马虎虎。"(1946年4月10日)"我今天能高居审判台上来惩罚这些元凶巨憝,都是我千百万同胞的血肉换来的,我应该警惕!我应该郑重!"(1946年5月3日)纵览先父日记,可以发现,"争气"和"郑重"是反复出现的词语。先父在1948年4月24日致时任外交部长的电报中说:"璇职责所在,自当竭其绵薄,为我国在此次空前国际法律正义斗争中之胜利尽其最后之努力。"使命感和大局观跃然纸上。不难看出,东京审判之所以能够取得差强人意的成果,与先父的努力密不可分。

四

东京法庭工作告一段落,正值中国政权更迭。先父拒任"政务委员兼司法部长",拒赴台湾谋生,辗转香港,抵达北京。中国政务院总理兼外交部长周恩来签署任命书,先父于是出任中华人民共和国外交部顾问。

归国之初,待遇优渥,生活平安,业务上颇受尊重。一方面其乐融融,先父可以在宽敞的庭院中哼京戏,在结霜的窗户上勾漫画,教女儿唱家乡童谣,给儿子买玩具刀剑。而另一方面却又紧张无奈,汇报思想、改造世界观、学习俄语,还有一场接一场的政治运动,都是无法回避的。不过,外交部毕竟不同于一般的机关或院校,有周恩来、陈毅等前辈贤哲直接领导,多数同事素质较高,"小气候"尚属宜人。即使在经过院系调整,社会学、政治学被取消,法学近乎"全盘苏化"的形势下,外交部的老专家们仍然能够开展对国际法、国际政治领域中某些问题的研究,在为现实服务的同时可以兼顾学术理论。迨至"文革",周鲠生、刘泽荣等老前辈出版了学术专著,先父的《远东国际军事法庭》完成了一半,还撰写了《战争罪行的新概念》《关于谷寿夫、松井石根和南京大屠杀事件》等论文。尽管在1957—1958年的反右运动中受到不公正待遇,先父还是一如既往地爱国，认真严肃地自省，且不断有研究成果问世。

"文革"骤至，外交部不能幸免，那令人眷恋的"小气候"不复存在。先父被扣上"反动学术权威"的帽子，为写作积累的资料，包括笔记、卡片、剪报，以及日记多册均遭没收，不知所终。《远东国际军事法庭》已经不可能继续撰写。除了被监督劳动，他还不得不消耗大量时间、精力，去写那些"外调材料""检查交代"，加上纷至沓来的某老友自杀、某同事遇害的噩耗冲击，导致他的健康状况急剧恶化。他最终没能看到"文革"结束，于1973年4月23日溘然长逝，享年只有69岁。

与诸多以天下为己任的知识分子一样，先父在生命的最后几年中，并没有因为自身处境尴尬而停止思考和抗争。针对一些打着"革命造反"旗号，实际上伤害公共利益、损毁国家声誉的恶劣行径，如焚烧英国代办处、抢夺机关领导权等，他不顾个人安危，毅然上书中央，建议制止、查办，不要信任那些私欲膨胀、"走马灯一般"轮番夺权的人们。顶着"反动学术权威""反对中日友好""美化美日反动派""时刻妄想复辟"的罪名，他小心翼翼地辩解："我实际上只是一本破烂过时的小字典而已。""我学无专长，连一本像样的著作都没有……""众所周知，我是多年来揭露美日勾结复活军国主义野心最力的一个人。""我是一个被国民党政府通缉的要犯。说句笑话，真要是复辟了，我人头落地恐怕还在各位青年同志之先呢！"

时至今日，在先父那些意味深长的议论中，被引用得最多的当属他在《关于谷寿夫、松井石根和南京大屠杀事件》一文中说的那段话："我不是复仇主义者。我无意于把日本帝国主义者欠下我们的血债写在日本人民的账上。但是，我相信，忘记过去的苦难可能招致未来的灾祸。"可是，谁能想到，恰恰是那句"忘记过去的苦难可能招致未来的灾祸"，曾经给他招致"诬蔑我党健忘"的灾祸。其实，再早几年，他那些招致不公正待遇的议论同样发人深省："有些东西不是关系到人的，是制度不好。如过去刘青山贪污几十个亿（旧币),这在国民党时代也不可能。应进行一些制度方面的改革。""好大喜功、主观主义、打肿脸充胖子的现象(在经济建设方面)相当严重。""奉苏联为神明,把苏联专家的话当作金科玉律,是严重的教条主义,崇外思想。"

朱弦一拂遗音在,却是当年寂寞心。

敬爱的父亲离开我们已经整整40年了。展检故物,手泽如新,而墓木拱矣。诚堪欣慰者,祖国的法治已粗具规模,对东京审判的研究正在深入展开。或许,仰赖各方俊彦戮力同心,先父写作中断、资料丢失之巨大遗憾终致弥平。果如此,先父并国家又何幸之甚!

追忆梅汝璈：
在东京审判中成就不朽的国际刑法理论

袁 宁[*]

摘要：梅汝璈先生是中国近现代史上杰出的国际法学家，他早年留学美国，取得法学博士学位后回国任教，从事英美法学教育和研究工作，颇有成果。1946年，受南京国民政府指派的他，担起远东军事法庭中国籍法官的重任。两年七个月的漫长时间里，梅先生坚持不懈地以法律为武器同日本军国主义分子进行斗争，最终对甲级战犯的定罪量刑做出巨大贡献，同时也在这个过程中铸就了不朽的国际刑法理论。

关键词：梅汝璈　东京审判　国际刑法

一、梅汝璈国际刑法理论的思想基础

（一）自然法思想

自然法学派是西方三大主要法学流派之一，其核心理论形成于启蒙运动时期，而思想渊源则最早可追溯至古希腊的先贤时代。自然法思想认为在自然，特别是在人的自然本性中，存在着一个理性的秩序，这个秩序提供一个独立于人的意志之外的客观价值立场，

---

[*] 袁宁，外交学院2017级法学研究生。

并以此立场去对法律及政治制度作批判性的评价①。因此自然法理论认为法律的本质是客观规律，这种客观规律是人类以及自然的本质，同时也是理性的反映；法来源于永恒不变的理性，它的目的在于实现公意和正义；法律不得与人类普遍的道德准则和价值观念相违背，因为它是人类追求公平正义的产物。因此依据自然法思想，与人类的普遍价值或道德相冲突的法律是不能称之为法律的，因为法律必须是维护公平和正义的规则，亦是所谓的"恶法非法"。自然法思想在启蒙运动时期，由于顺应了新兴资产阶级反对君主专制、要求政治权利和建立资本主义经济制度的需要，受到了普遍推崇，并成为以法国大革命为代表的资产阶级民主革命的指导思想。自然法思想在18世纪左右发展到顶峰。然而，由于法国大革命后不成熟的革命党人在启蒙思想的影响下做出了许多不成熟的举动，例如罗伯斯庇尔对保王党的大规模清洗，使得人民逐渐对自然法理论生出了责难。有些学者主张社会契约是空洞无用的，以实用主义哲学为核心理论的分析法学派迎然而上，在19世纪成为法理学的主流学派。分析法学派认为法律没有好坏和对错之分，只要是国王或者立法者依据法定程序制定的法律规范，人民就负有绝对服从之义务。②法官只是依法裁判的工具或机器，不享有任何自由裁量权。由于主张法律与价值和道德无涉，分析法学派主张"恶法亦法"。

梅汝璈先生负笈海外多年，深受上述自然法思想的影响，并在东京审判中得到了充分的展现。二战后审判战犯时，恶法是否构成法律成为一个焦点问题。不可否认的是，在侵华战争期间犯下滔天罪行的日本军人中，有很大一部分是在执行当时日本生效的法律规范，由于法律本身是恶法，那么依照恶法实施的行为必然也是恶行，

---

① 刘素民：《托马斯·阿奎那自然法思想研究》，北京：人民出版社，2007年版，第9—12页。
② [英]边沁：《道德与立法原理导论》，时殷弘译，北京：商务印书馆，2000年版，第49—58页。

这种因执行法律而在客观上造成的恶果是否可以成为战犯免责的理由呢?对此梅汝璈先生的答案是否定的。由于受英美法系衡平法中公平正义理念的影响,梅先生主张法律的进步是要那些猜测错误或通晓太迟的人民偿付代价的,①"恶法非法"是他终生秉持的理念。正如他在晚年回忆东京审判时写到的:"人人都有知晓和遵守一切现行法(包括国际法)的义务,对于现行法的愚昧无知绝不能作为免除责任的辩护理由。"②因此,尽管日本战犯是依据日本帝国的生效法律对中国人民进行屠杀,也不能认为就可以免除其刑事责任,因为国际法本身否定不人道的杀戮行为和侵略行为;此外从一个人的道德和良知角度来看,日本战犯作为精神和智力正常的成年人也应当清楚地知晓屠杀行为是与基本的正义和人道相违背的,"愚昧的无知"不能成为他们免除刑罚的借口。

(二)人道主义思想

人道主义思想最早起源于的欧洲文艺复兴运动,其代表人物但丁、达·芬奇等反对以神学为中心,主张以人为中心,尊重人的价值,维护人的尊严和权利,人道主义思潮也随之产生。人道主义提倡关心人、爱护人和尊重人,保障生命权、自由权等基本人权,法国大革命中的《人权宣言》将这种思潮具体化为"自由、平等、博爱"。进入近代后,随着人类社会的科学技术、经济水平和文化教育的不断发展,各国政府对人权保障的重视程度日趋增长,纷纷通过国内立法和签订《日内瓦公约》和一系列国际公约,以强行法的形式保障本国公民的人身自由和生命安全,人道主义思想逐步成为世界各国共同认可的价值观念。1946年生效的《远东国际军事法庭宪

---

① Baron Wright, "War Crimes under International Law", *Law Guardedly Review*, Vol.62, 1946, p.40, p.51.

② 梅汝璈:《远东国际军事法庭》,北京:法律出版社、人民法院出版社,2005年版,第30—31页。

章》中,规定了三项国际法庭有权管辖的犯罪,其中就包括违反人道罪。虽然我们不能认为一国只要存在违反人道主义精神的行为就构成国际犯罪,但像德国和日本那样大规模惨无人道的种族灭绝行为显然严重违背了人道主义精神的基本原则,毫无疑问构成国际刑法上的犯罪。[①] 对此梅汝璈先生也持赞成的观点,他亦坚持主张日本战犯的行为已经成立违反人道罪,应当以该罪追究刑事责任。他将希特勒和他的党卫军在纳粹集中营中的所作所为称为"骇人听闻的灭种性暴行",对于这类暴行"仅仅因为公约上没有规定或者习惯上无先例就不加惩处,是极为不公平的事情"[②]。他还明确阐释了违反人道罪与普通战争罪的核心区别,前者已经违背了人类最起码的道德和良知,并且为人道主义精神所不容。

二、梅汝璈国际刑法理论的具体内容

(一)确立国际刑法中违反人道罪和破坏和平罪两项基本罪名

在纽伦堡审判和东京审判之前,虽然国际社会通过一系列公约和宣言将发动侵略战争和违反人道主义精神的行为定性为非法行为,典型的如1928年的《巴黎非战公约》禁止战争行为,1864的《日内瓦公约》倡议在战争中对战俘适用人道主义原则。但上述公约均没有单独确立一个新的罪名,也没有规定违背了公约内容应当如何给予刑罚处罚,适用哪国法律规范实施刑罚处罚。纽伦堡和东京两个国际军事法庭的宪章第一次以国际公约的形式确立了破坏和平罪和违反人道罪这两个国际刑法中的基本罪名,如就破坏和平罪,《远东国际军事法庭宪章》第六条(甲)项规定:破坏和平罪指策划、准

[①] 刘泉:《梅汝璈的国际刑法思想浅析》,硕士学位论文,胡仁智指导,西南政法大学法律史专业,2013年,第15页。

[②] 梅汝璈:《远东国际军事法庭》,北京:法律出版社、人民法院出版社,2005年版,第20—21页。

备、发动或执行一种经宣战或不经宣战之侵略战争,或违反国际法、条约、协定或保证之战争,或参与上述任何罪行之共同计划或阴谋,《纽伦堡国际军事法庭宪章》第五条规定(甲)项亦将其列入法庭管辖范围之内。这对战后各国国际刑法的产生和发展产生了深远的影响。作为一名法官,梅汝璈先生在东京审判中,对于上述两项罪名进行了精辟的分析和论证,为追究甲级战犯刑事责任和推动战后两项罪名的国际化做出了巨大贡献。

对于破坏和平罪,梅汝璈引用了纽伦堡宪章的规定和纽伦堡审判中法官的法律分析,指出侵略战争行为早在1945年之前就已经被国际法确立为国际犯罪行为,例如1928年的《巴黎非战公约》就已经将战争宣告为非法行为,这里面的战争显然包括侵略战争,日本也在当时加入了该公约,受到该公约的约束,因此以破坏和平罪追究战犯刑事责任是有国际法作为依据的,完全符合罪刑法定的基本原则。此外,没有侵略战争的发生就不会有随后的"杀戮、抢掠、强奸、虐囚"等一系列恶行的产生,因此破坏和平是二战中一切罪恶的源泉,是苦难和伤害的集合。[①] 由此可见,破坏和平、发动侵略战争是"最大的国际罪行",这也是为何《远东国际军事法庭宪章》第五条规定的甲级犯罪,即最严重的犯罪就是破坏和平罪,而不是因为甲级战犯在日本的官职有多高或是地位有多显赫。综上所述,梅汝璈先生在东京审判中没有创造出任何新的犯罪行为,仅仅是推动国际社会将之前业已存在的非法行为明确规定为某一项国际犯罪,但这本身已经是对国际刑法发展做出的杰出贡献了。[②]

对于违反人道罪,梅汝傲先生首先对二战中纳粹德国屠杀犹太人的客观事实和历史材料进行了阐述和分析;接着他对违背人道主

---

① 何其生:《梅汝璈及其国际法思想评述》,《武大国际法评论》,2007年第1期,第339页。

② 梅汝璈:《远东国际军事法庭》,北京:法律出版社、人民法院出版社,2005年版,第22—27页。

义的行为和侵略战争行为进行了区分,具体而言二战前国际社会签订的《海牙公约》《非战公约》等一系列反战条约,禁止的事项仅仅限于部分战争中的恶行,例如杀人、放火、强奸、抢劫等,但无法包含一切违背人道主义精神的行为,尤其是无法包括像希特勒那样基于政治、宗教等因素进行种族灭绝的大规模非人道行为;最后,梅汝璈先生指出了这种骇人听闻的暴行之所以与普通的战争犯罪不同,在于前者已经与人类最基本的道德、正义和良知相违背,因此违反人道罪应当是区别于破坏和平罪和普通战争罪的独立罪名。[①]

(二)确立国际犯罪中的"个人责任原则"

在传统的国际法理论中,国际法律关系的主体是国家或国际组织,自然人和法人是不可能成为国际法理关系的主体的,自然也就不可能行使国际权利和承担国际义务。个人由于处于一国主权的管辖范围之内,因此仅能成为国内法中的主体。具体到东京审判之中,对于战犯适用违反人道罪和普通战争罪追究刑事责任,在当时并没有引起很大的争议,但是在破坏和平罪的适用上则引发了激烈的辩论。在审判过程中,战犯及他们的辩护律师援引传统国际法理论,主张个人不可能成为破坏和平罪的犯罪主体,理由主要有四点:其一是侵略战争是由国家发动的,破坏和平本质上是国家行为而不是个人行为,军人只不过是服从国家命令或是执行法律规定参加战争,不应当承担破坏和平的责任;其二是从犯罪主观方面来看,构成犯罪要求犯罪者必须有"犯罪的意思",个人参加侵略战争的时候想的是报效祖国,不可能有"犯罪的意思"存在;其三是当时的国际法规范仅仅规定了国家触犯侵略战争罪时应当如何给予处罚(承担国家赔偿责任,如一战后的德国向英法支付赔偿款),而没有规定个人参加侵略战争应当适用怎样的刑罚;其四是既然发动侵略战争是"国

---

① 梅汝璈:《远东国际军事法庭》,北京:法律出版社、人民法院出版社,2005年版,第21—22页。

家行为",那么自然要由国家承担刑事责任,与个人无关。①

对于上述辩护方的四个理由,梅汝璈先生从学理角度一一进行了反驳。对于理由一,梅先生引用了纽伦堡审判的判决书,该份判决书认为国际法同时规定了国家和个人均应当承担的义务,因此对于破坏国家法的个人,法律也是可以给予适当制裁的;此外,尽管战争是国家发动的,但战争中种种违背了国家法原则的恶行只有具体的个人才能做出,作为抽象概念的国家是无法做出这些犯罪行为的,因此只有依法惩处这些实施犯罪行为的个人,才能保障国际法的贯彻落实。②对于理由二,梅先生引用了纽伦堡审判中法庭对于这种诡辩的驳斥:第一,人人都负有知晓包括国际法在内的现行法内容的义务,对于法律的愚昧无知不能成为免责的理由。举例而言,我不知道内幕交易、泄露内幕消息的行为构成犯罪,不代表我实施了这些行为就可以不受到任何处罚,否则任何人都可以"不知道"为借口来逃避法律追究,那样也就不存在"犯罪和刑罚"了,如此一来显然会造成法治破坏和社会动荡;第二,即便被告在发动战争时不知道他们的行为在国际法上构成怎样严重的犯罪,但以他们当时的身份、地位和认知能力,不可能对于自己的行为对国际社会造成的危害一无所知,因此决不能说他们是没有"犯罪的意思"。对于理由三,则更是难以站稳脚跟的,被称作国际法之父的格劳秀斯早在三百年之前就已经在自己的论著中明确指出,对于违背国际法的犯人,逮捕者或者是审判者是可以判处他们死刑的。③对于理由四,梅汝璈先生以英国维多利亚女王时期的海盗罪为例,论证国际法处罚个人早有先例。海盗贩卖人口被公认为国际法上的犯罪,任何国家都可以对海盗进行逮捕和判处,个人违反国际法之规定,对于个

---

① 梅汝璈:《远东国际军事法庭》,北京:法律出版社、人民法院出版社,2005年版,第28页。

② 纽伦堡国际军事法庭判决书,伦敦版第41页,中文译本第68页。

③ Grotius, *De Jure Belli ac Pacis*, Book III, Chapter XI, Sec.10: Gluck, War Criminals: Their prosecution and punishment, p.107.

人的处罚是不受一国国内刑法之限制的,因此说国际法不能处罚个人是完全没有理由的。①

最后,梅汝璈先生对国际刑法中的"个人责任原则"进行了归纳总结,即凡是参加了侵略战争的人,无论他们是在策划、发动、准备或是执行中的任意一个或是数个阶段中参与进来的,都应当对自己的行为承担个人责任,都要被当成战犯来接受审判,这也是通过纽伦堡审判和东京审判后国际社会所确立下来的一个共同的国际法原则——侵略战争中的"个人责任原则"。②

三、梅汝璈国际刑法理论的历史意义

(一)推动国际刑法成为一门独立的学科

由于传统国际法中规定了国家主权平等原则,国家享有豁免权,一国的行为和财产不能受到另一国立法、行政和司法等方面的管辖。即除非经该国的同意,该国的行为可以免受所在国法院的审判,财产可以免受所在国法院的扣押和执行。③因此自20世纪以来,国际刑法能否成为一门独立的学科在学界一直备受争议。持否认态度的学者多主张国际刑法属于国际公法的范畴,这是因为法律无法制裁国家,国际刑法就国际犯罪处罚的是该国的国家元首。④然而,法学发展的客观要求决定了国际刑法必然会获得独立的学科地位。一方面,进入近代以来,特别是两次世界大战让全人类看到了现代战争的恐怖和可怕,这使得反战成为世界的潮流,越来越多的国际法学

---

① 梅汝璈:《远东国际军事法庭》,北京:法律出版社、人民法院出版社,2005年版,第29—30页。
② 梅汝璈:《远东国际军事法庭》,北京:法律出版社、人民法院出版社,2005年版,第31页。
③ 王铁崖主编:《国际法》,北京:法律出版社,2013年版,第228页。
④ L.Oppenheim, *International Law: A Treatise*, Vol.I, London: Longmans, Green, and Company, 1950, p.204.

者认为适用国际刑法惩办战争罪犯和战争国是必要的,这使得国际刑法作为一门独立学科的地位逐步得到公认。另一方面,国际刑法不同于传统的刑法学。传统刑法学无论是比较刑法学、犯罪学或是外国刑法学,均以国内刑法为研究对象,而国际刑法则是调整国际刑事合作关系的原则和规范的总称,它以国际刑事法律关系为研究对象;国际刑法既包含了刑事实体法,也包括各种刑事程序性规范,而传统刑法学则一般仅指刑事实体法,不包括刑事程序法。综上所述,国际刑法成为一门独立学科,既有利于制裁战争犯罪,保障世界和平,也有利于将其区别于传统刑法学,推动法学研究。

在国际刑法逐步成为独立学科的过程中,梅汝璈先生贡献了自己的智慧和力量,首先他认为经过两次国际审判,确立了国际刑法中的三大基本罪名,也就是前文多次提到的破坏和平罪、普通战争罪和违反人道罪;其次他认为德国和日本的战犯在二战时对全体人类造成的伤害是前所未有的,必须依据国际刑法追究战犯的刑事责任,同时惩罚发动战争的国家,才能维护国际法的公平正义;最后他认为国际法和国内法是两个完全不同的法律体系,不能以一国的法律制度来衡量国际刑法,国际刑事规范是客观存在的,例如《凡尔赛和约》中就已经有明确的条款要追究德国皇帝威廉二世的刑事责任,在实践中,一战后也确实有德国军人因为战争中的罪行被判处死刑,因此我们不能否认国际刑事法律规范和国际刑法的客观存在。[1] 综上,梅先生在推动国际刑法成为一门单独的学科上发挥了不可磨灭的贡献。

(二)促进了二战后国际刑事审判制度的发展和完善

早在一战结束后,英法等国家由于意识到现代战争的残酷性和破坏性,为了实现警示人类、维护和平的目的,开始尝试通过国际

---

[1] 刘泉:《梅汝璈的国际刑法思想浅析》,硕士学位论文,胡仁智指导,西南政法大学法律史专业,2013年,第24页。

审判的方式制裁战犯,但由于种种政治上的原因,一战后的"莱比锡审判"未能顺利进行。在吸收"莱比锡审判"的经验教训后,二战后的纽伦堡审判和东京审判可以说是人类历史上第一次正式地采用国际刑事法庭的形式,追究战争罪犯的刑事责任,为后世的国际刑事审判制度提供了借鉴意义。

梅汝璈先生在东京审判结束后,对日后国际刑事审判制度应当如何发展,提出了自己的见解。他认为对于那些罪大恶极的主要战犯,应当组织国际刑事法庭进行审判,而不是交给某个国家的法院进行审判。梅汝璈先生认为主要战犯应交给国际法庭审判,一是由于他们在他们国家里身居高位,具有很大的影响力;二是因为他们所实施的破坏和平、违反人道等犯罪行为,"不仅关系到直接受害的邻邦,而且是参战各国共同关切的。这种罪行的祸害是没有地理限制的。它是对多数国家和多数人民的犯罪"[①]。除此之外,在战犯的审判地点上,梅汝璈认为应当在犯罪所在地国对战犯进行国际审判,理由具体包括两点:其一是战犯在犯罪所在地接受审判,有利于贯彻刑法中属地管辖原则,对犯罪所在地国的司法制度是一种尊重,此外,对于国际法庭实地调查取证、传唤证人出庭作证和搜集客观证据也都比较便利;其二是让战犯在犯罪所在地接受法律审判,可以在精神上慰藉受害国人民群众的感情。正是由于梅汝璈先生的努力,南京大屠杀中的刽子手谷寿夫成功被引渡到中国受审,并且在次年被中国法院判处死刑,可以说是大快人心。[②] 正如梅汝璈先生说的那样,国际社会关于战争罪犯的审判和处罚是相当混乱的,很多规则是处于缺失状态的。因此,经过两次国际审判实践,二战后的国际社会对于战争犯的审判制度和原则都已经基本明确,并且在之

---

① 梅汝璈:《远东国际军事法庭》,北京:法律出版社、人民法院出版社,2005年版,第37页。

② 同上,第301页。

后取得了长足发展,这其中梅先生的贡献是不可忽视的。①

(三)论证东京审判之正当性不可或缺的理论依据

二战结束后,为了追究战犯的刑事责任,在同盟国的大力推动下催生了纽伦堡和远东两大国际军事法庭,分别负责对德国和日本主要战犯在二战期间犯下的罪行进行审理和判决。自1948年宣判终结,至今已经有70年的历史了。然而,虽然审判早已结束,日本右翼想要为东京审判翻案的思潮和行动却始终没有停止,2013年3月,日本首相安倍晋三公然宣称:"大战不是由日本人进行总结的,而是由战胜国一方进行的单方裁决。""虽然军事法庭判处他们为罪犯,但在日本国内他们并没有被认定为犯罪者。"② 日本右翼势力多年来一直拒绝承认东京审判的正当性,并且坚持东条英机和土肥原贤二等甲级战犯在日本国内不构成犯罪,我们不能否认日本右翼势力之所以如此主张,有获取民众支持从而竞选执政党的政治意图。但从根本上来看,这类主张的生存土壤是二战结束后在日本学界盛行的"东京审判史观"。东京审判客观来看是作为战胜国的同盟国对于战败国日本进行的一场单方面"胜者审判",日本学者认为从学理上讲这一点是与公平正义原则相违背的。③ 因为在庭审中裁判者应当是客观中立的第三方,而在东京审判中作为法官的英美中等国家的代表,事实上是第二次世界大战中的受害者,由他们进行审判相当于当事人一方审判另一方,这就违背了最古老的法学谚语"任何人不能做自己的法官",因此给了日本法律学者质疑远东国际军事法庭客观中立性的依据。

---

① 梅小璈、范忠信选编:《梅汝璈法学文集》,北京:中国政法大学出版社,2007年版,第390页。
② 《日本首相公开质疑东京审判 称非日本人的总结》,环球网,http://world.huanqiu.com/exclusive/2013-03/3730838.html,2018年1月2日登录。
③ 朱轶琳:《论东京审判中的反和平罪》,硕士学位论文,管建强指导,华东政法大学国际法专业,2013年4月提交,第6页。

根据梅汝璈先生的国际法思想和践行路径来看,这种"东京审判史观"是完全站不住脚的。

首先,从法庭组成上,东京审判严格遵守了《远东国际军事法庭宪章》(下称《宪章》)规定。在人数上由最少六名最多不超过11名法官构成,任命权由盟军最高统帅掌握,任命范围则是限定在《日本投降书》签订国家的代表内;庭长由同盟国指派产生,法庭只有在出席法官人数过六人时方能开庭;表决结果采用少数服从多数,如遇票数相等则以庭长的投票为决定票。依据该规定,"英国、美国、印度、澳大利亚、中国、荷兰等11个国家派出代表,并经由各国提名和盟军统帅麦克阿瑟将军任命,最后选出包括中国法官梅汝璈先生在内的11名法官组成法庭"。综上,法庭组成严格遵守《宪章》规定,所派出的法官均经过了严格的筛选并依照法定程序获得提名和任命,法庭组成完全正当。

其次,从审理程序上讲,在整个东京审判中,远东国际军事法庭贯彻落实了程序正当原则和公平原则。每一位战犯都有权委托辩护人为自己辩护或是亲自为自己辩护,法庭在庭审中不偏不倚,给予每位犯罪嫌疑人充分发表自己意见的时间和机会,没有辩护人的法庭还会为其指定辩护人,充分保障了被告人的辩护权;庭审过程也保持公开,直到今天我们还可以找到当年庭审时的影像资料;对于审理期间的一位精神失常者,法庭还秉持人道主义精神将其释放。在历时两年七个月的审判中,梅汝璈先生提到了三个数字,那就是4000多份出示证据、818次开庭和长达4万多页的庭审记录。这些数字的背后是远东法庭的严谨和规范,是对被告人负责的态度和坚持公正的法律理念。

最后从证据采信方面看,由于远东军事法庭的主导权在英美手中,因此东京审判过程中主要遵循英美法系的法律制度。在证据采信方面严格贯彻"法定证据主义",摒弃"自由心证主义"。如此一来就排除了庭审法官依据自己个人情感好恶定罪量刑的可能。具体而言,提出的证据是否合法、是否具有证明力以及证明力的大小,先由控辩双方在法庭上进行辩论,法官依据预先规定的判断证据的规则来决定是否予以采信。如果法庭认为证据不合法或是不具有证明力,可以当庭对证据拒收。由于法庭严格遵循英美法系的证据规则,对于有瑕疵的证据一律予以排除,只采纳无法质疑的证据,使得最后的判决书里认定的所有犯罪事实都有充分客观的证据证实,真正实现了"铁证如山",让战犯无从反驳,[①]同时也让东京审判的正当性不容置疑。

(四)指出国际法庭诉讼程序中有待改进的方面

在整个东京审判过程中,梅先生对审判的审理程序提出了明确的批评。他认为《宪章》所规定的目标和某些具体的程序性规定之间存在矛盾。《宪章》一方面要求远东国际军事法庭要尽快实现惩办战争罪犯的目标,另一方面又在审理程序方面加入了诸多繁琐的规定,使得整个审理过程十分低效,这本身与东京审判的目标是相违背的。究其原因来讲,由于远东法庭是由英美两国主导的,因此在程序上大多采用了英美法系的规定。英美法系的法庭程序原本就存在过于复杂的弊端,例如被告辩护权的扩大以及证人必须出庭作证的规定,都会导致整个庭审时间的延长,从而不利于实现《宪章》所制定的目标。尽管在实践中,远东法庭尝试了许多新的做法,例如准许证人提交书面证言和限制辩护律师盘问的时间,但还是让东京审判持续了两年零七个月之久。梅先生认为国际审判中必须要兼顾公平和效率,诚然最大限度保障被告的辩护权,维护公平正义是很重要的,但也不能因此使得整个诉讼程序过于低效,这本身对于受害人来讲也是一种不公正,因为迟到的正义从某种程度来说已经成为非正义。梅先生对国际法庭诉讼程序提出的批判,对于进一步完善今天的国际审判程序,推动公平与效率兼顾原则的落实有着重

---

① 王贵勤:《东京审判的国际法意义——从影片〈东京审判〉说开去》,《电影评介》,2006年第22期,第50页。

要的指导和借鉴意义。[①]

四、结　语

　　梅汝璈先生在东京审判期间的思考和事后对东京审判的持续研究，为国际刑法的持续发展贡献了力量和智慧。他在《远东国际军事法庭》一书中提出的部分国际刑法理论，至今仍在为后人所沿用。梅先生能够取得如此成果，除了自身在学术上的不懈追求，更关键的是他心中根深蒂固的家国情怀。纵观《远东国际军事法庭》一书，除了晦涩的法律词汇外，笔者看到次数最多的字眼是"郑重"和"争气"。"郑重"是对代表中国人民审判战犯这份"责任"的郑重，"争气"争来的是中华民族的骨气和人世间那股浩然正气。东京审判最后能取得差强人意的结果，与梅先生满腔的爱国之情密不可分。作为新时代法律人的我们，除了深刻领悟梅先生的学术思想，更为重要的是学习他对祖国和人民深沉真挚的热爱，只有这样才能成为一名值得人民发自内心尊重的法律知识分子。

　　[①] 刘泉:《梅汝璈的国际刑法思想浅析》，硕士学位论文，胡仁智指导，西南政法大学法律史专业，2013年，第27页。